초입축
교양수업

초압축 교양수업

6000년 인류사를 단숨에 꿰뚫는 60가지 필수 교양

임성훈 지음

4대 문명 페르시아제국 때르시아 전쟁 로마 제국 에피쿠로스 소크라테스 플라톤 아리스토텔레스 서로마제국 스토아 철학 공자 맹자 장자 길가메시 서사시 오디세이아 그리스 신화 사기 삼국지 프랑크왕국 당나라 몽골 카노사의 굴욕 십자군 전쟁 아우구스티누스 보에티우스 서로마 제국의 멸망 니콜로 신곡 토마스 아퀴나스 르네상스 종교개혁 산업혁명 미국의 독립 프랑스혁명 마키아벨리 데카르트 스피노자 칸트 쇼펜하우어 햄릿 걸리버 여행기 젊은 베르테르의 슬픔 오만과 편견 아편전쟁 미국 남북전쟁 제2차 세계대전 냉전 마르크스 니체 비트겐슈타인 사르트르 냉전 데미안 노인과 바다 한나 아렌트 헤겔 변신 인간 실격 파리대왕

다산초당

요즘 어른의 교양 쌓기는 무엇일까?

호메로스의 고전 『오디세이아』에는 주인공 오디세우스가 외눈박이 거인족, 키클롭스의 섬을 탐험하는 이야기가 등장한다. 오디세우스는 섬을 둘러보기 전 이렇게 말한다.

"나는 저들이 손님에게 친절하고 신을 두려워하는지 시험해 볼 것이오."

오디세우스는 일행과 함께 주인 없는 동굴에 들어가 치즈와 새끼 염소, 양 등 식량을 확보한다. 남의 동굴에 들어가 도둑질까지 한 주제에 그는 헐레벌떡 도망칠 생각 대신 동굴의 주인을 만나려 든다. 여기서 비극은 시작된다. 오디세우스는 자신을 소개하며 '손님의 신인 제우스를 두려워하고 선물을 줄 것'을 요구한다.

동굴의 주인이었던 거인 폴리페모스는 오디세우스의 말에 코웃음 치며 그의 동료들을 잡아먹고 동굴에 가둬버린다. 여기까지 읽고 당연한 결과라고 생각하는 사람도 많을 것이다. 그런데 나는 조금 다른 관점을 제시하고 싶다. 생각해 보자. 오디세우스는 왜 굳이 낯선 땅에서 알 수 없는 존재가 손님에게 친절하고 신을 두려워하는지 알고 싶었던 것일까?

고대 그리스에서 사람들은 제우스 신이 허름한 차림을 한 손님의 모습으로 인간 세상을 방문한다고 여겼다. 그들에게 손님을 잘 대우한다는 것은 혹시 찾아올지 모르는 제우스를 잘 대접하는 동시에 신을 두려워하고 받든다는 의미였던 거다. 그러니 한마디로 '손님을 잘 대접하는 것'은 당시의 문화적 코드였다. 다른 말로 시대적인 맥락이고 인식의 틀이다. 이런 배경지식이 없으면 같은 글을 읽고 같은 이야기를 들어도 이해의 깊이는 달라질 수밖에 없다.

다시 『오디세이아』로 돌아가 보자. 오디세우스가 만난 폴리페모스는 오디세우스와 같은 인식의 틀을 지니지 않았다. 거인의 눈으로 바라본 오디세우스 일행은 모셔야 할 손님이 아닌 무례한 불청객, 먹이에 불과하다. 당연하게도 인식의 틀이 다르면 공감할 수 없다. 우리도 마찬가지다. 인식의 틀을 확장하지 않고 편협한 틀에 갇혀 있길 택한다면 이들과 다를 것이 없다. 다른 수준의 교양을 지닌 사람들 사이에는 불편함과 몰이해가 생길 수밖에 없다. 자기 인식의 한계 속에서 상대방을 해석하기 때문이다.

　물론 현실을 사는 우리는 물리적인 시간이 부족하다. 심지어 교양이라 불리는 지식의 양이 생각보다 방대해 어디서부터 공부를 시작해야 할지도 막막할 것이다. 나 또한 교양의 핵심이라 불리는 이른바 '문·사·철'의 바다를 헤매며 늘 해왔던 생각이기에 그 답답한 마음을 충분히 이해하고 공감한다. 그것이 이 책을 써낸 이유이기도 하다. 알고 보면 교양은 그리 거창한 것이 아니다. 인류가 살아온 이야기, 수백 수천 년 동안 켜켜이 쌓여온 이야기 속에서 사람들의 생각과 행동 그리고 감정을 나름의 방식으로 이해하고 체험할 수만 있으면 된다. 구태여 역사적 사건이 벌어진 연도를 암기하고 철학자들의 사상을 꾸역꾸역 구분하려 들지 않아도 된다. 고대의 4대 문명이 꽃피던 시대부터 시작된 인류사를 재미있는 소설처럼 읽어 내려가면 그만이다. 역사 속 인물들이 어떤 선택을 해왔는지, 철학자들은 또 생과 사에 관해 어떤 고민을 해왔는지, 오랫동안 사랑받은 문학작품 속에서는 어떤 일들이 벌어졌는지 그저 구경해 보는 것만으로도 충분하다.

　꼬리에 꼬리를 물며 끊임없이 이어지는 인류사를 이 책에서는 시대순으로 정리했다. 교양의 진한 재미를 제대로 느끼려면 되도록 앞에서부터 순서대로 읽어나가기를 권하지만, 목차를 보면서 끌리는 부분이 있다면 그곳부터 펼치고 읽어보아도 무방하다. 다시 한번 강조하지만 억지로 이해하려거나 암기하려는 강박은 잠시 내려놓아도 좋다. 지나가는 풍경을 바라보듯이 편안하게 즐기면서 읽어가길 권한다.

어디서 들어보긴 했는데, 정확히 알지 못하는 교양 지식 때문에 우물쭈물해 본 경험이 있다면 잘 찾아왔다. 교양 이야기 앞에서 움츠러들기만 했던 당신을 위해 이 한 권의 책이 든든한 교양 밑천이 되어줄 것이라 믿는다. 더불어 당신이 외눈박이라면 또 다른 눈이, 오디세우스라면 필요한 식량이 되어줄 것을 믿는다.

2025년 봄 임성훈

차례

1장 문명의 시작

인류의 역사와 지혜는 어디에서 시작되었나

2장 신과 인간

종교의 눈으로 세상을 바라보다

3장

이성과 자유, 혁명의 시대
세상을 다르게 바라보는 개인의 등장

4장 죽음, 사랑, 인간이라는 학문

폐허 속에서 길어 올린 인문학

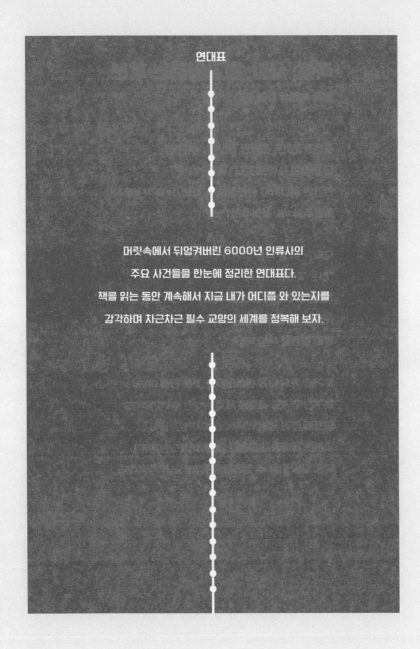

연대표

머릿속에서 뒤엉켜버린 6000년 인류사의
주요 사건들을 한눈에 정리한 연대표다.
책을 읽는 동안 계속해서 지금 내가 어디쯤 와 있는지를
감각하며 차근차근 필수 교양의 세계를 정복해 보자.

메소포타미아 문명 기원전 4500년

인더스 문명 기원전 3300년

이집트 문명 기원전 3150년

황하 문명 기원전 1900년

공자 출생 기원전 551년

페르시아 제국 건국 기원전 550년

페르시아 전쟁 기원전 491~449년

공자 사망 기원전 479년

소크라테스 출생 기원전 470년

플라톤 출생 기원전 428년

소크라테스 사망 기원전 399년

아리스토텔레스 출생 기원전 384년

맹자 출생 기원전 372년

장자 출생 기원전 369년

플라톤 사망 기원전 348년

에피쿠로스 출생 기원전 341년

키티온의 제논 출생 기원전 334년

페르시아 제국 멸망 기원전 330년

아리스토텔레스 사망 기원전 322년

맹자 사망 기원전 289년

장자 사망 기원전 286년

에피쿠로스 사망 기원전 271년

키티온의 제논 사망 기원전 262년

사마천 출생 기원전 145년

카이사르 출생 기원전 100년

『사기』 완성 기원전 90년

사마천 사망 기원전 86년

카이사르 사망 기원전 44년

로마 제국 건국 기원전 27년

진수 출생 233년

진수 사망 297년

아우구스티누스 출생 354년

서로마 제국 건국 395년

동로마 제국 건국 395년

아틸라 출생 406년

아우구스티누스 사망 430년

아틸라 사망 453년

서로마 제국 멸망 476년

보에티우스 출생 480년

프랑크 왕국 건국 481년

보에티우스 사망 524년

안녹산 출생 703년

양귀비 출생 719년

안녹산의 난 755년

양귀비 사망 756년

안녹산 사망 757년

프랑크 왕국 멸망 843년

하인리히 4세 출생 1050년

카노사의 굴욕 1077년

십자군 전쟁 1095~1291년

하인리히 4세 사망 1106년

칭기즈 칸 출생 1162년

『니벨룽의 노래』 완성 1200년경

몽골 제국 건국 1206년

토마스 아퀴나스 출생 1225년

칭기즈 칸 사망 1227년

단테 출생 1265년

토마스 아퀴나스 사망 1274년

『신곡』 완성 1321년

단테 사망 1321년

흑사병 1346~1353년

콜럼버스 출생 1451년

이사벨 여왕 출생 1451년

동로마 제국 멸망 1453년

마키아벨리 출생 1469년

마르틴 루터 출생 1483년

콜럼버스 바하마 제도 발견 1492년

이사벨 여왕 사망 1504년

콜럼버스 사망 1506년

「95개조 반박문」 게시 1517년

마키아벨리 사망 1527년

마르틴 루터 사망 1546년

셰익스피어 출생 1564년

데카르트 출생 1596년

「햄릿」 출간 1603년

셰익스피어 사망 1616년

스피노자 출생 1632년

몽골 제국 멸망 1635년

데카르트 사망 1650년

조너선 스위프트 출생 1667년

스피노자 사망 1677년

칸트 출생 1724년

「걸리버 여행기」 출간 1726년

방직기 발명 1733년

조너선 스위프트 사망 1745년

괴테 출생 1749년

나폴레옹 출생 1769년

헤겔 출생 1770년

보스턴 차 사건 1773년

「젊은 베르테르의 슬픔」 출간 1774년

제인 오스틴 출생 1775년

미국 독립 전쟁 1775~1783년

미국 독립선언문 발표 1776년

미국 독립 1783년

쇼펜하우어 출생 1788년

조지 워싱턴 초대 대통령 취임 1789년

프랑스 혁명 1789년

칸트 사망 1804년

증기선 발명 1807년

링컨 출생 1809년

『오만과 편견』 출간 1813년

제인 오스틴 사망 1817년

마르크스 출생 1818년

나폴레옹 사망 1821년

헤겔 사망 1831년

괴테 사망 1832년

제1차 아편전쟁 1840~1842년

난징 조약 체결 1842년

니체 출생 1844년

길가메시 서사시 점토판 발굴 1852년

애로호 사건 1856년

제2차 아편전쟁 1856~1860년

텐진 조약 체결 1858년

베이징 조약 체결 1860년

쇼펜하우어 사망 1860년

미국 남북전쟁 1861~1865년

미국 노예 해방선언 발표 1863년

링컨 사망 1865년

헤르만 헤세 출생 1877년

마르크스 사망 1883년

카프카 출생 1883년

비트겐슈타인 출생 1889년

히틀러 출생 1889년

헤밍웨이 출생 1899년

니체 사망 1900년

사르트르 출생 1905년

한나 아렌트 출생 1906년

다자이 오사무 출생 1909년

『변신』 출간 1915년

『데미안』 출간 1919년

카프카 사망 1924년

히틀러 사망 1945년

냉전 1947~1991년

다자이 오사무 사망 1948년

한국 전쟁 1950~1953년

『노인과 바다』 출간 1952년

헤밍웨이 사망 1961년

『예루살렘의 아이히만』 출간 1963년

사르트르 사망 1980년

제2차 세계대전 1939~1945년

유엔(UN) 출범 1945년

『인간 실격』 출간 1948년

중화인민공화국 수립 1949년

비트겐슈타인 사망 1951년

『파리대왕』 출간 1954년

헤르만 헤세 사망 1962년

한나 아렌트 사망 1975년

소련 해체 1991년

1장

문명의 시작

**인류의 역사와 지혜는
어디에서 시작되었나**

4대 문명 메소포타미아제국 페르시아 전쟁 로마제국
에피쿠로스 소크라테스 플라톤 아리스토텔레스
서로마제국 스토아 철학 맹자 장자 길가메시 서사시
오디세이아 그리스 신화 사기 삼국지
몽골 제국과 칭기즈 칸 흉노사 카노사의 굴욕 십자군 전쟁
아우구스티누스 보에티우스 동로마 제국의 멸망
니벨룽의 노래 신곡 콜럼버스의 대항해 르네상스 종교개혁
산업혁명 미국의 독립 프랑스 혁명 마키아벨리
데카르트 스피노자 칸트 쇼펜하우어 햄릿
걸리버 여행기 젊은 베르테르의 슬픔 오만과 편견
아편전쟁 미국 남북전쟁 제2차 세계대전 냉전
데미안 노인과 바다 한나 아렌트
헤겔 변신 인간 실격 표트르 대왕

01 기름진 땅과 큰 강
역사   – 4대 문명

학창시절 세계사 시간으로 잠시 돌아가 교과서의 첫 장을 펼쳐보자. 메소포타미아 문명, 이집트 문명, 인도 문명, 황하 문명… 당연하게도 등장하는 역사의 시작점은 바로 '문명'이다. 그리하여 21세기를 사는 우리는 분명한 '문명인'이다. 합리적이고 실용적이며 지혜롭기까지 한 생활 양식을 향유하는 사람들. 우리를 이토록 풍족하고 여유롭게 만들어준 문명이란 대체 무엇일까?

'문명(文明, civilization)'이라는 말의 사전적 의미는 '인류가 이룩한 물질적·기술적·사회 구조적인 발전, 자연 그대로의 원시적 생활에 상대하여 발전되고 세련된 삶의 양태'이다. 이러한 문명을 이루려면 짐승처럼 먹고 사는 수준을 벗어난 삶의 양태를 만들 만한 지적인 인간이 필요하다. 그것도 한두 명, 수십 명의 인간이 아니라 국가를 이룰 만한 다수의 인간이 모여서 살 수 있어야 한다. 그리고 사회 속에서 인간들이 제멋대로 다투지 않고 살게끔 해줄 권위와 제도가 필요하다. 이러한 문명의 핵심 요건은 다음과 같이 정리할 수 있다.

> 첫째, 원시적인 생활을 벗어나 세련된 삶의 형태를 만들 수 있
> 는 지적인 인간
> 둘째, 다수의 인간이 모여서 살 수 있는 환경
> 셋째, 사람들을 조직화할 수 있는 질서의 확립

적어도 이 세 가지 요건이 충족되어야 비로소 '문명'이 등장할 수 있다. 첫 번째 요건부터 살펴보자. 인간은 언제부터 문명을 일으킬 만한 지적인 능력을 갖추었을까? 그보다 먼저, 언제 지구에 출현했을까? 학자들은 지금까지 연구한 고고학적 성과를 바탕으로 아프리카 동남부 지역에서 출현한 오스트랄로피테쿠스*를 최초의 인류라 여기고 있다. 그들이 출현한 시기는 지금으로부터 약 400만 년 전후로 짐작한다. 물론 그 골격은 지금의 인류와 많은 차이가 있다. 특히 뇌 용량만 봐서는 인간보다는 원숭이나 고릴라 같은 유인원에 가깝다. 그나마 그들을 동물보다 인간에 가깝다고 말하는 이유는 그들이 두 발로 걸었고, 손을 비교적 자유롭게 사용하였기 때문이다.

* '남방의 원숭이'라는 뜻.

그러나 이 정도 인간으로 문명을 건설하기란 역시 쉽지 않았다. 겨우 짐승을 벗어난 수준이었기 때문이다. 인류는 호모에렉투스*를 거쳐 호모 사피엔스**에 이르러서야 문명을 건설할 만한 수준이 될 수 있었다. 호모 사피엔스는 직립보행을 하고, 도구를 사용했다. 뇌의 크기도 현재의 인류와 비슷했다. 무엇보다도 호모 사피엔스는 언어를 사용했다. 언어를 통해 다양한 의사소통을 하는 능력은 훗날 이들이 문명을 건설하는 데 주요한 기초가 되었다.

그러나 구석기 시대 호모 사피엔스는 여전히 사냥이나 물고기잡이, 채집 따위로 식량을 확보했다. 그러다 신석기 시대에 이르러서야 농경과 목축을 시작했다. 드디어 두 번째 요건을 충족할 만한 환경이 만들어진 것이다. 수렵·채집에서 농경·목축으로의 변화. 이제 다수의 인간은 이리저리 주거지를 옮겨야 하는 생활을 청산하고 비로소 한 지역에 정착할 수 있게 되었다. 그런데 농경과 목축을 위해서는 필수적인 조건이 있었다. 바로 풍부한 물과 비옥한 토지다. 이 조건을 충족시킬 장소는 대체 어디였을까?

그 조건을 갖춘 장소가 바로 세계 4대 문명의 발상지다. 티그리스강과 유프라테스강 유역의 메소포타미아 문명, 나일강 유역

*　유인원과 현생 인류 중간 단계의 화석인류(化石人類).
**　'생각하는 사람'이라는 뜻으로 네안데르탈인과 현생 인류를 포함한다.

의 이집트 문명, 인더스강 유역의 인도 문명, 황하 유역의 황하 문명이 바로 그것이다. 이들 지역의 공통점은 모두 기후가 따뜻하고 큰 강과 기름진 토지가 있어 농경에 유리했다는 것이다.

그렇게 모여든 인간들을 조직적으로 통치할 질서가 세워진 청동기 시대에 이르러서야 4대 문명은 비로소 그 모습을 갖추었다. 청동기 시대에 인류는 청동 무기를 사용하면서 위계질서와 계급 체계를 만들었다. 청동기 제기를 활용한 제의를 통해 정신적인 구심점도 확보했다.

그렇게 기원전 4500년경, 메소포타미아 지역에서 인류 역사상 첫 번째 문명이 출현한다. 메소포타미아는 '강 사이의 땅'이라는 뜻으로 티그리스강과 유프라테스강 사이에 있어 이런 이름으로 불렸다. 현재 이라크 근방인 이곳에서 수메르인들은 역사상 인류 최초의 도시를 세웠고 벽돌을 사용해 신전을 짓기도 했다. 무엇보다 점토판에 쐐기 문자로 기록을 남겼으며 이로부터 문명이 급속도로 발달했다.

우리에게 잘 알려진 함무라비왕도 이 시기에 등장한다. 기원전 18세기, 메소포타미아 남쪽의 왕국이었던 바빌로니아의 함무라비 왕은 메소포타미아를 통일하고 282조로 된 함무라비 법전을 제정하였으며 관료 기구를 정비했다. 비로소 중앙집권적인 국가가 탄생한 것이다.

기원전 3300년경 인더스강 유역에도 드라비다인이 모여들었다. 그들이 만든 유적에서는 바둑판 형태의 도로와 배수시설, 성벽 등을 볼 수 있다. 성 내부에 일반 시민들의 집도 벽돌로 비교적 정교하게 만들어졌다. 이 정도 계획도시는 강력한 중앙집권 제도가 수립되어 있었기에 가능했다고 보아야 한다. 기원전 1500년경에는 중앙아시아의 아리아인이 인더스강 상류로 이동하고, 이후 갠지스강 유역까지 진출했다. 그들은 철제 농기구를 사용하고 베다를 경전으로 하는 브라만교를 전파했다.

기원전 3150년경 나일강 유역에서도 문명이 태동했다. 길이 6700킬로미터에 이르는 나일강은 아마존강과 함께 세계에서 가장 긴 강이다. 나일강은 정기적으로 범람했다. 그 덕분에 비옥해진 토지를 바탕으로 문명이 형성되었다. 이집트인들은 나일강의 범람 주기를 관측하여 태양력을 만들었고 상형문자로 기록을 남겼다.

이집트인의 역사는 나일강과의 투쟁의 역사였다고 해도 과언이 아니다. 인구가 증가함에 따라 이집트인은 나일강을 관리하는 치수 사업(물길을 만드는 사업)을 시작했다. 이를 통해 농경지를 확보했고, 천문·역법·기하학 등을 발달시킬 수 있었다. 치수를 위해 대규모 노동력을 동원해야 강한 권력을 지닌 왕 또한 등장할 수 있었다. 이들의 왕은 태양신 '라'의 아들로 여겨졌다. 이것이 바로 '파라오'의 기원이다. 2600년에 이르는 역사를 지닌 파라오의 이집트는 기원전 525년 페르시아의 공격으로 안타깝게 막을 내린다.

기원전 1900년경 황하 유역에서도 초기 국가가 출현했다. 중국 최초의 왕조인 하나라 이후 상나라, 주나라가 이어졌다. 상나라는 청동 무기와 제기를 만들고 점을 쳐서 나라의 큰일을 하늘에 물었다. 신권 정치였다. 점친 내용을 거북의 등딱지에 새겼는데, 이것이 한자의 기원이라고 알려진 갑골문이다.

이렇게 각기 다른 지역에서 태동해 찬란하게 꽃핀 세계 4대 문명은 20세기 초 중국과 일본의 학자들이 제안한 개념으로 학술 용어는 아니다. 아메리카 문명을 제외한 점, 지역적 다양성을 경시한 점 등 비판의 여지도 많다. 그럼에도 '기름진 땅과 큰 강'을 중심으로 이룩한 이곳의 역사를 곱씹다 보면 새삼 인류 문명의 찬란한 탄생에 가슴이 벅차 온다.

02 역사 | '제국'의 탄생
- 페르시아 제국

이토록 눈부시게 번성한 문명에서는 차례로 나라와 제국이 세워지기 시작했다. '제국(帝國)'은 '황제가 다스리는 나라'라는 의미로 하나의 나라가 아니라 민족적·문화적으로 다른 나라들까지 통치하는 국가 체계다. 국가 위의 국가라고도 할 수 있겠다. 점령한 나라에 총독을 파견해 다스렸던 로마 제국이나 대영 제국, 유럽 각지에 여러 왕국을 거느렸던 프랑스 제국, 거대한 땅에 여러 칸(Khan)국*을 세워 통치했던 몽골 제국이 대표적이다.

그렇다면 인류 역사상 최초의 제국은 어디였을까? 시간순으로만 본다면 기원전 24세기에 메소포타미아 수메르 북부에 형성되어 200년 정도 지속된 아카드 제국이 처음이다. 이후 기원전 10세기 무렵에 신아시리아 제국도 존재했다. 그러나 학자들은 유의미한 대제국으로 기원전 6세기경 일어난 아케메네스 왕조의 페

---

* 칸(튀르크, 만주, 몽골에서 군주를 이르는 칭호)에 의해 통치되는 정치적 독립체.

르시아 제국을 꼽는다. 철기 시대 농업 생산력이 비약적으로 향상된 이후, 사회체제를 정비해 자원을 효율적으로 활용하고 여러 지역의 국가들을 포용하여 단일 문화권으로 통합해 '대제국'이라는 이름에 걸맞은 면모를 갖춘 것이 페르시아 제국이었기 때문이다.

페르시아가 메소포타미아 지역 중심으로 패권을 잡고 200년 이상 존속할 수 있었던 이유는 아케메네스 왕조의 실질적인 창건자인 키루스 2세가 다른 왕조와는 사뭇 다른 정책을 폈기 때문이다. 페르시아 이전 메소포타미아 지역을 지배했던 세력으로는 아시리아와 신바빌로니아가 있었다.

기원전 25세기부터 존재한 고대 국가 아시리아는 기원전 7세기 강대국으로 부상해 메소포타미아 지역과 이집트를 정복했다. 그러나 아시리아는 정복한 땅의 백성들에게 무자비했다. 무거운 세금과 가혹한 형벌로 피정복민들을 통치했다. 결과는 뻔했다. 폭정을 참다 못한 피정복민들이 곳곳에서 반란을 일으켰고, 아시리아는 결국 총독 나보폴라사르의 반란으로 멸망했다. 그렇게 나보폴라사르는 신바빌로니아 왕조(칼데아 왕조)를 세웠다.

신바빌로니아는 2대 왕인 네부카드네자르 2세 때 수도 바빌론에 화려한 성문 이슈타르의 문(바빌론의 문)과 공중정원, 마르두크 지구라트(신전)를 만드는 등 힘을 과시했다. 그는 유대와 예루살렘을 정복했는데, 솔로몬의 성전을 파괴하고 유대인들을 바빌론으로 끌고 갔다. 이것이 바로 바빌론 유수*다. 구약 성서에서 이 교도 폭군의 전형으로 등장하는 '느부갓네살'이 바로 네부카드네자르 2세다. 신바빌로니아는 6대 왕인 나보니두스에 이르러 키루스 2세의 손에 멸망했다.

1. 신바빌로니아의 왕 나보니두스는 마르두크 신(바빌로니아의 주신)을 경배하지 않고 백성들에게 해를 끼쳤다.

2. 마르두크 신은 내(키루스 2세)가 모든 나라의 왕이 될 것이라고 선포했고 나를 도와 나보니두스를 물리치게 했다.

3. 나는 바빌론의 백성들을 해방했고, (포로로 끌려온) 모든 백성과 그들의 신을 고향으로 돌아가게 했다.

영국 박물관에 전시된 '키루스 실린더'에 새겨진 내용이다. 키루스 2세는 메소포타미아의 4대 강대국인 메디아, 리디아, 신바빌로니아, 이집트 중 이집트를 제외한 세 개 강국을 차례로 무너뜨렸다. 그리고 기원전 539년 신바빌로니아를 점령한 후 원통형의 점토에 비문을 새긴 키루스 실린더를 만들었다. 나보니두스 왕은 원래 5대 왕의 재상이었고, 아시리아 출신이었다. 그는 왕위를

---

* 기원전 597년 유대 왕국의 멸망으로 유대인들이 신바빌로니아의 수도 바빌론에 포로로 끌려간 사건.

빼앗아 즉위한 데다가 백성들에게 신바빌로니아의 마르두크 신이 아니라 달의 신을 믿도록 강요해 반발을 샀다. 키루스 2세는 그런 나보니두스를 물리치고 키루스 실린더를 통해 아래의 내용을 선포했다.

1. 내가 마르두크 신에게 인정받은 왕이다.
2. 신바빌로니아인을 비롯한 여러 민족의 종교와 자유를 허용한다.
3. 신바빌로니아 백성들의 생계를 증진한다.
4. 포로로 끌려온 민족과 그들의 소유물을 본국으로 돌려보낸다.

피정복민을 억압하고 그들의 성전을 파괴했던 아시리아와 신바빌로니아의 행태와 비교해 볼 때 키루스 2세의 조치는 당시로서는 파격적인 내용이었다. 그는 바빌론에 끌려온 유대인들을 고향으로 돌려보내고, 예루살렘의 성전과 성벽을 재건하는 일까지도와 성경에 '기름 부음 받은 자'인 '고레스'로 등장하기도 한다.

"나는 관대하다." 페르시아와 그리스 연합군의 테르모필레 전투를 다룬 「300」이라는 영화에서 페르시아의 왕 크세르크세스는 여러 차례 자신의 관대함을 과시한다. 물론 다소 가식적인 관대함이긴 하지만 노골적인 잔인함을 내세우던 이전의 정복자들과는 다른 면모다. 페르시아 왕들의 이 같은 '관대함'의 뿌리가 바로 키루스 2세다.

키루스 2세는 서아시아 지역의 23개 국가를 짧은 시간 안에 하나로 통일했다. 인종·종교·역사가 다른 이들을 단순히 힘만이 아닌 관용으로 통합했다. '정복'이라는 개념의 변화였다. 그는 피정복민들의 모든 것을 무너뜨리는 것이 아니라 그들 고유의 문화를 인정하고 포용해 주면서 제국에 편입시켰다.

소크라테스의 제자 크세노폰은 전기소설인 『키로파에디아(키루스의 교육)』에서 키루스 2세를 용기 있고 관대하며 아량 있는 지도자로 묘사했다. 그의 덕과 통치 이념은 그리스에 전해졌고, 전쟁의 신이라 불린 알렉산드로스 대왕도 그를 추종했다. 알렉산드로스는 훗날 페르시아 제국을 정복한 후 너무나도 초라한 키루스 2세의 무덤을 보고 크게 실망하기도 했다고 한다. 그는 키루스의 통치 이념처럼 정복한 국가의 문화와 관습을 인정해 주면서 제국을 확장해 나갔다. 키루스라는 걸출한 인물의 등장으로 왕들은 자신의 정체성을 '억압하는 파괴자'에서 '관대한 통치자'로 재정의할 수 있었던 거다.

키루스 2세 사후 그의 아들 캄비세스 2세는 이집트까지 정복했고 캄비세스 2세의 뒤를 이은 다리우스 1세는 페르시아의 영토를 더욱 넓혀 거대한 제국을 건설했다. 이렇듯 키루스가 기초를 단단히 다진 페르시아는 이후로도 200여 년을 존속했지만, 그리스와의 전쟁으로 쇠약해지기 시작했다. 대제국 페르시아는 어떻게 멸망의 길을 밟게 된 것일까?

03 | 역사 | 뜻밖의 승리

- 페르시아 전쟁

    페르시아 제국의 3대 왕이었던 다리우스 1세는 기원전 522년부터 기원전 486년까지 제국을 다스리면서 서남아시아, 중앙아시아, 인도에 이르는 엄청난 영토를 확보했다. 당시 1억 명 정도였을 것으로 추정되는 세계 인구의 20퍼센트에 이르는 약 2000만 명의 인구를 하나의 우산 아래에 다스린 다리우스는 그야말로 '왕 중의 왕'이었다. 그런데 이미 충분한 영토와 자원을 확보했음에도 다리우스 1세는 그리스에 영향력을 행사하기 시작했다. 페르시아는 왜 굳이 인구 200만의 산과 섬으로 이루어진 그리스 도시 국가를 정복하려 했을까?

    그리스 본토와 에게해를 바라보고 있는 이오니아 지방은 오늘날 튀르키예의 이즈미르 인근 지역이다. 이오니아 지역에 있었던 그리스계 도시 국가는 리디아 왕국에 복속되어 있었는데, 키루스 2세가 리디아 왕국을 정복하면서 페르시아의 그늘 아래로 들어갔다. 이오니아인들은 페르시아 제국의 2대 왕 캄비세스 2세가 이집트를 정복한 뒤 심각한 경제적 타격을 받는다. 상업과 무역을 이집트의 페니키아인들에게 빼앗겨 버린 것이다. 그러던 기원전 499년에 이오니아의 그리스계 도시 국가 중 밀레토스에 참주로 파견되어 있던 아리스타고라스가 반란을 일으켰다. 반란은 6년간 계속되었는데 그리스의 아테네와 에레트리아가 각각 20척, 5척의 함대를 지원했다. 반란군은 페르시아의 지방 거점 도시인 사르데이스를 불태워 버리기도 했다.

왕 중의 왕이었던 다리우스 1세가 이런 사태를 좌시하고만 있을 수는 없었을 것이다. 다리우스 1세는 이오니아의 반란을 진압한 후 그리스를 그냥 두려 하지 않았다. 그렇게 기원전 491년 페르시아의 그리스 원정이 시작되었다. 다리우스 1세의 사위 마르도니우스는 트라키아와 마케도니아 점령에 성공했지만, 폭풍우를 만나 300척의 배와 2만 명의 군사를 잃고 일차로 퇴각한다.

기원전 490년 페르시아의 2차 침공이 시작되었다. 페르시아는 앞서 이오니아 반란을 도왔던 에레트리아를 폐허로 만들어버렸다. 제국의 힘을 제대로 보여준 것이다. 다음 목표는 당연히 아테네. 그러나 수적으로 우세했던 페르시아군이 마라톤 전투*에서

---

* 그리스의 용사 페이디피데스가 아테네까지 약 40킬로미터를 쉬지 않고 뛰어가 승전보를 전하고 숨을 거뒀고, 이를 기념하기 위해 마라톤 경주가 생겼다고 한다.

아테네 연합군에게 대패한다. 이 전투에서 그리스군은 192명이 전사했지만, 페르시아군은 무려 6400명의 병사를 잃었다고 전해진다. 1만 명 정도의 그리스군은 긴 창과 두꺼운 방패로 무장한 중장보병을 중심으로 경무장한 페르시아군을 양쪽에서 포위하는 전술로 승리했다. 무기와 전술의 승리였다.

키루스 대왕 이후 지상전에서 페르시아 군대의 참패는 처음 있는 일이었다. 이 전투에서 그리스인들은 무시무시한 페르시아군을 물리칠 수 있다는 자신감을 얻었다. 반면 다리우스 1세는 이래저래 체면을 구겼다. 그리스는 더 이상 변방의 약소한 도시 국가 집단이 아니었다. 안타깝게도 다리우스 왕은 그리스를 제대로 다시 공격하려고 준비하던 중 사망한다. 대신 그의 아들 크세르크세스 1세가 아버지의 뜻을 이어 6년간 준비 후 다시 그리스를 침공했다. 영화 「300」에 등장한 바로 그 왕이다.

기원전 480년 그리스와 페르시아의 세 번째 전쟁이 시작되었다. 이번에는 크세르크세스 1세가 직접 전장에 나섰다. 동원한 군대의 규모는 그야말로 어마어마했다. 고대 그리스의 역사가 헤로도토스가 저서 『역사』에서 원정군의 수가 해군과 육군의 전투병력을 230만 명, 종군한 하인들과 군량 수송 선원 등을 포함하면 528만 명이라고 전할 정도다. 오늘날 연구자들은 최대 30만 명 정도로 추산한다.

이 엄청난 침공에 맞서 그리스 30개 도시 국가의 동맹이 방어에 나섰다. 스파르타와 아테네는 각기 장점을 살렸다. 육군이 강한 스파르타가 육군을 지휘하고, 아테네는 바다 위에서의 싸움을 이끌었다. 페르시아 대군에 맞서기 위한 전략은 테르모필레 지역에서 페르시아의 육군을 막아 시간을 확보하는 동안 아르테미시온 곳에 집결한 271척의 그리스 연합 해군으로 페르시아의 주력 함대에 타격을 입힌다는 것이었다.

> 그들의 창은 이제 대부분 부러졌다. 그래서 칼로 적을 도륙했다. 레오니다스는 이 혼전 중에 분투하다 전사했고 (…) 나는 300명 전원의 이름을 알고 있다.
>
> _ 헤로도토스, 『역사』

영화 「300」에는 테르모필레 협곡에서 300명의 스파르타 용사가 페르시아의 대군을 막아내는 장면이 등장한다. 사실 그리스 연합군의 숫자는 5200명이었다. 이 전투를 지휘했던 스파르타의 레오니다스 왕은 전투 중 다른 도시 국가의 일부 병력은 돌려보냈고, 최정예 병사와 함께 남아 끝까지 싸우다 전사했다.

크세르크세스는 테르모필레에서 4일간 기다렸다. 상대의 무모함을 믿을 수가 없었기 때문이다. 수십만의 대군을 몇천 명이

막으려 하니 이해하기 힘들기도 했고, 관대함을 과시하고도 싶었으리라. 그는 군사들에게 그리스인을 생포하라고 명령했지만, 좁은 공간에서 긴 창으로 응수하는 상대를 생포하는 것은 불가능했다. 페르시아군은 많은 병사를 잃다가, 그리스인 밀고자를 통해 뒤로 돌아가는 길을 알게 되어 결국 레오니다스가 이끄는 육군을 전멸시켰다. 테르모필레의 방어선이 뚫린 뒤 아테네를 비롯한 그리스 도시들은 페르시아군에게 유린당했다. 그러나 얼마 뒤, 살라미스 해전에서 명장 테미스토클레스의 그리스 연합 해군에게 페르시아 해군은 결국 궤멸당한다.* 엎치락뒤치락 끝날 듯 끝나지 않는 전쟁이었다.

살라미스에서의 패배로 실망한 크세르크세스는 귀국해 버리고 페르시아의 총사령관 마르도니우스는 30만의 육군과 남아 다시 그리스를 공격해 왔다. 플라타이아이 평원에서 벌어진 대규모 전투에서 아테네와 스파르타를 중심으로 한 그리스 연합군은 페르시아를 완전히 격퇴했다. 이때 20만 이상의 페르시아군이 궤멸당했다. 페르시아군은 본국으로 물러갈 수밖에 없었다.

---

* 아테네가 그리스를 배신할 것이라며 테미스토클레스가 흘린 유언비어에 속아 페르시아 해군이 섣불리 함대를 좁은 살라미스로 이동했기 때문이었다. 좁은 지역에서 페르시아군의 큰 군선은 비교적 빠른 그리스 갤리선의 상대가 될 수 없었다.

세 차례 원정의 실패로 페르시아의 패권은 약화되었다. 페르시아는 반란이 두려워 지방의 군사력을 통제했는데, 이는 제국 전체의 군사력 약화로 이어졌다. 그리스에서는 전쟁의 주역 아테네와 스파르타를 중심으로 각각 델로스 동맹과 펠로폰네소스 동맹이 형성되고 내부적인 패권 다툼인 펠로폰네소스 전쟁이 일어났다. 이후 페르시아는 그리스의 알렉산드로스 대왕에게 정복당한다. 페르시아가 처음 그리스 본토를 침공한 뒤 160여 년 만에 결국 그리스인에 의해 멸망한 것이다.

04 "브루투스, 너마저"

역사

－로마 제국과 카이사르

페르시아 전쟁이 시작되기 17년 전인 기원전 508년 이탈리아반도에서는 공화정이 시작되고 있었다. 고대 역사에서 빼놓을 수 없는 로마는 어떻게 건국되었을까? 역사적 사실로 보긴 힘들지만 전승되는 바에 따르면 로마는 기원전 8세기 무렵, 로물루스에 의해 건국되었다고 한다. 영화 「에이리언: 로물루스」에는 버려진 우주 기지에서 외계 생명체가 인간들을 공격하는 장면이 등장한다. 이 기지의 이름이 바로 '로물루스'와 '레무스'인데, 모두 로마 건국 신화에서 따온 것이다.

로마의 유명한 시인 베르길리우스의 서사시 『아이네이스』에 따르면 트로이 전쟁으로 트로이가 멸망한 뒤 트로이의 왕족 아이네이아스는 일족을 이끌고 이탈리아 라티움에 정착해 나라를 세웠다. 이후 이 나라의 16대 왕이 된 누미토르는 동생 아물리우스에게 왕좌를 빼앗기는데, 아물리우스는 누미토르의 딸인 레아 실비아를 신전의 사제로 강등시켜 아이를 갖지 못하게 한다. 그런데 그런 그녀가 전쟁의 신 마르스와의 사이에서 쌍둥이 형제를 낳는 기묘한 일이 벌어진다. 그들이 바로 로물루스와 레무스다.

이에 자신의 권력을 빼앗길까 두려워한 아물리우스는 쌍둥이를 바구니에 담아 강에 버리고, 쌍둥이는 늑대의 젖을 먹고 자라다가 양치기에게 발견된다. 이들은 성인이 되어 아물리우스를 몰아내고 새로운 도시 로마 건설을 준비하는데, 서로 뜻이 맞지 않아 다투다가 로물루스가 레무스를 그만 살해하고 만다. 로물루스는 그렇게 로마의 일곱 언덕 중 카피톨리누스 언덕을 중심으로 로마를 세운다. 로마 제국의 시작이다.

기원전 3세기경 로마는 주변의 여러 종족과의 경쟁에서 승리하고 이탈리아반도를 통일했다. 이후 포에니 전쟁*을 통해 카르타고를 지도에서 지워버리고 지중해의 패권을 잡는다. 로마는 한 번에 75만 명의 군사를 동원할 수 있는 당대 최고의 군사력을 보유한 덕에 잇따른 전쟁에서 승리했고, 부가 넘쳐 흘렀다. 로마는 더 이상 도시 국가가 아니었다. 속주를 다스리는 제국으로 거듭나고 있었다. 이제 시대의 흐름은 공화정에서 제정으로의 변화할 차례였다. 주권을 국가의 시민들이 나누어 갖던 체제에서 한 명의 군

* 기원전 264년에서 기원전 146년까지 세 차례에 걸쳐 일어난 카르타고와 로마의 전쟁.

주가 국가를 다스리는 체제로 변화하기 시작한 것이다.

이때 로마는 전쟁의 성과를 안팎으로 잘 분배하고 변화하는 시대의 요구에 걸맞은 시스템을 만들어야 했지만 실패했다. 대외적으로 로마는 동맹 도시에 전쟁의 결과물을 나누지 않았다. 군사를 내어준 동맹 도시는 반발할 수밖에 없었다. 제2차 포에니 전쟁 당시 한니발이 알프스를 넘어와 로마 본토를 위협했을 때조차 배신하지 않고 로마를 지지했던 동맹이 이로써 무너졌다. 기원전 91년 로마는 여덟 개 동맹 도시와 전쟁을 치르면서 결국 로마 시민권을 이탈리아 전역으로 확대해 부여함으로써 위기를 넘겼다.*

대내적으로는 귀족 중심이었던 로마의 입법·자문기관 원로원의 한계도 드러났다. 귀족들은 점점 더 부유해졌고, 민중과의 빈부격차는 점점 더 커졌다. 중산층이 몰락하면서 로마의 군사력도 약해졌다. 자연스럽게 민중파와 귀족파의 대립이 심해졌다. 민중을 대표하는 마리우스파와 귀족을 대표하는 술라파의 내전이 일어났고 승리한 술라파는 상대를 잔인하게 응징했다.

이 시기에 그 이름도 유명한 율리우스 카이사르가 등장한다. 그의 고모부는 민중파인 마리우스였는데, 술라는 카이사르 또한

---

* 포에니 전쟁 이후 로마는 조용할 날이 없었다. 기원전 135년부터 시작된 세 차례의 노예 전쟁, 그라쿠스 형제의 개혁 좌절, 게르만족과의 전쟁, 술라의 내전과 독재 등이 이어졌다.

죽이려 했다. 카이사르는 권력을 잡기 위해 중요한 것은 귀족이 아닌 민중의 지지라는 사실을 정확하게 파악했지만, 당장은 몸을 피할 수밖에 없었다.

술라의 세력이 약해진 뒤 카이사르는 정계에 모습을 드러냈다. 기원전 60년 카이사르는 폼페이우스, 크라수스와 함께 원로원에 대항해 정치적으로 서로 협력할 것을 밀약했다. 이것을 '제1차 삼두 정치'라고 한다. 그러나 삼두 정치는 그리 오래가지 못했다. 기원전 53년 크라수스가 전투에서 사망한 후 카이사르와 폼페이우스 간에 내전이 시작된 것이다.

> 카이사르는 부하들에게 열렬한 지지와 충성을 받았다. 다른 장군의 부하로 있을 때는 평범했던 병사도 카이사르의 부하가 되면 그의 명령에 목숨을 걸고 맨 앞에서 싸웠다.
>
> _ 플루타르코스, 『영웅전』

카이사르는 뛰어난 지휘관이었다. 그는 부하들에게 자기 재산과 전리품을 골고루 나누어 주었고, 전투에서 앞장섰다. 그는 갈리아(프랑스 지역) 총독으로 10년 동안 800개 도시와 300개 나라를 무너뜨렸다. 300만 명의 적 중 100만 명을 죽이고 100만 명을 포로로 잡았다. 카이사르의 인기는 날로 높아졌고, 원로원의 보수파 귀족들은 폼페이우스를 이용해 카이사르를 제거하려고 했다. 군대를 해산하고 로마로 오라는 원로원의 명령에 카이사르는 자신의 군대와 함께 계속해서 진군하며 이렇게 말했다. "주사위는 던져졌다."

그렇게 로마에서는 5년간의 내전이 발발했다. 카이사르는 3개월 만에 로마를 접수하고 폼페이우스군을 격파했다. 이집트로 달아난 폼페이우스는 결국 죽임을 당한다. 카이사르는 클레오파트라를 첩으로 삼고, 알렉산드리아 전쟁*에서 승리해 그녀를 왕좌에 앉게 해주었다. "왔노라. 보았노라. 이겼노라." 당시 이집트를 떠나 돌아오던 길에 말썽을 부리던 폰토스 왕국의 군대를 빠르게 제압한 카이사르가 원로원에 전했던 말은 지금까지도 모르는 사람이 없을 정도로 잘 알려져 있다.

카이사르는 여러 번 종신 독재관, 단독 집정관으로 선출되었고 '조국의 아버지'라는 칭호를 받았다. 사실상 왕과 다름없는 권력을 누린 것이다.

로마인은 자신들의 운명을 모두 카이사르에게 맡겼다. 들끓던 내란을 잠재우고 사람들에게 숨 돌릴 틈이라도 주리라는 기대에 그

---

* 기원전 48년부터 기원전 47년까지 이집트의 알렉산드리아와 나일강 하류에서 카이사르와 클레오파트라 7세의 연합군, 프톨레마이오스 13세 간에 벌어진 전쟁.

가 죽을 때까지 1인 집정관의 자리에 있도록 했다.

_ 플루타르코스, 『영웅전』

　　민중들의 이 같은 지지가 독이 되었던 것일까. 카이사르가 왕이 될지도 모른다는 두려움에 떨던 원로원 의원들은 브루투스를 중심으로 곧 카이사르를 암살한다. 공화정을 수호하기 위해서였다고 그들은 주장했다. 놀랍게도 카이사르를 죽음으로 몰고 간 주동자였던 브루투스의 어머니는 한때 카이사르와 사랑하는 사이였고, 카이사르는 실제로 브루투스를 자신의 친아들처럼 여겼다. "브루투스 너마저." 그래서였을까. 윌리엄 셰익스피어가 희곡 『줄리어스 시저』에서 묘사한 그의 죽음에서 사용된 이 말은 또 하나의 명언이 되었다.

　　그렇게 시대의 영웅으로 생을 마감한 카이사르. 그가 후계자로 지목한 옥타비아누스는 훗날 황제가 됨으로써 공화정을 끝맺었고, 결국 로마는 머지않아 실질적인 제정의 시대로 접어들었다.

05

역사

지중해에서 유럽으로

- 서로마 제국의 멸망

　　카이사르의 죽음 이후 몇백 년이 흐른 서기 370년 중앙아시아의 훈족*이 지금의 러시아 서부 지역인 볼가강을 건넜다. 이에 따라 흑해 연안에 거주하던 게르만 민족이 이동했다. 게르만 민족의 대이동은 약 2세기에 걸쳐 일어난다. 게르만 민족은 서고트족, 동고트족, 프랑크족, 앵글로색슨족, 반달족 등을 일컫는데, 그중에서도 로마와 군사적인 충돌을 크게 일으킨 민족은 현재의 루마니아 지역에 살았던 서고트족이었다. 그들은 훈족에 밀려 동로마 제국의 영토를 침범할 수밖에 없었고, 동로마에 이주 허가를 요청했다. 서고트족의 이주 요청에 동로마 제국은 난색을 표했다. 동로마 제국과 서고트족 사이에 긴장감이 높아지던 378년 동로마 제국의 발렌스 황제는 서고트족과 아드리아노플 전투를 벌인다. 이

＊　훈족이 역사 무대에 등장한 것은 4세기 중반 무렵이다. 유라시아 대초원 서부에서 일어난 훈족은 흑해 북쪽의 게르만족들을 복속시켰다. 최근의 연구에서는 훈족을 스키타이족과 흉노족의 혼혈로 보고 있다.

전투에서 황제는 전사하고 그의 군대도 궤멸한다. 그런데 동로마라니? 강력했던 로마 제국이 둘로 쪼개진 것일까?

4세기 로마 제국은 아주 강력한 황제가 아니라면 다스리기 어려울 정도로 규모가 커졌다. 오늘날 유럽 대부분 지역과 북아프리카, 튀르키예까지 아우르는 광대한 영토를 통치했기 때문이다. 395년 로마 제국은 공식적으로 동로마와 서로마로 분할되었다. 이러한 로마 분열의 원인은 이로부터 100여 년 전 디오클레티아누스 황제까지 거슬러 올라간다.

293년 디오클레티아누스 황제는 내란을 진압하고 거대한 제국을 한 명의 황제가 다스리는 것이 불가능하다고 판단했다. 그는 로마 제국의 동쪽과 서쪽에 정제와 부제를 각각 한 명씩 두는 체제를 만들었는데 이로써 로마 제국은 네 명의 황제가 다스리는 나라가 된 것이다. 이를 '사두정(四頭政, tetrarchia)'*이라 한다. 이 체제는 곧 무너졌지만, 이후 로마 내에서 반란과 내란이 이어졌다. 395년 동로마와 서로마 모두를 통치한 마지막 황제였던 테오도시우스 1세 사망 후 제국은 영원히 둘로 쪼개진다.

---

* 로마는 이 체제를 통해 내전과 혼란을 효과적으로 막으려 했다. 이후 서방의 정제로 추대된 콘스탄티누스 1세는 제국의 힘을 하나로 모으는 것이 더 적절하다고 판단하여 제국을 통합하였으나 그의 사후 제국은 세력 다툼으로 혼란에 빠져들었다.

훈족 최후의 왕이며 유럽 훈족 가운데 가장 강력한 왕이었던 아틸라왕은 서고트족이 세를 과시하던 이 시기에 태어났다. 그의 생전에 훈족은 라인강에서 카스피해에 이르는, 당대 유럽의 국가 중 가장 넓은 영토를 소유했다. 9년밖에 되지 않는 재위 기간에 전 유럽을 공포에 떨게 해 '신의 채찍'이라는 악명을 얻은 아틸라는 게르만족을 압박했고, 동로마로 침입해 수도 콘스탄티노플까지 진군했다. 훈족은 동로마에서 막대한 공물을 챙겼다.

451년 아틸라는 서로마의 갈리아 지방에도 진군*했고, 트루아, 메스 등의 도시를 완전히 파괴하면서 악명을 떨쳤다. 그러다 서로마의 명장 플라비우스 아에티우스와 오늘날의 프랑스 도시 오를레앙 지역에서 맞붙었다.

아틸라는 호기롭게 서로마 진영을 공격했지만 크게 패했다. 그러나 포기하지 않고 이듬해 세력을 회복해 다시 서로마 제국을 공격했다. 이번에는 서로마 제국의 심장부인 이탈리아가 목표였다. 독이 단단히 오른 아틸라는 서로마의 도시 아퀼레이아, 파도바, 비첸차, 베로나, 밀라노까지 차례로 정복했다. 잔뜩 겁먹은 서

---

* 서로마 침공 1년 전인 450년 서로마 황제 발렌티니아누스 3세의 누나였던 호노리아 공주가 아틸라에게 지참금으로 서로마 제국의 영토 절반을 제안하며 청혼했다. 야심가였던 호노리아 공주는 동생을 황제 자리에서 몰아내려다 들통나 동로마로 추방된 신세였다. 아틸라는 청혼을 거절할 이유가 없었다. 서로마는 당연히 땅을 주지 못하겠다고 했고, 아틸라는 이를 구실삼아 서로마를 침공했다.

로마의 황제 발렌티니아누스 3세는 수도 라벤나를 버리고 로마로 향한다. 다행히 당시 교황이었던 레오 1세가 아틸라를 만나 설득해 아틸라는 군대를 끌고 돌아갔다. 덕분에 이탈리아 전체가 아틸라의 군대에 파괴되는 비극은 피할 수 있었다.

동로마·서로마 제국을 비롯한 유럽 전역을 공포에 떨게 했던 아틸라였지만 그 역시 죽음을 피할 수는 없었다.* 아틸라 사후 훈족 제국은 아틸라의 세 아들 간 권력 다툼과 동맹국들의 이탈로 급격하게 몰락했다. 물론 그렇다고 하여 로마 제국이 되살아난 건 아니었다. 아틸라가 죽고 2년 뒤 로마는 반달족 왕 게이세리쿠스에게 다시 한번 약탈당한다. 서로마 제국은 점차 쇠약해졌고, 아틸라의 사망 23년 뒤인 476년에 게르만족 군사령관 오도아케르는 서로마의 로물루스 아우구스툴루스 황제를 폐위시켰다. 그렇게 서로마는 동로마와 분리된 지 81년 만에 허망하게 멸망했다. 아틸라는 죽었지만, 결과적으로 서로마의 멸망에 결정적인 영향을 주었다.

그렇게 서로마 제국이 역사 속으로 사라졌지만 동로마 제국은 건재했다. 동로마 제국 덕분에 지금까지도 로마의 전통이 사라지지 않을 수 있었다. 이후 번성했던 게르만은 로마와 같은 문화적

---

* 새로 맞은 신부와 동침 중 사망하였다. 사인은 뇌출혈이나 심장마비로 추정한다.

전통이 약했기 때문에 게르만의 왕들은 친로마적인 성향을 보였다. 대표적인 예로, 이탈리아반도에 나라를 세운 동고트족의 지도자 테오도리크 대왕은 그리스와 로마 문화를 수용했다. 그는 동로마 황제에게 '로마의 보호자'라는 칭호를 받기도 했다. 그렇게 로마의 라틴어는 게르만어와 결합했다. 그래서 로망스어군에서 라틴어의 영향을 찾아볼 수 있는 것이다. 라틴어는 영어와 독일어에도 지대한 영향을 미쳤다.

『로마제국쇠망사』를 쓴 영국의 역사가 에드워드 기번은 서로마 제국이 멸망한 476년을 유럽의 고대와 중세를 나누는 기점으로 보았다. 이제 역사의 무대가 기존 로마 제국이 활약했던 지중해에서 게르만족의 유럽으로 옮겨가기 시작했다.

06 "너 자신을 알라"

철학

― 소크라테스

나는 나의 무지를 알기에 모르면서도 안다고 생각하는 사람들보다 낫다.

_ 플라톤, 『소크라테스의 변명』

고대에 찬란하게 피어난 문명, 제국과 나라의 탄생과 멸망 사이에서 인류의 근본이 된 학문이라 할 만한 철학의 뿌리도 싹텄다. 페르시아 전쟁 이후 발발한 두 정치체제 간의 싸움, 펠로폰네소스 전쟁 시기로 잠시 돌아가 보자. 펠로폰네소스 전쟁은 페르시아와의 전쟁에서 활약한 아테네와 스파르타 사이에서 발발한 전쟁인데, 놀랍게도 시민의 의무를 다했던 아테네의 철학자 소크라테스도 이 전쟁에 함께였다. 소크라테스는 페르시아 전쟁에서 승리한 아테네의 황금기에 청년기를 보낸 장본인이었고 그만큼 그에게 아테네는 매우 소중한 도시였다. 그런 이유로 전쟁과는 영어울리지 않음에도 소크라테스는 그의 나이 서른일곱이 되던 해에 발발한 펠로폰네소스 전쟁의 기폭제가 된 포티다이아 전투에 참전한다.

당시 아테네는 테세우스를 숭배하고 있었는데, 테세우스는 크레타의 미궁에서 인신 공양을 받던 괴물 미노타우로스를 비롯한 여러 괴물을 해치우고 아테네의 왕위를 물려받았다는 그리스 신화 속 영웅이다. 그만큼 아테네가 강인한 남성성, 대담함, 용맹스러움, 신체를 단련하는 것과 자유로운 정신을 중요시했다는 방증이 되겠다. 페르시아에 끝까지 굴복하지 않고 자유를 위해 싸운 아테네인들의 자부심은 그야말로 대단했다. 그들은 '테세우스적'인 가치야말로 최고의 미덕이라 여겼다.

하지만 포티다이아 전투는 이런 테세우스가 물질적인 욕망을 제어하지 못했을 때 어떤 비극을 초래할 수 있는지 또한 여실히 보여주었다. 아테네는 힘없는 도시였던 포티다이아에 무리한 조공을 요구한 것도 모자라 실력 행사를 위해 중무장 보병 1000여 명을 선발대로 파견한다. 소크라테스도 그중 한 명이었다. 3년간의 기나긴 전투를 치르며 아테네군의 사기는 땅에 떨어진다. 전염병으로 사망한 아테네군의 시체는 매장도 못한 채 들짐승들에게 뜯겨나갔고, 포위당한 포티다이아인들은 서로를 잡아먹었다. 이 비극은 모두 아테네의 탐욕으로부터 시작된 것이었다. 소크라테스는 이 피비린내 나는 전쟁터 한가운데에서 '어디서부터 무엇이 잘못된 것'인지 질문하기 시작한다.

　공교롭게도 포티다이아 전투가 한창이던 시기, 소크라테스의 친구이자 제자였던 카이레폰은 델포이의 아폴론 신전을 찾았다. 그는 아폴론 신에게 소크라테스보다 지혜로운 인간이 있는지 물었고, 신의 뜻을 전하는 여사제의 답은 '없다'였다. 카이레폰의 말을 전해 들은 소크라테스는 혼란스러웠다. '나는 전쟁터에서 그토록 혼란스러웠는데 왜 신은 나보다 지혜로운 자가 없다고 말했을까?' 고민 끝에 그는 신탁을 검증해 보기로 한다.

　그때부터 소크라테스는 아테네의 유명 인사들을 찾아다니며 미덕이 무엇인지 캐물었다. 정치가, 작가, 장인…. 그들과 대화를 나눈 소크라테스는 비로소 신의 뜻을 알게 된다. 그가 만난 유명 인사들은 하나같이 자신처럼 무지했지만 놀랍게도 안다는 착각에 빠져 있었다. 오직 소크라테스만이 '아는 것이 없다'라는 사실을 정확히 알고 있었다.

　검증하지 않는 삶은 살 가치가 없다.

_ 플라톤, 『소크라테스의 변명』

소크라테스는 아테네인들이 스스로 무지를 깨닫지 못해 타락하고 있다고 보았다. 그는 자신이 사랑해 마지않는 아테네의 시민들이 올바른 지혜와 앎을 추구하지 않고 물질적인 것, 신체적인 것에만 정신이 팔려 있는 것을 안타까워했다. 아테네인들이 옳다고 믿고 있는 가치들은 과연 검증된 것일까? 스스로 검증하지 않은 것이라면 받아들이지 않아야 한다는 것이 소크라테스의 생각이었다. 그는 스스로를 아테네라는 커다란 말을 잠들지 않게 괴롭히는 등에라고 칭하며 그때부터 시민들을 한 사람 한 사람 만나 '무지의 지'를 깨우쳐 주기 위해 노력했다.

소크라테스는 기원전 399년 무려 칠십의 나이에 불경죄로 고발되어 사형을 선고받는다. 소크라테스의 사형 선고는 안타깝게도 펠로폰네소스 전쟁 패배와 관련한 정치적인 이유* 때문이었다. 앎을 향한 그의 여정은 그렇게 전쟁의 여파로 막을 내린다. 그러나 죽음을 선고받고 독배를 마시기 직전까지 그는 제자들과 철학적 담론을 나누었다고 전해진다.

철학적 순교자와도 같은 삶을 살았던 그의 이야기는 스스로 아무런 글을 남기지 않았음에도 플라톤과 크세노폰 그리고 당대 및 후세 작가들을 통해 살아남았다. 소크라테스 사상의 핵심은 다음 세 가지로 요약할 수 있다.

---

* 그의 제자 중 펠로폰네소스 전쟁에서 결정적인 패배를 맛보게 한 알키비아데스, 스파르타에 용병으로 고용된 크세노폰, 30인 참주정의 우두머리였던 크리티아스가 있었다.

"네가 모른다는 것을 알아라"

소크라테스는 온전한 지혜란 오직 신만이 소유할 수 있다고 생각했다. 그러므로 인간은 무지하다는 것이 그의 기본 전제였다. 그리고 무지를 자각하는 것이 중요하다고 주장했다. 자신이 무지하다는 것을 인정하는 데서부터 지혜에 대한 사랑, '필로소피아 (philos(사랑)+sophia(지혜))'를 시작할 수 있다고 믿었다. 내가 무지하다는 것을 깨달아야만 삶에 대해 성찰하고, 지혜를 얻기 위해 노력할 수 있다.

"네가 아는 것에 반론을 제기하라"

소크라테스는 죽기 전까지 평생 이웃, 제자들과 대화하며 살았다. 그는 상대에게 여러 도덕적인 개념들, 예를 들어 덕, 정의, 용기, 경건, 우애 등에 관해 질문을 던지고 그들의 대답을 하나하나 검증하면서 결국 '너도 나도 아는 게 없다'라는 '무지'를 증명했다. '논박'으로 옮길 수 있는 '엘렝코스(elenchos)'는 대화하는 상대방이 자신의 무지를 기어코 깨닫게 만드는 대화법이다. 물론 산파가 아이를 세상에 나오게 하듯 상대가 원래 알던 것을 깨우쳐

주는 '산파술'과는 구분해야 한다.

"아는 것이 옳은 것이다"

소크라테스는 '절대적인 진리란 없다'라는 식의 궤변으로 회의주의, 상대주의적인 태도를 보인 소피스트들을 특히 경계했다. 절대적인 미덕이나 규범이 없다면 사회는 혼란스러워지고 사람들은 탁월함에 이를 수 없을 것이기 때문이다. 소크라테스는 사람들이 정말로 올바른 것이 무엇인지 안다면 당연히 그 앎을 따를 것이라고 보았다. 그야말로 주지주의(主知主義)자였다. 정확히 아는 것, 지성이 인간의 의지나 감정보다 중요하다고 주장했다. '무지의 지'를 말한 소크라테스가 그러므로 적극적인 배움과 올바른 앎을 강조했던 것이 아이러니하고도 매력적인 지점이다.

07 | 🏛 철학 | 동굴 안의 사람들에 관하여
- 플라톤

"유럽 철학 전통의 가장 안전하고 일반적인 정의는 그것이 플라톤에 대한 일련의 각주들로 이루어져 있다는 것이다."

_ 앨프리드 노스 화이트헤드

소크라테스 이야기를 했다면 다음으로 빼놓을 수 없는 인물이 바로 플라톤이다. 플라톤은 아테네의 한 귀족 집안에서 태어났다. 그는 당시 아테네에서 유행하던 비극 작품을 쓰기도 했고 정말 어울리지 않지만, 한때 레슬링 선수로 활동한 이력까지 있다. 귀족 젊은이들이 으레 그랬듯 정치계에 입문하려던 플라톤은 소크라테스를 만나 인생의 전환점을 맞이한다. 전도유망했던 귀족 청년이 아테네 공공의 적, 소크라테스의 제자가 되어 철학자의 길을 걷게 된 것이다.

그러나 플라톤이 이십대 후반이 되었을 무렵 아테네는 소크라테스에게 사형을 선고한다. 환멸을 느낀 플라톤은 고향을 떠나 남부 이탈리아와 시칠리아 등으로 여행을 다녔고 아테네로 돌아온 뒤에는 '아카데미(academy)'라는 학교를 세워 세상을 떠날 때까지 아카데미의 학장을 지냈다.

플라톤은 소크라테스가 주장한 '덕은 곧 앎이다'라는 명제를 더욱 깊게 파고들었다. 예를 들어, '정의'라는 도덕적인 가치를 추구하기 위해서는 먼저 '정의'가 무엇인지 알아야 했다. 플라톤은 어떤 도덕 개념을 논하려면 먼저 그 개념이 정확하게 무슨 뜻인지 탐구하는 게 중요하다고 생각했다. 그렇다면 모든 시대와 사회에 적용이 가능한 개념은 어떻게 인식할 수 있을까?

추상적인 개념은 어려우니 조금 쉬운 예를 떠올려 보자. 우리가 '개(dog)'를 '개'라고 말할 수 있는 이유는 무엇일까? 세상에는 수많은 종류의 개가 있다. 닥스훈트, 진돗개, 푸들, 보더 콜리, 비글, 시바…. 이런 현실의 개들은 겉모습이나 특징이 제각각이다. 그러나 '개와 같음(dogginess)'이라는 공통의 특징을 갖고 있기도 하다. 이 특징을 우리가 인식하기 때문에 그것들을 개라고 인식하는 것이다. 우리 마음에 어떤 '이상적인 개'라는 관념이 있기에 그것을 적용해 우리는 현실의 개를 인식한다.

플라톤에 따르면 '현실의 개'는 '이상적인 개'의 그림자에 지나지 않는다. '개'는 현실에 실재하는 존재가 아니다. 시대와 공간을 초월해 영원히 존재하는 '개의 이데아'만이 실재한다. 눈에 보이는 세계는 그림자고, 이데아라 불리는 이념만이 진실이기 때문이다.

수학적인 예를 들어보자. 우리는 직각삼각형의 빗변을 하나의 변으로 갖는 정사각형의 넓이가 그 직각삼각형의 다른 두 변을 하나의 변으로 갖는 각각 다른 두 정사각형의 합과 같다는 사실*을 이성으로 추론해 낼 수 있다. 그런데 그런 완전한 직각삼각형은 현실에 존재하지 않는다. 현실에서는 종이 표면이 거칠고, 필기구도 정확한 삼각형을 그리기에 적합하지 않다. 우리는 영원히 종이 위에 완벽한 직각삼각형을 그릴 수 없다. '이상적인 직각삼각형'은 관찰이 아닌 이성을 통해서만 인식할 수 있을 뿐이다.

이렇게 플라톤은 추론을 통해 현실 세계와는 분리된 형상의 세계, 이데아(idea)의 세계가 있다는 결론을 도출한다. 이데아의 세계는 감각이 아닌 이성으로 인식할 수 있으며 그 세계야말로 '진짜 현실'이다. 우리 눈앞의 현실은 이데아의 세계를 본뜬 것에 지나지 않는다. 그러니 플라톤의 논리에 따르면 진정한 앎이라는 것은 감각이 아니라 이성을 통해 얻을 수 있다.

그들은 어릴 때부터 다리와 목이 쇠사슬에 묶여 있었지. 그렇기에

---

* 피타고라스의 정리. 직각삼각형 빗변의 길이를 c라 하고 나머지 두 변을 a, b라고 하면 '$a^2+b^2=c^2$'이 된다.

언제나 같은 곳에 머물러 있으며 쇠사슬 때문에 고개를 돌릴 수 없어 앞쪽밖에 볼 수 없네. 자신들에 관해서건 남들에 관해서건 불빛에 의해 투영된 그림자 말고 무엇을 보았으리라고 생각하는가?

_ 플라톤, 『국가』

플라톤은 그 유명한 '동굴의 비유'로 자신의 이데아 이론을 더욱 발전시켰다. 플라톤은 소크라테스의 입을 빌려 이런 상황을 가정한다.

죄수들이 태어날 때부터 어두운 지하 동굴 속 벽에 묶여 있다. 그들은 오직 자기 앞의 벽만 바라볼 수 있다. 죄수들의 뒤에는 불빛이 있어서 그들이 볼 수 있는 벽면에 그림자를 생기게 한다. 불빛과 죄수들 사이에는 사람들이 동물의 형상이나 물건들을 옮기고 있다. 이런 상황에서 죄수들은 불빛에 비친 그림자만이 현실이라고 믿을 수밖에 없다. 동굴 밖의 모습은 고사하고, 고개를 돌려 태양의 모조품인 불빛조차 볼 수 없기 때문이다.

그러나 실재하는 것은 동굴 안의 불빛이나 그림자가 아니라 동굴 밖의 진짜 태양과 풍경이다. 동굴 밖은 이데아의 세계이고 그 세계를 인식하기 위해서는 인식의 대전환이 필요하다. 쇠사슬을 끊어내고 불빛을 지나 동굴 밖으로 기어 올라가야 한다.

플라톤은 물질세계에서 감각으로 인식하는 것은 이데아의 그림자에 불과한, 동굴 벽에 비치는 이미지와 같다고 보았다. 사물에 대해 우리는 기껏해야 어떤 견해 정도를 가질 수 있으며, '진짜 지식'은 이성을 바탕으로 한 이데아 탐구를 통해서만 얻을 수 있다고 주장한 것이다. 당연히 추상적인 개념들도 이데아의 세계에만 존재한다. 우리가 물질세계에서 존재한다고 생각하는 모든 것은 '진짜'의 모사에 불과한 것이다.

여기서 문제가 생긴다. '그렇다면 우리는 어떻게 이데아를 인식할 수 있는가?' 하는 문제다. 플라톤은 우리가 이데아를 인식하지 못하더라도 '이데아적 형상'에 대한 인식을 이미 지니고 있다고 주장한다. 플라톤에 의하면 인간은 육체와 영혼으로 이루어져 있다. 육체는 감각을 통해 물질세계를 인식하고, 영혼은 이성을 통해 이데아 세계를 인식할 수 있다. 영혼은 불멸하고 영원하기에 이데아의 세계에서 태어났다. 그러니 이미 이데아 세계에 대해 알고 있고, 그것을 다시 기억해 내면 된다는 것이다. 이것을 '상기론(想起論, Doctrine of recollection)'이라고 한다.

플라톤에게 철학자는 이데아를 발견하기 위해 이성을 사용하는 전문가였다. 그는 진정한 철학자만이 이데아에 대한 '앎'을 바탕으로 세상의 본질과 도덕에 대한 진짜 지식을 갖고 있기에 그들이 국가를 다스려야 한다고 주장하기도 했다. '앎' 자체에 관해 탐구한 이상적인 철학자의 전형이었다고 할 수 있겠다.

한편으로 그는 우리에게 스승 소크라테스에 대해 전해주었고, 제자 아리스토텔레스에게 깊은 영향을 미쳤다. 플라톤의 사상은 후에 중세 이슬람, 기독교 사상가들의 철학에도 영향을 주었다. 지식을 얻는 데 관찰보다 이성을 중시했던 그의 학문적 방식은 17세기 합리주의의 기초가 되었다는 점에서 플라톤의 정신은 21세기를 살아가는 우리에게 여전히 유효하다.

08 철학   "이데아는 개소리다!"
– 아리스토텔레스

이제 소크라테스의 제자인 플라톤의 제자 아리스토텔레스 이야기를 해보자. 아리스토텔레스는 그리스 북동부 칼키디케 반도의 소도시 스타기라에서 태어났는데, 그의 아버지는 마케도니아 왕실의 주치의였다. 아리스토텔레스는 열일곱 살에 플라톤의 아카데미에 들어가 20년 가까이 플라톤에게서 가르침을 받았다. 플라톤은 영민한 제자 아리스토텔레스를 아껴 그를 '아카데미의 혼'이라고 칭찬하기도 했다. 플라톤과 아리스토텔레스는 연구 방식이나 기질은 달랐지만 서로를 존중한 것으로 알려져 있다. 그러나 안타깝게도 마케도니아에서 온 이방인이었던 아리스토텔레스는 끝내 플라톤을 이은 아카데미의 후계자가 되지는 못했다.

플라톤이 사망한 후 아테네와 마케도니아 사이에 전쟁의 기미가 느껴지자 아리스토텔레스는 이오니아 지역으로 넘어가 동물을 연구하고 분류하면서 몇 해를 보낸다. 그러다 어린 알렉산드로스 3세의 교사로 초빙되어 알렉산드로스가 권력을 잡은 이후 왕의 권유로 아테네에 돌아가 '리케이온(Lykeion)'이라는 학교를 세우고 연구와 교육에 전념했다. 역시나 아리스토텔레스의 운명은 스승 플라톤과 제자 알렉산드로스 대왕을 빼놓고는 논할 수 없다.

기원전 323년 알렉산드로스 대왕이 죽은 뒤 아테네에서는 정복자 마케도니아에 대한 반감이 크게 일어났다. 아리스토텔레스는 리케이온에서 여러 해 아테네인들을 가르쳤지만, 여전히 이방인 취급을 받고 있었고 결국 스승의 스승이었던 소크라테스와 비슷하게 아테네인들에게 반역죄로 기소된다. "아테네가 철학에 두 번이나 죄를 짓게 할 수는 없다"라는 말을 남기고 아테네를 떠난 그는 에비아섬의 칼키스로 피신해 다음 해에 세상을 떠났다. 철저하게 아테네인이었던, 그래서 독배를 기꺼이 마셨던 소크라테스와는 대조적인 모습이 아닐 수 없다.

모든 인간은 죽는다.
소크라테스는 인간이다.
그러므로 소크라테스는 죽는다.

_ 아리스토텔레스의 삼단논법

의사였던 아버지의 영향을 받은 것일까? 아리스토텔레스의 학문 접근 방식은 생명과학에 가깝다. 수학적이고 개념적인 플라톤과는 대조된다. 아리스토텔레스는 삼단논법과 같은 논리를 통해 자연계를 체계적으로 분류했다. 그는 분석적인 추론을 통해 자연을 연구하면서 이성은 인간이 타고난 특성이고, 이를 바탕으로 인간은 경험에서 배우는 능력이 있다는 점을 깨달았다. 플라톤의 주장처럼 이데아 세계의 진짜를 기억해 내는 것이 아니라 이성의 힘으로 경험한 것에서 배우고 사상을 정립할 수 있는 것이 인간이라는 주장이다.

이런 관점에서 아리스토텔레스는 플라톤의 이데아론을 '무의미한 소음에 불과'하다고 비판했다. 존경하던 스승을 향한 제자의 파격적인 반론이었다. 그는 진리가 저 먼 어딘가가 아닌 우리 주변에 있다고 주장했다. 이미 사물에 내재한 실체를 관찰할 수 있던 아리스토텔레스에게 이데아라는 가상의 실재를 가정하는 일은 불필요한 소음 같은 행위였던 것이다.

플라톤이 '개념적 무언가'를 떠올리며 변하지 않는 것을 확인하려 들었다면 아리스토텔레스는 주변의 자연을 관찰함으로써 진리를 밝혀내려 애썼다.

따라서 아리스토텔레스에게 감각은 진리를 발견하는 절대적인 수단이다. 그는 동식물의 표본을 관찰하면서 다른 생명과 어떤 공통점과 차이점이 있는지 완벽한 체계로 분석했고, 왜 그런 특성을 가졌을지 추론했다. 이쯤에서 플라톤의 '개' 이야기를 다시 끄집어내 보자. '개'를 인식하기 위해 '개'라는 이데아를 기억해 낸 플라톤과 달리 아리스토텔레스는 관찰을 통해 이미 알고 있던 '개'라는 동물의 공통점으로 그것을 인식할 수 있었다. 플라톤에게는 경험과 현상이 그림자이자 껍데기였지만 아리스토텔레스에게는 세상의 본질을 파악할 수 있는 지식의 원천이었던 거다.

아리스토텔레스의 이런 주장은 도덕적인 개념에도 적용된다. '정의', '아름다움', '덕' 같은 개념도 굳이 이데아 세계를 가정하지 않고 경험에서 인식할 수 있기 때문이다. 우리가 살아가는 세상에서 정의가 드러나는 상황을 관찰하면 그 특성을 인식하고 그에 대한 지식을 얻을 수 있다. 물론 그렇다고 해서 아리스토텔레스가 보편적인 특성을 부정한 것은 아니다. 그것은 분명히 존재하지만, 이데아가 아닌 개별 사물과 경험에서 보편의 특성을 인식한 것이 아리스토텔레스가 플라톤과 달랐던 점이다.

아리스토텔레스의 학설 중 가장 유명한 것이 바로 '4원인론'이다. 이에 따르면 세상의 모든 사물과 현상의 완전한 파악을 위해서는 네 가지를 알아야 한다. 질료인(質料因, 사물이 무엇으로 이루어졌는가), 형상인(形相因, 사물의 배열이나 형태는 어떠한가), 동력인(動力因. 사물이 어떻게 생겨났는가), 목적인(目的因, 사물의 기능이나 목적은 무엇인가)이 그것이다.

이 중에서 '목적인'은 윤리학과 연결된다. 예를 들어 동물에게 가죽의 목적은 추위와 비바람을 막아주는 것이고 새에게 깃털의 목적은 몸을 가볍게 하면서 바람의 저항을 최소화해 잘 날게 해주는 것이다. 인간에게 눈은 잘 보게 하는 것이 목적이고 귀는 잘 듣게 하는 것이 목적이다. 이에 따르면 좋은 가죽은 추위와 비바람을 잘 막아주는 것이어야 하고 좋은 깃털은 바람의 저항을 최소화해 주는 것이어야 한다. 좋은 눈은 잘 보이는 눈이고 좋은 귀는 잘 들을 수 있는 귀다.

그렇다면 좋은 삶, 선을 추구하는 삶은 어떤 삶일까? 인간으로서 인간의 목적에 가장 부합하는 삶이 바로 좋은 삶이다. 우리를 인간답게 해주는 모든 특성을 잘 갖춘 삶이 바로 선을 추구하는 삶이다. 아리스토텔레스에게 행복은 그저 잘 먹고 잘사는 것이 아니다. 그는 인간이 존재의 목적에 맞는 삶을 살 때 비로소 행복할 수 있다고 믿었다.

아리스토텔레스는 논리학, 형이상학, 물리학, 시학, 정치학, 생물학, 윤리학 등 여러 방면에서 엄청난 연구를 해내며 지식을 체계화했다. 그러나 헬레니즘 시대를 지나 로마 시대에 들어서며 그리스 철학 중에서는 스토아 철학만이 살아남았고 중세에 아리스토텔레스는 오히려 이슬람에서 더 각광받았다. 서기 7세기 이후 그의 저작이 이슬람에서 아랍어로 번역되었고, 9세기에는 아랍어로 된 아리스토텔레스의 저서가 거꾸로 라틴어로 번역되어 서양 철학에 영향을 주기도 했다.

플라톤과 아리스토텔레스 철학의 대립은 중세와 근대로까지 이어졌다. 21세기에 철학을 공부하는 우리로서는 정말 지긋지긋한 사제 관계가 아닐 수 없다.

09

철학

"쾌락은 축복받은 삶의 시초다"
– 에피쿠로스

소크라테스와 플라톤, 아리스토텔레스가 사제 관계로 촘촘히 엮여 있는 데 반해 자신은 다른 철학자 누구로부터도 영향받지 않았으며 자신의 사상을 스스로 발전시켰다고 주장하는 철학자가 여기 있다. 그가 바로 쾌락의 철학자 에피쿠로스다. 그는 아테네가 아닌 사모스섬에서 태어났지만, 부모는 아테네인이었다. 그는 '더 가든(庭園)'으로 알려진 학교에서 몇몇 친구들, 그리고 그의 추종자들과 함께 공동체를 만들어 생활했다. '에피쿠로스'라고 하면 떠오르는 단어가 '쾌락'이라고 해서 그가 정원에서 쾌락에 젖어지냈다고 생각하면 크나큰 오산이다. 오히려 에피쿠로스는 검소하고 절제된 생활을 했으며 결혼도 하지 않았다.

에피쿠로스는 아리스토텔레스 이야기에서 등장했던 알렉산드로스 대왕과 동시대를 산 인물이다. 알렉산드로스 대왕 이전, 그리스는 작은 도시 국가인 폴리스 중심의 세상이었다. 고대 그리스인들은 각자의 정체성을 폴리스 안에서 찾았다. 그들의 주된 관심은 '도시 국가가 올바른 것, 선(善)을 실현하기 위해 정치체계를 어떻게 갖추어야 하는지'와 같은 주제들이었다. 철학의 중심 주제가 정치 윤리였던 거다.

그러나 알렉산드로스 대왕이 대제국을 건설하면서 인식의 경계가 무너졌다. 이제 그들의 세상에서는 동서양의 경계, 폴리스와 개인의 경계가 사라졌다. 거대한 국가에 비해 개인은 너무나 작아져 버렸다. 이렇게 되니 시민들은 더 이상 자신의 정체성을 국가에서 찾는 것이 힘들겠다는 사실을 깨우쳤다. 이런 상황에서 윤리학은 개인의 문제에 대해 좀 더 진지하게 고민하기 시작했다. 어떻게 하면 행복할 수 있는지, 마음의 평안을 얻으려면 어떻게 해야 할지 물었다. 에피쿠로스가 활동한 때는 철학이 정치 윤리에서 개인 윤리로 전환하던 바로 이 시기였다.

에피쿠로스는 잘 알려져 있다시피 쾌락주의의 선구자다. 그는 마음의 평화, 평온함을 삶의 목적이라고 여겼다. 그런 삶의 목적을 성취하기 위해 추구해야 할 것이 바로 쾌락이었다. 그는 쾌락을 '선(善)'이라고 했다. 물론 여기서 말하는 쾌락이 모든 쾌락을 의미하지는 않는다. 에피쿠로스가 추구한 쾌락은 고통을 동반하지 않는 것이다.

'쾌락에 고통이 있다'라는 말이 선뜻 이해되지 않는다면 다음 상황을 가정해 보자. 평소에 좋아하던 랍스터 요리 1인분을 적당히 포만감을 느낄 정도로 먹었다면 아주 행복할 것이다. 에피쿠로스의 쾌락이다. 여기서 랍스터를 1인분 더 먹는다면 어떨까? 좀 힘들긴 하겠지만, 견딜 만할 것이다. 그래도 좋아하는 랍스터 요리니까. 그런데 1인분 더 먹는다면? 이제부터는 아주 괴로워진다. 억지로 먹은 것이나 마찬가지이기 때문이다. 그런데 또다시 1인분을 더 먹는다면? 이제는 고문 수준이다. 폭식 뒤에 찾아오는 것은 쾌락이 아닌 고통이다.

에피쿠로스는 감각적이고 육체적인 쾌락은 이처럼 고통을 불러올 가능성이 크기 때문에 매우 경계했다. 에피쿠로스에게 고통이 따르는 쾌락은 진정한 쾌락이 아니다. 에피쿠로스의 쾌락은 '지속적이고 정적인 쾌락'이다. 이것은 '균형 상태에 존재하는 쾌락'을 말한다. 랍스터 1인분을 먹고 허기가 가신 그 상태. 이런 균형 상태에서는 더 이상의 욕망도 고통도 없다.

에피쿠로스가 경계한 '동적인 쾌락'은 절제 없이 무작정 음식을 먹어대는 상태다. 그는 이런 사치스러운 쾌락을 멀리했다. 이런 쾌락은 인간의 마음에 평화를 가져오지 못하고 '타락시아(taraxia, 마음이 요동치는 불안한 상태)'에서 허우적거리게 할 뿐이다. 이 타락시아의 반대말이 반대 접두어 'a-'를 붙인 '아타락시아(ataraxia, 타락시아가 없는 상태)'다. 아타락시아는 마음이 평온한 상태, 즉 흔들림이나 번뇌가 없는 상태다. 만약 어떤 쾌락이 아타락시아를 무너뜨린다면 그것은 진정한 쾌락이 아니다.

따라서 에피쿠로스의 쾌락은 '절제'와 떼려야 뗄 수 없는 관계다. 검소함이라는 절제를 벗어난 사치, 적당한 포만감이라는 절제를 벗어난 과식, 적절한 만족감이라는 절제를 벗어난 성욕 등은 모든 근심과 고통의 근원이다. 에피쿠로스의 정원은 그래서 소박했다. 그는 우정과 은둔의 즐거움을 즐겼다. 그는 진정한 쾌락을 즐기기 위해 역설적으로 절제를 강조했다.

"죽음은 아무것도 아니다. 분해된 육체는 감각할 수 없고 감각하지 못하는 육체는 우리에게 아무것도 아니기 때문이다."

_ 에피쿠로스

에피쿠로스는 죽음에 관해서도 고찰했다. 아타락시아의 방해물 중 하나가 죽음에 대한 두려움이기 때문이다. 에피쿠로스는 고대 그리스의 철학자 데모크리토스의 원자론을 수용했다. 원자론에 따르면 우주는 원자와 공간으로 이루어져 있다. 에피쿠로스는 육체와 함께 작용하는 영혼이 그저 공간일 리는 없기에 원자라고 생각했다.

영혼이라는 원자는 우리가 죽으면 어떻게 될까? 에피쿠로스는 영혼이라는 원자가 육체 곳곳에 존재하지만, 육체가 죽고 나면

분해된다고 보았다. 따라서 사람은 죽음 이후에 아무것도 느낄 수 없다. 그렇다면 죽음에 대해 두려워할 필요도 없는 것이다. 어차피 아무것도 느낄 수 없는 것이 죽음인데, 살아있는 동안 죽음에 대한 두려움으로 고통받을 이유가 있을까? 에피쿠로스에게는 우연한 원자들의 결합인 영혼이 흩어지는 것, 그것이 죽음이었던 거다.

에피쿠로스의 쾌락주의는 스토아 철학 등에 밀려 수 세기 동안 주류 철학으로 인정받지 못했지만, 18세기 철학자 제러미 벤담과 경제학자 존 스튜어트 밀에 의해서 재조명되었다. 멀리 갈 것 없이 행복을 추구하는 인간을 전제한 그의 쾌락주의 사상은 미국 독립선언문에도 살아 숨 쉬고 있다.

모든 인간은 생명, 자유, 그리고 행복을 추구할 권리를 보유한다.

_ 미국 독립선언문

10 | 친절한 운명을 받아들이다
철학 | - 스토아 철학

　그렇다면 아리스토텔레스, 에피쿠로스 등 쟁쟁한 철학자들의 사상을 압도하며 주류 철학으로 인정받았던 스토아 철학의 정체는 대체 무엇일까? 스토아 철학은 키티온의 제논이 창시했다. 제논은 쾌락을 추구하라는 에피쿠로스와 달리 이성과 절제를 중요하게 여겼다. 제논의 고향은 페니키아인들이 많았던 키프로스섬 남부의 키티온으로 그리스의 도시였다. 제논의 아버지는 무역상이었고, 제논도 철학을 하기 전엔 생계를 위해 무역업을 했었다.

　'스토아'라는 명칭은 제논이 아테네의 공공건물인 '스토아 포이킬레(채색된 전당)' 사이를 오가면서 제자들과 이야기를 나눈 데서 유래한다. 이곳은 아테네 30인 참주 정권 시절에 1400명의 아테네인에게 사형을 선고한 장소로 알려졌다. 제논이 강의장으로 그곳을 선택한 이유는 사람들이 붐비지 않는 곳에서 강의하고 싶었기 때문이었다.

제논은 키니코스 학파*인 크라테스 등 여러 스승에게서 가르침을 얻은 것으로 유명하다. 가장 좋은 삶을 살기 위해 무엇을 하면 좋을지 신탁을 구한 그에게 뜻밖의 답변이 전해졌기 때문이다. "죽은 자들과 교류하라." 이미 죽고 없는 사람들과 교류하라니. 이게 대체 무슨 말일까? 제논은 이 신탁을 이미 죽었지만 현명했던 사람들의 글을 읽으라는 뜻으로 해석했다.

운명의 장난처럼 그가 크라테스를 만나기 전, 보라색 염료를 잔뜩 싣고 항해하던 그의 선박이 아테네 근처 피레우스항에서 난파해 버리는 사건이 있었다. 하루아침에 큰 재산을 잃었지만, 제논은 신탁에 따라 아테네의 한 책방 앞에 앉아 소크라테스의 제자 크세노폰이 쓴 『소크라테스 회상록』을 읽었다. 그 내용이 마음에 든 그가 책방 주인에게 "이 책에 적혀 있는 사람들은 어디에 살고 있소?"라고 물었는데, 때마침 크라테스가 지나갔고 책방 주인은 저 사람을 따라가 보면 알 것이라고 말했다. 그렇게 제논은 크라테스의 제자가 된다.

"나를 철학으로 내몰아 주다니 운명은 참으로 친절하구나."

_ 키티온의 제논

* 키니코스 학파는 견유학파(犬儒學派)라고 번역한다. 마치 개처럼 자연과 하나 된 자연스러운 삶을 추구하는 철학자들이었다. 소크라테스의 제자 안티스테네스에 의해 창시되었다.

제논은 자신의 배가 난파되지 않았더라면 철학을 시작할 수 없었을지도 모른다고 생각했다. 이는 자신의 운명을 긍정하는 말이다. 제논은 인간은 우주의 법칙이나 운명을 바꿀 수 없기에 일어나는 모든 일을 담담하게 받아들여야 한다고 주장했다. 이런 생각은 로마 시대 5현제 중 한 명인 스토아 철학자 마르쿠스 아우렐리우스에게도 전해졌다.

> 일어나는 모든 일은 정당하게 일어난다는 점을 명심하라. 너에게 일어나는 모든 일은 처음부터 우주가 너를 위해 정해놓고 펼쳐놓은 일이다.
>
> _ 마르쿠스 아우렐리우스, 『명상록』

스토아 철학에서는 주어진 운명을 받아들이고 해야 할 일을 묵묵히 해나가는 것을 올바른 삶의 자세로 여긴다. 스토아 철학에서는 '로고스(logos, 법칙 혹은 이성)'가 곧 운명이다. 이 우주에 우연은 없다. 모든 일은 일어나야만 하는 일이다. 따라서 잘못된 일 없이 모두 정당하다. 제논의 배가 난파된 것도 '제논의 삶'이라는 시나리오에서 어찌 되었든 일어날 일이었다. 그는 이 사건을 계기로 철학자가 되어 그에게 알맞은 일을 하게 될 운명이었던 거다. 이런 관점에서는 자신의 운명이 가혹하다고 원망하거나 부정하지 않고 받아들이며 그저 최선을 다해 사는 것이 현명한 태도다.

> 철학자는 무엇보다도 죽음을 모든 피조물을 구성하는 요소들의 해체 외에 다른 아무것도 아니라고 여기고 즐거운 마음으로 기다린다.
>
> _ 마르쿠스 아우렐리우스, 『명상록』

스토아 철학도 에피쿠로스 철학과 마찬가지로 죽음에 관해 고찰한다. 스토아 철학에서 죽음이라는 운명은 결코 피하거나 두려워해야 할 사건이 아니다. 죽음도 우주가 나를 위해 정해놓은 운명이니 말이다. 그렇다면 어쩌겠는가. 받아들이는 수밖에. '이성적으로' 죽음의 운명까지 받아들였다면 철학자는 당장 세상을 떠나도 미련 없는 사람처럼 그 무엇에도 구속받지 않고 이성에 따라 말하고 행동할 수 있다.

제논은 자연과 일치되어 살아야 한다고 주장했다. 동물들은 본능과 충동에 따라 사는 게 자연과 일치되는 삶이겠지만 이성을 지닌 인간은 이성에 따라 올바르게 사는 것이 자연을 따르는 삶이다. 그래서 스토아 철학에서는 쾌락이 아닌 '이성적 절제'를 통해서만 인간이 비로소 행복해질 수 있다고 주장한다. 모든 감정과 욕망은 이성의 힘으로 벗어나야 하는 것이다. 이렇게 감정과 욕망에서 벗어나면 '아파테이아(apatheia, 감정이나 고통이 없는 상태)'*라는 마음의 평온함을 얻을 수 있다.

스토아 철학에서 만물의 근본이라 주장하는 로고스는 우주 질서와 조화의 근본이다. 마찬가지로 이성은 인간을 지배하는 근본 법칙이다. 이성을 지닌 인간은 자기 마음의 질서와 조화를 무너뜨리지 않는다. 절제의 미덕을 발휘할 수 있기 때문이다. 이성을 따르는 것, 절제하는 것이 자연에 순응하는 올바른 삶이다.

한편으로 단순명료하고 그래서 고개가 갸웃해지기도 하는 제논의 스토아 철학은 로마의 정치가이자 철학자인 루키우스 안나에우스 세네카, 로마 제국의 제16대 황제 마르쿠스 아우렐리우스 등을 통해 이어지면서 이후 서양 고대 철학의 굵직한 한 전통으로 자리 잡게 된다.

---

* '없다'를 의미하는 접두어 'a-'와 '감정, 고통, 정념'을 뜻하는 '파토스(pathos)'의 합성어. 정념이 없는 상태.

11 | 철학 | "사람다운 사람, 군자가 되어라"
－ 공자

이제 같은 시기 동양으로 와보자. 머릿속을 부유하는 이름들이 있을 것이다. 아마도 공자 왈 맹자 왈 같은 것들…. 그렇다. 동양을 대표하는 사상가 공자 또한 이 시기를 대표하는 철학자다. 그는 춘추시대 말기인 기원전 551년 약소국인 노나라에서 태어났다. 그의 아버지 숙량흘은 하급 무사 출신으로 늘그막까지 아들을 얻지 못하다가 50살 이상 나이 차가 나는 공자의 어머니 안징재를 만나 공자를 낳았다. 공자가 세 살 되던 해에 아버지가 사망했지만, 사생아였던 그에게는 아무런 유산도 없었다. 어머니마저 눈이 멀어 공자는 어릴 적 여러 가지 일을 하면서 생계를 꾸려야 했다.

공자는 한때 노나라에서 벼슬까지 하며 능력을 인정받기도 했지만 권력 다툼에 염증을 느끼고 천하를 주유했다. 제자들과 함께 여러 나라의 왕을 만나 도덕을 바탕으로 한 자신의 정치 이념을 펼쳤다. 그러나 춘추시대 군주들의 머릿속에는 권력 쟁탈, 부국강

병이 가장 중요했다.

10여 년의 철환천하(轍環天下)*를 마친 공자는 후학양성에 힘썼다. 그가 제시한 사상, 유학은 통치자가 공명정대하게 나라를 다스릴 수 있는 도덕 사상이다. 이 사상은 정치에만 적용되는 것이 아니라 개개인의 인격 수양에도 도움이 된다.

공자의 사상은 그와 주요 제자들의 언행을 기록한 『논어』에 잘 드러나 있다. 『논어』에서 가장 많이 등장하는 단어 중 하나가 '군자(君子)'다. 군자는 '정치를 하는 귀족 계급, 군주와 명예를 따르는 자, 성품이 어질고 학식이 높은 지성인'이라는 뜻이며 조금 더 윤리적인 측면에서는 '인간다움을 간직한 사람, 인간의 도리를 추구하는 사람'이다.

공자는 『논어』에서 군자가 가져야 할 덕목을 제시한다. 당시 공자는 '인(仁)'을 강조했는데, 이후 맹자, 동중서 등 후학들에 의해 '인의예지신(仁義禮智信)'이라는 '오상(伍常)'으로 정리되었다. 이 다섯 가지 덕목은 모두 인에 포함된다고 할 수 있다. 군자의 다섯 덕목을 중심으로 공자의 사상을 본격적으로 살펴보자.

---

* 수레를 타고 천하를 돌아다님. 공자가 자신의 정치적인 이상을 펼 수 있는 나라를 찾아 수레를 타고 천하를 주유한 것에서 유래한 말.

"사랑과 어짊으로 다스려라"

어려운 일을 먼저 하고, 얻는 것을 나중에 하면 '인(仁)'이라 할 수
있다.

_ 공자, 『논어』, 「옹야」

어진 사람은 나를 미루어 남을 생각한다. 내가 하기 싫은 일은
남도 하기 싫어할 테니 어진 사람은 남들이 피하는 일을 먼저 한
다. 나와 남을 다르게 생각하지 않는, 타인을 사랑하는 마음이 있
어야 가능한 일이다. 공자의 '인'은 '사랑과 어짊'이다. 통치자는
인을 바탕으로 백성을 다스리고 부자, 부부, 형제, 친구 등 모든 관
계에서 인을 실천하면 이상적인 사회가 될 수 있다는 것이 공자의
생각이다.

"인간다움과 양심을 추구하라"

군자는 도의에 밝다. 소인은 오직 사리에만 밝다.

_ 공자, 『논어』, 「이인」

군자는 '인간의 도리가 무엇인지, 사람다운 사람은 어떠해야 하는지' 그 이치에 밝다. 하지만 소인은 자기 이익에만 골몰한다. 군자는 '의(義)'와 '이(利)' 중 하나를 택해야 한다면 손해를 보더라도 '의'를 선택한다. 양심을 버리고 자기 이익만을 취하지 않는다. 그것이 올바른 사람이 해야 할 선택이다.

"언제나 진실한 마음이 중요하다"

'예(禮)'는 사치한 것보다 검소한 것이 낫고, 장례는 형식에 치우치는 것보다는 슬퍼하는 것이 낫다.

_ 공자, 『논어』, 「팔일」

'유교' 하면 떠오르는 이미지 중 하나가 엄격하고 복잡한 장례 절차다. 그러나 공자는 '형식적인 예'보다 '실질적인 예'를 강조했다. 그래서 장례에서는 죽은 사람을 떠올리며 슬퍼하는 본질적인 마음을 중요하게 여겼다. 군자가 가져야 할 예란 허례허식이나 인사치레가 아니라 '진실한 마음'이라고 생각한 것이다.

"사람은 배움으로 커야 한다"

배우고 때에 맞게 그것을 행하면 기쁘지 않겠는가!

_ 공자, 『논어』, 「학이」

공자는 자기보다 먼저 지혜를 얻은 사람들에게서 잘 배우는 것을 중요하게 생각했다. 그리고 배운 것은 알고만 끝나면 안 되고 실천해야 한다고 믿었다. '습(習)'은 새가 하늘을 날기 위해 연습하는 것이다. 새가 나는 연습을 하듯 사람은 배운 것을 익히고 실천해야 한다. 군자가 갖추어야 할 덕목 중 공자가 가장 강조한 덕목이 바로 배움이다.

"뱉은 말에는 책임을 져야 한다"

벗과 사귀되 말에 믿음이 있다면 비록 배우지 않았다 하더라도 나는 반드시 그를 배운 사람이라고 할 것이다.

_ 공자, 『논어』, 「학이」

'신(信)'이라는 글자는 '사람(人)의 말(言)'로 파자할 수 있다.

사람 사이의 믿음은 자신이 한 말에 책임을 지는 것으로부터 생겨난다. 상대방에게 믿음을 줄 수 있도록 자신이 한 말을 실천하는 사람이 바로 군자다. 통치자가 백성들에게 한 약속을 지키지 않는다면 그 나라는 온전하게 유지되기 힘들 것이다. 가정에서도 부모나 자식이 서로에게 한 말을 지켜야 믿음으로 하나 될 수 있다. 그러니 말에 믿음이 없고 진실하지 않은 사람은 공부를 많이 했다 하더라도 군자라 할 수 없다.

그의 사상을 줄줄 읊고 있자니 역시나 따분하고 지루해진다. 그의 사상은 한마디로 옳은 말, 바른말로 점철되어 있기 때문이다. 그러나 놀랍게도 공자의 기본 교육은 원래 노래였다고 한다. 조용히 독서만 했을 것 같은 그지만 실제로는 리듬을 타며 흥겨운 가락을 불렀다고 전해진다. 공자가 바른말만 하는 틀에 박힌 사람쯤으로 그려질 수 있지만 사실 그런 이미지는 후대에야 만들어진 것이고 공자 본인은 실제로 그런 인물이 아니었던 거다.

이러한들 저러한들 공자의 유교는 이후 맹자와 주자에 의해 더욱 발전하였고 한나라, 송나라, 당나라, 명나라 등 중국의 주요 왕조에서 통치 이념으로까지 채택되었다. 그러니 공자를 모르면서 철학을 논하기란 여간 어려운 일이 아니다.

12 이상적 세계를 꿈꾸던 정치가

철학

\- 맹자

　공자의 유학을 정통으로 계승한 사상가가 바로 맹자다. 맹자
는 공자에 버금가는 성인이라는 뜻인 '아성(亞聖)'으로 불린다. 맹
자의 본래 이름은 맹가로, 공자 사후 100여 년 뒤에 공자의 고향
노나라의 이웃 나라인 추나라에서 태어났다.

　맹자가 태어났을 때 추나라는 노나라와 더불어 유학의 중심지
였다. 맹자의 어머니 급씨는 '맹모삼천지교(孟母三遷之敎, 맹자의 어
머니가 아들의 교육을 위해 묘지, 시장, 글방 등 세 곳을 이사했다는 이야기)',
'맹모단기지교(孟母斷機之敎, 맹자가 학업을 중단하고 돌아왔을 때 어머니
가 짜던 베를 잘라서 학문을 중도에 그만둔 것을 경계했다는 이야기)'라는 유
명한 고사의 주인공으로 아들의 교육에 열성적이었던 것으로 알
려져 있다. 맹자는 학문 연구를 위해 노나라로 건너가 공자의 손
자인 자사의 문하에서 공부했다.

　중국 사상에서 유학의 정통 계승자는 공자의 제자였던 증자,
증자의 제자였던 자사, 그리고 자사에게 직접 가르침을 받지는 못

했지만, 그의 문하에서 배워 유학을 더욱 발전시킨 맹자로 본다. 맹자는 묵가와 양주와 같은 제자백가(諸子百家)들의 도전에 맞서 유학을 논리적으로 가다듬었고 공자가 주장했던 '인의'를 사상적으로 완성 단계까지 끌어올렸다.

"왕이시여, 왜 하필 이로움을 말하십니까? 다만 인의만이 있을 뿐입니다."

먼 길을 찾아온 맹자에게 위나라의 왕이 '선생께서 오셨으니 내 나라에 이로움이 있겠습니까?'라고 묻자 맹자가 답한 말이다. 일국의 왕 앞에서 당돌한 대답이 아닐 수 없다. 맹자는 누구 앞에서도 기죽지 않는 기백이 있는 전투적인 사상가였다. 그는 지위의 고하를 막론하고 모든 사람이 각자의 이익만을 추구하면 나라가 위태로워진다고 보았다. 그가 주창한 것은 '이'가 아닌 '인의'를 바탕으로 한 '왕도정치(王道政治)'였다. 왕도정치란 성왕(聖王)이 자신의 도(道)를 펼치는 것으로 무엇보다 먼저 백성을 위하고 백성을 힘이 아닌 인격과 덕의 감화로 다스리는 것이다. 이와 반대되는 개념이 힘과 무력으로 다스리는 '패도정치(覇道政治)'다.

권력을 가진 자가 백성을 위하지 않고 부당하게 권력을 휘두른다면 백성은 권력자에게 저항할 수 있는데, 맹자는 이것이 '의

(義)'라고 주장했다. 여기서 의는 인간다움을 지키기 위한 것이다.

맹자는 현실에서 벗어나 뜬구름 잡는 이야기만을 늘어놓는 사상가가 아니었다. 그는 왕도정치가 이루어지기 위해서는 먼저 백성들의 먹고사는 문제를 어느 정도 해결해 주어야 한다고 생각했다. 끼니도 잇지 못하는 백성들에게 인의를 강조하는 것은 비현실적이라는 사실을 알고 있던 거다. 군주가 먼저 백성들의 안정된 경제생활을 보장해 주고 난 뒤에 덕으로 감화시킬 때 진정한 왕도정치가 이루어질 수 있다. 맹자는 백성들의 안정된 생활을 위해 토지 제도, 세금 제도의 개혁과 더불어 과도한 노역의 금지, 전쟁의 자제 등을 주장했다.

그렇다면 '왕도정치를 하라'는 맹자의 요구에 당시 군주들은 어떻게 반응했을까? 역시나 군주들의 반응은 '나는 못 하겠다'였다. 서로 먹고 먹히는 전국 시대의 혼란한 상황에 이익이 아닌 인의의 정치를 하라고 하니 군주들은 수용하기 힘들었을 것이다. 그러나 맹자가 보기에 그런 말은 핑계에 지나지 않았다. 원래 인간에게는 다른 사람에게 차마 나쁜 짓을 하지 못하는 마음이 존재하고, 그 마음을 확장하면 언제든 왕도정치가 가능했기 때문이다.

우물에 빠질 것 같은 어린아이를 발견한다면 누구라도 순간 놀라 아이를 구하려 들 것이다. 그 아이의 부모에게 잘 보이기 위해서도, 친구들에게 인정받기 위해서도 아니다. 물론 단순히 비난받고 싶지 않아서 그러는 것도 아니다. 인간에게는 누구나 타고난 착한 본성이 있다. 이게 바로 우리에게 잘 알려진 사단(四端)이다.

첫째로 측은지심(惻隱之心)은 어려움에 처한 사람을 애처롭게 여기는 마음, 둘째로 수오지심(羞惡之心)은 의롭지 못함을 부끄러워하고 착하지 못함을 미워하는 마음, 셋째로 사양지심(辭讓之心)은 겸손하여 남에게 사양할 줄 아는 마음, 넷째로 시비지심(是非之心)은 옳고 그름을 판단할 줄 아는 마음이다. 맹자는 군주가 이런 타고난 본성을 잘 갈고 닦아 마땅히 왕도정치를 실행해야 한다고 믿었다.

사단을 실천하고 잘못을 바로잡을 줄 안다면 용기와 호연지기(浩然之氣)를 길러낼 수 있다. '호연지기'란 '하늘과 땅 사이에 가득 찬 넓고 큰 원기'라는 뜻으로 산 정상에서 '야호~' 하고 크게 소리치는 모습을 상상해 보면 그 상태와 비슷하다. 맹자는 의로움을 많이 축적해야만 호연지기를 기를 수 있다고 주장했다. 조금의 거리낌도 없는 상태 말이다. 타고난 본성대로 착하고 떳떳하게 살아야 그런 상태가 될 수 있다.

맹자는 인간이 본래 선함을 타고났다고 생각했다. 통치자가 그런 본성을 잃지 않고 잘 길러 왕도정치를 편다면 많은 이들이 행복하게 살아가는 이상적인 세상이 완성될 수 있다고 믿었다. 물론 맹자의 이러한 사상은 지극히 '이상적'이라고 평가받는다. 정말 우리가 살아가는 세상은 인의보다 이익에 빠지기 쉬운 곳이기 때문일까?

13

철학

자유와 해방의 철학

— 장자

공자를 떠올릴 때 빼먹을 수 없는 인물이 하나 더 있는데, 바로 장자다. 맹자와 거의 비슷한 시기에 살았던 장자는 중국 전국시대 송나라 출신으로, 노자와 함께 도가(道家)의 대표적인 사상가다. 『삼국지연의』를 보면 후한 말 남화노선이라는 인물이 훗날 황건적의 난을 일으키는 장각에게 도를 전하는 대목이 등장하는데, 이 남화노선이 바로 장자다. 물론 진짜 장자가 나타나 도를 전한 것은 아닐 테고 흥미를 위한 장치다. 그러나 이렇듯 소설에도 등장할 정도로 장자는 민중과 친근하다. 공자는 지배 계급을 찾아다니며 유세했지만, 장자는 그들과 철저히 거리를 두었기 때문이다.

장자는 자신이 살던 전국 시대의 평범한 사람들이 자기 삶을 살지 못하고 지배 계급의 권력 놀음에 놀아나는 현실을 안타까워했다. 지배자들은 백성들이 먹고사는 삶과는 크게 관계없는 명분을 내세우며 끊임없이 전쟁과 권력 다툼을 일삼았다. 장자가 보기에 백성들을 구속하는 제도나 윤리 같은 인위적인 관념은 지배자들이 백성을 통제하기 위해 만들어둔 허울 좋은 수단일 뿐이었다. 그는 본질을 꿰뚫지 못하고 기존의 틀에 갇혀 살아가는 한 행복하거나 자유로울 수 없다고 믿었다.

> 원숭이를 기르는 주인이 아침 먹이로 알밤을 주면서 아침에 세 개, 저녁에 네 개를 주겠다고 말했다. 그러자 원숭이들은 모두 성을 냈다. 이에 주인은 아침에 네 개, 저녁에 세 개를 주겠다고 했다. 원숭이들은 모두 좋다고 했다.
>
> _ 장자, 『장자』, 「제물론」

'조삼모사(朝三暮四)'라는 고사의 유래가 되는 이야기다. 아침에 세 개를 받고 저녁에 네 개를 받든, 아침에 네 개를 받고 저녁에 세 개를 받든 원숭이들이 하루에 얻을 수 있는 알밤은 일곱 개로 정해져 있다. 그러나 원숭이들은 당장 아침에 많이 받을 수 있으면 만족한다. 주인의 통제에서 벗어나지 못한다. 이유가 뭘까? 원숭이 수준의 시각에서 벗어나지 못하기 때문이다. '당장 많이 먹으면 다행이다'라는 생각에 사로잡혀 있으니 큰 그림을 보지 못한다. 장자는 백성들이 마치 어리석은 원숭이처럼 지배자들이 공고히 만들어놓은 틀 안에서 본래의 자유로움을 잃었다고 여겼다.

초나라에는 죽은 지 3000년 지난 신령한 거북이 있는데, 왕이 수건에 싸서 상자에 넣고 묘당 위에 모셔두었다고 하더이다. 죽어서 해골을 남겨 귀하게 되기보다 살아서 진흙 속에 꼬리를 끌고 다니는 것이 낫지 않겠소이까?

_ 장자, 『장자』, 「추수」

하루는 낚시하고 있는 장자에게 초나라 위왕의 신하들이 찾아와 모셔 가기를 청했다. 스카우트 제의가 온 것이다. 장자는 전혀 기뻐하지 않으며 자신은 진흙 속에 살면서 꼬리를 끌고 다니는 거북이가 되겠다고 말하며 거절했다. 초나라 위왕의 신하가 되면 아무리 신령스러운 거북이라도 상자 속에서 죽어 귀한 대접을 받듯이 자신의 자유로운 정신이 구속되고 말 것이라고 생각한 것이다.

반전이라 여겨지는 공자의 자유로움과 달리 장자의 자유분방함은 상식을 뛰어넘는다. 아내가 세상을 떠났을 때의 일이다. 친구가 장자를 찾아가니 장자는 기쁜 듯이 항아리를 두드리며 노래를 부르고 있었다. 친구가 곡은 못할망정 노래를 하는 것은 너무한 것 아니냐고 말하자 장자는 이렇게 대답했다.

"나라고 어찌 슬픈 마음이 없겠나? 하지만 본래 생명이라는 것은 없었네. 혼돈 속에 섞여 있다가 변해 기가 생겼고 기가 변해서 형체가 생기고, 형체 속에서 생명이 생긴 것이네. 그리고 오늘 다시 변해 죽음이 된 것이지. 사계절이 운행하는 것과 같을 뿐이네."

장자는 모두가 슬퍼하고 두려워하는 죽음마저도 다르게 바라보았다. 가만히 사색해 보면 생명은 본래 없던 것에서 생긴 것이니 본래 자리로 돌아가는 것은 자연스러운 일이고 오히려 기쁜 일이다. 겨울이 가고 봄이 올 때 우리가 기뻐하듯이 말이다.

장자는 일관되게 인간의 정신을 구속하는 고정관념에서 벗어날 것을 주장했다. 장자의 사상은 한마디로 정의하기 힘들다. 종잡을 수 없고 자유분방하며 호탕하다. 그는 일반적인 시선으로 세상을 바라보지 않았다. 그래서 우리가 장자에게서 배워야 할 것은 그가 어떤 문제나 사물을 바라본 관점 그 자체라기보다 오히려 '관점을 전환하는 태도'다.

어느 날 장자는 꿈에 나비가 되었다. 훨훨 나는 나비가 된 것이 기뻤고 흔쾌히 스스로 나비라고 생각했다. 자기가 장자라는 것을 알지 못했다. 하지만 깨어나자 틀림없이 다시 장자였다. 장자가 꿈에 나비가 되었는지 나비가 꿈에 장자가 되었는지 알 수 없다.

_ 장자, 『장자』, 「제물론」

'호접지몽(胡蝶之夢)'* 이야기다. 장자의 관점 전환은 현실까지 의심하는 경지에 이른다. 나비가 되어 날아다닌 것이 꿈인지, 사람으로 사는 것이 꿈인지 의심하는 지경에 이른 것이다. 우리가 오감으로 인식하는 현실은 정말 실재하는 것일까? 당신은 확신할 수 있는가? 영화 「매트릭스」에서처럼 알고 보니 우리가 집단으로 꿈에 빠진 건 아닐까?

『장자』는 유가를 비판하는 내용 때문에 지식인들에게 항상 좋은 평가를 받지는 못했다. 하지만 그 자유분방함과 부조리한 현실에 대한 비판 의식 때문에 오히려 사랑받기도 했다. 신분상 지배 계급이 될 수 없었던 사람들, 권력 투쟁에서 밀려난 사람들, 인정할 수 없는 정치 권위에 반발하며 관직에 나아가지 않았던 사람들에게 큰 위안이 되었다. 그런 연유로 한국에서는 독재 정권 시절에 자유와 해방의 철학으로 가장 많이 읽힌 것이 장자의 철학이기도 하다.

＊　'나비에 관한 꿈'이라는 뜻. 인생의 덧없음을 이르는 말이다.

14 세상에서 가장 오래된 영웅

문학

– 『길가메시 서사시』

    문학은 기름진 땅과 큰 강에서 탄생한 문명의 역사와 함께했다. 인류 최초의 서사, 문학이라고 하면 빼놓을 수 없는 것이 바로 메소포타미아 문명에서 탄생한 『길가메시 서사시』다. 『길가메시 서사시』는 무려 기원전 28세기경 수메르의 고대 도시 국가 우루크를 통치한 왕의 이야기다. 이는 한 작가의 작품이 아닌데, 메소포타미아 지방에서 수 세기에 걸쳐 여러 이야기가 만들어지고 합쳐진 결과물이다. 심지어 아직도 관련한 점토판들이 발견되고 있다. 『길가메시 서사시』는 기원전 8세기경 출생한 그리스의 시인 호메로스의 『일리아스』*, 『오디세이아』보다 앞서는 인류 최초의 영웅 서사시다. 여러 판본 가운데 기원전 1200년에서 1100년경 활동한 우루크 학자가 편집한 판본이 가장 유명하다. 그렇다면 인류 최초의 문학작품은 대체 어떤 이야기를 담고 있을까?

---

   * '일리오스의 노래'라는 뜻인데, '일리오스'는 고대의 도시 트로이를 말한다.

길가메시는 어떤 처녀도 신랑에게 온전히 돌려보내지 않습니다.

_『길가메시 서사시』

우루크의 왕이었던 길가메시는 인간인 아버지와 암소의 여신 닌순 사이에서 태어났다. 그래서 몸의 3분의 2는 신, 3분의 1은 인간의 모습을 하고 있다. 그는 키가 컸고 힘이 셌는데, 무기를 휘두르면 누구도 대적하지 못하는 전사이기도 했다. 안타깝게도 모든 면에서 뛰어났던 그는 자만심에 빠져 백성들을 함부로 대했다. 그는 우루크의 남자들을 시도 때도 없이 공격해 이긴 뒤 승리의 기쁨을 누렸고 결혼하는 처녀들을 신랑보다 먼저 안았다.

참다 못한 백성들은 하늘의 신 안에게 제발 길가메시를 벌해 달라고 탄원했다. 안은 창조의 여신을 시켜 길가메시에 대적할 엔키두를 창조했다. 야생 동물처럼 온몸이 털로 덮인 채 짐승과 같이 지내던 엔키두는 샴하트라는 여사제와의 관계를 통해 짐승의 삶을 벗어나게 된다. 샴하트의 인도로 우루크에 간 엔키두는 초야권을 행사하려던 길가메시와 맞붙는다. 둘은 호각으로 싸우다 서로를 인정하고 친구가 된다.

길가메시는 엔키두에게 삼나무숲의 수호자인 포악한 훔바바를 처치하자고 제안한다. 엔키두는 처음에는 반대했지만 결국 길가메시를 따라나선다. 사실 훔바바를 제거하려던 것은 태양신 샤마시였다. 샤마시는 삼나무숲의 나무로 신전을 짓고 싶었지만 엔릴의 명을 받은 훔바바가 숲을 지키고 있어 뜻을 이루지 못하고 있었다. 샤마시는 길가메시를 통해 삼나무숲의 나무를 얻으려 했다.

인간이 아닌 존재였던 길가메시와 엔키두 또한 훔바바를 상대하기 전 공포를 느끼기는 했으나 길가메시는 태양신 샤마시의 도움으로 훔바바를 사로잡는다. 훔바바는 자비를 베풀 것을 간청하지만 길가메시는 엔키두의 말에 따라 그를 제거한다.

길가메시의 당당한 모습을 보고 반한 우루크의 주 여신 이슈타르는 그에게 청혼하지만 매몰차게 거절당한다. 그에 더해 이전에 이슈타르가 사랑을 나누었던 상대들의 비참한 최후를 언급하면서 여신을 모욕한다. 분노한 이슈타르는 천상의 황소를 풀어 우루크에 소동을 일으키지만 황소는 길가메시와 엔키두에게 제압당한다. 이슈타르는 길가메시에게 두 번 모욕당한 셈이 되었다.

길가메시는 훔바바를 해치움으로써 엔릴의 원한을, 천상의 황소를 죽임으로써 이슈타르의 원한을 사게 된다. 메소포타미아의 신들은 무조건 관대한 신이 아니었다. 그들은 인간과 비슷한 감정을 가진 신들이었고 반신인 길가메시를 죽일 수 없어 엔키두를 병에 걸려 죽게 만든다. 엔키두는 이름을 남기지 못하고 죽는 것을 아쉬워했다. 길가메시는 친구를 일주일간 끌어안고 울다가 그를 위해 성대하게 장례식을 치러준다.

친구 엔키두의 죽음을 보며 길가메시는 인간 생명의 유한함을 절감하고, 죽음에 대해 두려움을 갖는다. 그는 영생의 비밀을 찾아 천신만고 끝에 현자 우타나피쉬티*를 만나지만 그의 시험**을 통과하지 못해 영생의 비밀을 알지 못한다. 오는 길에 선물로 얻은 불로초마저 뱀들에게 빼앗긴 길가메시는 절망하지만, 꿈속에서 신들을 만나고 자신의 운명을 받아들인다.

지금에 와 들어보면 다소 황당무계한 줄거리의 『길가메시 서사시』는 단순한 영웅담을 뛰어넘어 유한한 인간이 느끼는 죽음의 공포에 관한 이야기라고 할 수 있다. 길가메시는 엔키두와 영웅적인 업적을 남겨 불멸의 명예를 얻으려 했고, 친구의 죽음 뒤에는 죽음 자체를 뛰어넘으려 했다.

그러나 다르게 생각해 보면 우리 인간은 오히려 유한하기에 삶을 더 즐길 수 있는 존재다. 신과 완전히 같을 수는 없지만, 신과 달리 불멸의 존재가 아니기에 얻는 축복도 있다. 인류 최초의 서사시에 드러난 불사를 향한 욕망과 유한한 생애를 받아들이는 내맡김의 통찰은 이후 수많은 문학작품에서 되풀이된다.

15

문학

모든 문학의 호메로스
― 『오디세이아』

『길가메시 서사시』가 다소 투박해 보인다면 이후 쓰인 작품들도 함께 알아보자. 호메로스의 『오디세이아』 이야기다. 호메로스는 그리스의 전설적인 서사시인으로 서양 문학의 원형이 된 『일리아스』와 『오디세이아』를 썼다고 여겨지는 인물이다. 그에 관해서는 소경으로 구걸하고 다녔다고도 하고, 실존 인물이 아니라는 견해도 있다. 소크라테스를 비롯한 그리스 지성인들은 호메로스의 작품을 수없이 인용했고, 그가 전한 영웅들의 이야기에 열광했다. 호메로스의 작품에 묘사된 인물의 모습은 당시 그리스인들의 생활상을 알 수 있는 소중한 사료적 가치도 있다. 호메로스는 작품 속에서 그리스인의 종교, 가치관, 문화 등을 잘 나타내 그들의 정체성에 큰 영향을 주었다는 점에서 그리스 정신의 뿌리라고도 할 수 있다.

호메로스가 지었다고 전해지는 두 작품, 『일리아스』와 『오디세이아』는 영웅 서사시의 전형이다. 『일리아스』는 기원전 12세기경 발발했으리라 추정되는 트로이 전쟁이 배경이다. 트로이 전쟁은 그리스 연합군과 트로이 사이에 일어나 10년 동안이나 이어진 전쟁이다. 『일리아스』는 10년 전쟁의 마지막 50여 일 동안 그리스와 트로이 영웅들의 명예, 분노, 절망, 죽음 등을 그렸다.

『오디세이아』는 『일리아스』에 이어지는 이야기로, 트로이 전쟁에서 그리스가 승리한 뒤에 그리스 중서부 케팔레니아 섬 동쪽에 있는 작은 섬 이타카의 왕 오디세우스가 귀향하면서 겪는 모험담이다. 서양 문학에서는 모험담의 원형이라고 불린다. 또한 아내를 두고 떠난 남편의 불안 심리를 그린 작품의 원형, 모든 걸 잃고 귀향하는 이야기의 원형이기도 하다.

『일리아스』와 『오디세이아』의 서사시 전통은 로마 베르길리우스의 『아이네이스』, 중세 이탈리아 단테 알리기에리의 『신곡』 등으로 이어지기도 했다.

대서사시라 할 수 있는 『오디세이아』의 배경과 내용을 간단히나마 살펴보자. 오디세우스는 전쟁터에서의 전투에도 뛰어났지만, 지략도 탁월했다. 단순히 싸움만 잘하는 무장(武將)이 아니라 지장(智將)이기도 했던 거다. 오디세우스는 최고의 무장 아킬레우스가 죽은 뒤 그리스군을 이끌며 전쟁의 승리를 견인하고, 자신의 목숨을 돌보지 않고 전쟁터로 뛰어드는 의기 넘치는 모습을 보여주기도 했다. 그러나 때로는 잔인하고 이기적인 면모를 보이는 다면적인 인물이다. 호메로스는 오디세우스를 '선인 아니면 악인'이라는 식의 평면적인 인물로 그리지 않았다.

호메로스가 전한 트로이 전쟁의 원인은 스파르타의 왕 메넬라오스의 왕비였던 헬레네가 트로이의 왕자 파리스와 함께 트로이로 건너간 사건이다. 헬레네는 그리스 최고의 미인으로 그리스의 많은 영웅이 구혼했는데, 그중 메넬라오스가 행운을 잡았다. 당시 오디세우스도 구혼하려 했지만, 경쟁자들이 워낙 쟁쟁한 영웅들이라 포기하고 대신 헬레네의 사촌 페넬로페와 결혼하게 된다.

오디세우스는 영웅들의 과도한 경쟁을 걱정하던 헬레네의 양아버지에게 한 가지 묘책을 제안하며 페넬로페와 자신의 결혼을 도와달라고 부탁하는데, 그 묘책이란 이런 것이었다. 헬레네의 구혼자들에게 누가 헬레네의 남편으로 선택되더라도 승복하고, 만약 누군가가 결혼을 훼방한다면 힘을 합쳐 싸우겠다는 맹세를 미리 받아내라는 것. 덕분에 구혼자들 사이에 유혈 사태는 없었지만, 헬레네의 도주로 트로이 전쟁이 일어나자 오디세우스도 맹세를 제안한 죄로 참전해야 할 상황이 되었다.

그러나 이미 페넬로페와 결혼해 갓 태어난 아들이 있던 그는 가족을 두고 참전하고 싶지 않았다. 메넬라오스와 그의 사촌 팔라메데스가 오디세우스의 참전을 설득하려 이타카에 찾아왔지만,

그는 미친 척*하며 거부했다. 팔라메데스는 오디세우스가 미친 척 연기하고 있다는 것을 꿰뚫어 보고는 한 가지 묘안을 낸다. 오디세우스가 끌던 쟁기 밑에 그의 아들을 두는 것이었다. 그가 진짜 미친 것이라면 아들을 둔 채로 쟁기질을 이어갈 것이고, 모든 것이 연기라면 멈출 수밖에 없으리라는 계산이었다. 오디세우스는 쟁기질을 멈출 수밖에 없었다. 전쟁에 참전하게 된 오디세우스는 이 일을 잊지 않고 전쟁터에서 팔라메데스가 적과 내통하고 있다고 누명을 씌워 죽이는 것으로 복수를 행하기도 한다.

오디세우스는 그리스군이 트로이 전쟁에서 승리하게끔 도운 결정적 계기였던 '트로이 목마' 제작을 제안한 장본인이기도 했다. 그리스군은 전쟁을 포기한 척 전군을 철수하고 트로이군에 주는 선물처럼 보이는 거대한 목마만을 남겨두었는데, 사실 그 안에 그리스 정예 군사가 숨어 있던 것이다. 아무것도 모른 채 성문 안으로 목마를 들인 트로이군은 무방비 상태에서 당할 수밖에 없었다.

그러나 오디세우스의 진짜 모험은 전쟁이 승리로 마무리된 이후 시작된다. 오디세우스가 집으로 돌아가는 길은 그야말로 고난의 연속이다. 그는 바다를 지배하는 신 포세이돈의 도움**을 받아

---

* 황소와 나귀를 짝지어 쟁기질하고 밭에 씨를 뿌리듯 소금을 뿌렸다.
** 트로이의 사제 라오콘이 트로이 목마를 의심해 창으로 찔러보자고 했을 때, 포세이돈이 거대한 바다뱀을 보내 라오콘과 그의 아들들을 죽였다.

트로이를 무너뜨릴 수 있었지만, 포세이돈의 아들인 외눈박이 거인 폴리페모스의 눈을 멀게 했다. 폴리페모스는 포세이돈에게 저주의 기도*를 해 오디세우스가 10년간 지중해를 떠돌게 만든다.

> "당신은 고생하겠지만 고향에 돌아가게 될 것이오. 자신과 동료들의 마음을 잘 다스린다면 말이오."
>
> _ 호메로스, 『오디세이아』

오디세우스는 자신과 동료들의 마음을 잘 다스리기만 하면 귀향할 수 있다는 예언자의 말을 듣지만, 마음을 잘 다스린다는 것이 쉽지 않았다. 그가 마주한 고난의 원인은 마음을 통제하지 못했기 때문이다. 바람의 신 아이올로스의 섬에서는 바람의 신에게 오디세우스만 좋은 선물을 받았다고 오해한 부하들이 귀향에 방해가 되는 모든 방향의 바람을 가둔 가죽 자루를 열어버린다. 질투심, 시기심이라는 마음이 그들을 고향 바로 앞에서 먼 곳으로 떠밀어 버렸다.

그리고 마주한 섬에서는 오디세우스가 키르케라는 마녀의 마법에 걸려 돼지로 변해버린 부하들을 구해내지만, 그만 키르케의

---

* 오디세우스를 죽이거나 그가 죽지 않을 운명이라면 동료를 모두 잃고, 집안은 난장판이 되게 하고, 비참하게 남의 배를 빌려 귀향하게 해달라는 기도.

유혹에 빠져버린다. 그는 집으로 돌아갈 생각을 하지 않고 1년 동안 그곳에서 잘 먹고 마시며 지낸다. 정욕과 편안함의 유혹에 무너져 또 귀향이 늦어진 것이다.

그 섬에서 탈출한 이후에도 오디세우스는 세이렌, 스킬라와 카립디스와 같은 괴물들에게 계속해서 동료들을 잃는다. 뒤에 도착한 헬리오스의 섬에서 오디세우스는 배가 고파도 절대로 소와 가축들을 잡아먹지 말라고 명령하기도 했는데, 예언가가 헬리오스의 가축을 훔쳐 먹으면 동료들을 모두 잃고 남의 배를 타고 귀향할 것이라고 했기 때문이었다. 그러나 동료들은 그의 명령을 어기고 소를 잡아먹는다. 결국 오디세우스는 세찬 풍랑과 제우스의 번개에 배가 난파되어 모든 부하를 잃고 칼립소의 섬에 떠밀려가 7년을 보낸다. 굶주림의 유혹을 이기지 못해 다시 고난을 겪은 것이다.

> "아직 우리의 고난이 다 끝난 것이 아니오. 우리가 겪어내야 할 헤아릴 수 없이 많은 노고가 닥칠 것이오."
>
> _ 호메로스, 『오디세이아』

오디세우스는 천신만고 끝에 고향에 도착하지만, 고난은 아직 끝나지 않았다. 아내 페넬로페가 20년간 왕이 없는 궁전에 침입한 108명의 무례한 구혼자들에게 둘러싸여 있었던 거다. 오디세우스는 그들을 모두 물리치고 꿈에 그리던 아내를 만나지만 고난은 계속될 터였다. 그의 손에 죽은 108명의 집안과 싸워야 했기 때문이다.

끝나지 않고 이어지는 너무하다 싶을 정도의 고난. 오디세우스의 귀향이 바로 그러하다. 호메로스가 그의 인생을 써 내려가며 전하고자 했던 메시지는 과연 무엇이었을까? 진실은 알 수 없지만 우리네 인생이라는 여정이 한편으로 오디세우스의 귀향길과 같지 않겠느냐는 질문을 던지고 싶었던 것은 아닐까? 어쩌면 고난을 통해 단련되고 성장하는 것이 인간의 숙명일지도 모른다.

전해지는 오디세우스의 최후에 관한 여러 설을 망라했을 때 그의 노년이 불행했다는 기록은 없다. 화해와 평온이 가득했던 그의 말년처럼 고난의 길목마다 포기하지 않고 기어이 고향에 돌아온 그의 의지가 현실을 살아가는 우리에게 던지는 위로와 응원의 메시지는 분명해 보인다.

16   인간의 모습을 한 신

문학 | - 그리스 신화

"그리스 신화를 모르면 유럽 문화의 대부분을 이해하기 힘들다."

_ 토머스 불핀치

앞서 등장한 트로이 전쟁사와 오디세우스의 귀향 이야기에는 인간과 신의 이야기가 뒤섞여 있다. 고대 그리스인들은 인간의 삶과 신을 떼어놓고 생각할 수 없었기에 그들의 삶 곳곳에 신이 함께했다. 그러한 신과 인간의 대서사시, 그것이 바로 그리스 신화다. 그리스 신화는 고대 그리스 미케네 문명*을 중심으로 그리스의 폴리스 시대, 헬레니즘 시대, 로마 제국 시대 등을 배경으로 발전한 신화다. 로마 제국에서도 명맥이 이어져 흔히들 '그리스 로마 신화'라고 합쳐 부른다. 물론 이 과정에서 수없이 많은 수정과 보완, 창작이 이루어졌고 로마 고유의 신화를 비롯해 주변 지역의

---

*   기원전 18세기부터 12세기 무렵 번성한 그리스 본토의 고대 문명.

신화에도 영향을 받았다. 그만큼 신화의 내용이 방대하고 이야깃 거리가 풍부하며 후대의 예술가들에게 많은 영감을 준 신화가 바로 그리스 신화다.

유럽 박물관에 전시된 수많은 조각·회화 등의 예술작품도 이 신화를 배경으로 하고 있다. 셰익스피어의 『로미오와 줄리엣』도 그리스 신화의 피라무스와 티스베 이야기를 모티브로 창작되었고, 일연의 『삼국유사』 속 경문왕의 '임금님 귀는 당나귀 귀' 이야기도 그리스 신화의 미다스왕 이야기와 내용이 유사하다. 그러니 오늘날 교양인들과의 대화에서 그리스 신화에 대한 지식은 기본 중에서도 기본이라 할 수 있다.

그리스의 신들이 지닌 특징이라 하면 그들에게는 '성스러움' 이 덜하다는 점을 꼽을 수 있을 것이다. 그리스 신화에 등장하는 신들은 인간의 감정과 욕망을 대신하여 보여주거나 때로는 인간 보다 더 세속적이다. 조금만 자기 마음에 들지 않아도 약한 자를 과하게 벌하거나 정욕에 사로잡혀 인간을 범하는가 하면 자존심 에 상처 입으면 가혹하게 복수한다. 한마디로 쪼잔하거나 성격이 더러웠다고 표현할 수 있겠다.

이런 신들의 모습은 역사적 맥락에서 이해해야 한다. 고대에 신화와 서사시를 주로 소비하던 계층은 귀족이었고 귀족들은 노예를 부리며 부유한 삶을 살았다. 이 시기에는 아직 민주주의가 생겨나지도 않았으며, 현대의 상식과는 완전히 별개의 세상이 펼쳐지고 있었다. 그러니 이 시기의 엘리트들은 당연히 특권의식과 우월감을 지니고 살아갔을 것이다. 그런 그들의 구미에 맞는 신은 귀족들보다 조금 더 우월한 귀족이었을 뿐이다. 한마디로 그리스 신화의 신들은 결국 이 시대의 귀족들을 상징하는 것일 수 있다. 엘리트 귀족들이 만들어낸 그리스 신화의 신들을 오늘날의 자유, 평등, 정의와 같은 도덕 잣대로 판단하는 것은 그래서 무리가 있다.

오히려 제멋대로인 듯 보이는 신들의 모습에서 우리는 인간의 욕망과 부족함을 엿볼 수 있다. 그것이 그리스 신화가 이토록 오랫동안 사랑받는 이유일 것이다. 그리스 신화 속 대표적인 몇 가지 이야기에서 신과 인간의 욕망을 살펴보자.

아폴론의 사랑

태양·이성·예언·의술·궁술의 신인 아폴론이 하루는 활을 가지고 있는 사랑의 신 에로스를 보고 그런 전사들의 무기는 너 같은 사랑의 신 따위에게는 어울리지 않는다며 조롱한다. 아폴론의 오만함은 머지않아 그를 불행에 빠뜨린다. 모욕을 당한 에로스가 아폴론을 골탕 먹이기로 마음먹었기 때문이다. 에로스는 사랑에 불을 지피는 화살을 아폴론에게, 사랑을 밀어내는 화살을 숲의 요정 다프네에게 날린다. 화살을 맞고 사랑에 빠진 아폴론은 다프네를 졸졸 쫓아다니고, 다프네는 그를 계속해서 밀어낸다. 결국 아폴론에 따라잡힌 다프네는 자신의 아버지인 강의 신 페네이오스에게 이렇게 기도한다.

"아버지, 저를 도와주세요! 만약 저 강물에 어떤 신성이 있다면 내 이 모습을 바꾸어 없애주세요!"

기도를 들은 페네이오스는 다프네의 몸을 월계수로 만들어버린다. 놀랍게도 이것이 아폴론의 첫사랑이었는데, 슬픔에 몸부림치던 아폴론이 월계수 잎을 모아 만든 것이 바로 지금 우리가 잘 알고 있는 월계관이다.

아르테미스의 분노

사냥꾼 악타이온은 무리와 멀어져 숲속을 헤매다가 실수로 사냥과 처녀성의 여신인 아르테미스가 숲속의 샘에서 목욕하는 장면을 목격하고 만다. 아르테미스는 이런 실수를 용납하지 않았다.

악타이온을 화살로 쏘아 죽이려다가 근처에 화살이 없자 손으로 샘의 물을 떠서 악타이온의 얼굴에 뿌리고 그를 사슴으로 만들어 버린다.

사슴은 악타이온이 자주 사냥하던 사냥감! 사슴이 되어버린 주인에게 그의 충실한 사냥개들이 달려든다. 상황이 변하면 나의 수족이었던 존재가 나를 물 수도 있는 게 냉혹한 현실이다. 아르테미스는 제 손으로 바로 악타이온을 죽이지 않고 가장 잔인한 방법으로 목숨을 빼앗는다. 아르테미스는 악타이온의 숨이 끊어질 때까지 노여움을 풀지 않았는데, 이쯤 되니 아르테미스의 집요한 분노가 과연 얼마만큼 정당한가 하는 의문이 일기도 하는 것이다.

아테네의 자존심

염색의 명인 이드몬의 딸인 아라크네는 베 짜는 솜씨로 정평이 난 인물이었다. 오만했던 그녀는 자신의 솜씨가 아테네 여신보다 뛰어나다고 말하고 다니기에 이른다. 아라크네의 자만심에 화가 단단히 난 아테네 여신은 노인의 모습으로 변장해 그녀 앞에 등장한다.

"내 충고를 무시하지 마세요. 베 짜는 솜씨로 인간들 사이에서는 최대한의 명성을 추구할 수도 있겠지만 여신에게는 양보하고, 그대가 한 말에 대해 겸손한 목소리로 용서를 구하세요."

인간으로 명성을 누리는 것은 좋지만 신에게는 경외심을 품으라는 충고였다. 그러나 아라크네는 어디서 노망난 늙은이가 와서 잔소리하는 것이냐며 손찌검까지 하려 든다. 분노한 여신은 본 모습을 드러내고 아라크네와 아테네는 베 짜기 시합을 벌인다. 놀랍게도 아라크네는 멋진 솜씨로 신들의 문란한 성생활을 수놓는다. 이로써 이 시합은 아라크네가 승리하는 모양새가 되어버린다. 공정한 시합이었으니 패배를 인정하고 물러나야 했지만, 아테네는 이미 자존심이 구겨진 상태. 아테네는 공정함을 잃는다. 화가 난 그녀는 아라크네의 천을 찢어버리고 베 짜는 북으로 그녀의 이마를 내려친다. 치욕을 참지 못한 아라크네는 그 길로 목을 맨다. 이를 가엽게 여긴 아테네는 그제야 아라크네의 목숨만은 살려주되, 평생 실을 뽑는 거미로 살아가게끔 만들어버린다. 그야말로 비극적인 결말이 아닐 수 없다. 힘을 가진 자의 자존심을 건드린다는 것이 애초에 공정한 게임을 불가하게 만드는 것은 아닐까?

인간과 다를 것 없는 신들의 이야기. 그리스 신화가 서양 문명과 문화, 예술, 문학에 미친 영향력은 그야말로 지대했다. 고대에서 현대에 이르기까지 많은 이들이 이 서사에서 영감을 얻었던 동

력은 무엇이었을까? 신들의 이야기 속에 익숙한 우리들의 모습이
담겨 있기 때문이 아닐까 싶다.

17

문학

인간 군상의 대백과사전

― 사마천의 『사기』

페르시아 제국과 로마 제국이 위세를 떨치던 시기, 그리스 로마 신화의 토대가 자리 잡은 이 시기에 아시아에서는 무슨 일이 일어나고 있었을까. 지금의 중국이 전한(前漢) 시대를 지나고 있던 기원전 145년경 우리에게 잘 알려진 한 인물이 등장한다. 그가 바로 사마천이다.

18세기 청나라 제6대 황제 건륭제는 중국의 정사(正史)로 인정할 만한 24종의 사서를 이십사사(二十四史)로 지정했다. 이십사사는 중국과 주변국, 즉 동아시아 역사를 이해하는 데 중요한 사료로 인정받고 있다. 이십사사 중 첫머리이면서 가장 뛰어난 것으로 평가받는 사서가 바로 한 무제 시대 사마천이 지은 『사기(史記)』다.

『사기』는 중국 고대의 전설로 전해지는 황제 시대부터 한 무제 시대까지 약 2000여 년의 역사를 다루었다. 『사기』는 『본기(本

紀)』12권, 『표(表)』10권, 『서(書)』8권, 『세가(世家)』30권, 『열전 (列傳)』70권, 총 130권*으로 이루어진 기전체 사서로, 총 52만 6500자에 이르는 대작이다. 이 기록이 『사기』라고 불리기 시작 한 것은 후한 시대부터였고, 사마천은 원래 이를 『태사공서(太史公 書)』라고 했다.

당시 대부분 사서는 정부에서 편찬했지만, 사마천의 『사기』는 정부에서 펴낸 책이 아니다. 황제가 좋아할 만한 내용이 아니었던 거다. 특히 『열전』에는 일반적으로 인정하는 영웅이 아닌 협객, 자 객, 아첨가, 탐관오리 등의 이야기가 다수 있었고, 심지어 당시 황 제였던 한 무제도 서슴없이 비판했다. 그렇다 보니 『사기』는 한 무제 당시에는 세상에 공개되지 않다가 사마천의 외손자 대에 와 서야 세상에 알려지기 시작했다. 사마천의 『사기』는 기본적으로 역사서이지만 인간 군상의 모습을 적나라하게 보여준다는 점에서 문학적인 성격이 있다.

사마천은 역사적 사실을 차갑게 기술하는 데에 그치지 않았 다. 그는 역사를 통해 인간으로서 가야 할 올바른 길을 고민했다. 이런 역사 기술은 사마천의 비판 의식과 성향에 따른 것이었지만,

---

* 각각의 내용은 다음과 같다. 『본기』: 황제부터 한 무제까지 왕의 연대기. 『표』: 제왕과 제후 들의 연표. 『서』: 역대의 정책, 제도, 문물. 『세가』: 제후들의 이야기. 『열전』: 왕이나 제후 이외 인물들의 이야기.

그가 궁형을 당한 사건의 영향도 무시할 수 없다.

사마천은 젊은 시절 한 무제의 총애를 받았지만, '이릉의 화'에 잘못 휘말려 벌을 받게 되었다. 당시 한나라는 이광리라는 장군을 앞세워 흉노와 전쟁을 치르고 있었다. 이광리가 고전하자 기원전 99년에 한 무제는 이릉이라는 장수에게 5000명의 군사를 주어 이광리를 돕게 했다. 이릉은 3만 흉노 군과의 전투에서 1만 명을 궤멸하는 공을 세웠지만 전선에 보급이 원활하지 않아 그만 흉노군에게 포위되고 마는데, 이릉은 부하들의 헛된 죽음을 막기 위해 흉노에게 항복했다. 이릉의 항복에 무제는 진노했고 신하들은 황제의 분노에 눈치만 살필 뿐이었다.

이때 사마천은 평소 그리 친하지도 않았던 이릉의 무고함을 주장했다. 이릉이 5000명의 군사로 여섯 배나 되는 흉노 군과 잘 싸운 점을 들어 그를 변호한 것이다. 이 당시 이광리는 이릉을 시기하며 견제했고, 무제는 이광리의 여동생을 후궁으로 두고 총애했다. 이런 상황에서 이릉을 변호한다는 것은 정말이지 위험천만한 일이었다. 소신을 지킨 사마천은 한 무제의 노여움을 샀고, 사형을 선고받게 된다. 사마천은 지인에게 보내는 편지에서 이때의 답답한 상황을 풀어냈다.

저의 집은 가난해 재물이 없었습니다. 사귀던 친구들은 아무도 나를 구하려 하지 않았습니다. 황제의 측근들은 나를 위해 한마디 말도 해주지 않았지요.

_ 사마천의 편지, 『보임안서(報任安書)』

사형을 피하려면 생식기가 잘리는 궁형을 받거나 어마어마한 벌금을 내야 했다. 벌금을 낼 형편이 아니었던 그는 궁형을 선택했다. 환관이 되어 치욕스럽게 사느니 차라리 죽음을 택했을 법도 했지만, 그에게는 아버지의 뜻을 이어 역사서를 집필해야 하는 소명이 있었다. 『사기』는 아버지 사마담 시절부터 준비해 온 일이었고 사마천은 아버지가 미처 이루지 못한 일을 자기 손으로 마무리 짓기 위해 애썼다.

서백은 감옥에 갇혀 『주역』을 풀이했고, 공자는 진나라, 채나라에서 고난을 겪었기에 『춘추』를 지었다. (…) 이들은 모두 마음속에 울분이 맺혀 있는데 그것을 발산할 수 없기에 지나간 일을 서술하여 앞으로 다가올 일을 생각한 것이다.

_ 사마천, 『열전』

사마천은 자신의 불행에 괴로워했지만, 그것을 오히려 집필의 동력으로 삼았다. 무제는 사마천에게 벌을 준 몇 년 뒤 그를 다시 중용하기도 했는데, 이광리가 무제와 여동생 이 씨 사이에서 태어난 자식을 왕으로 삼으려다 실패한 사건이 일어난 뒤였다. 사마천은 궁형을 당한 뒤 8년을 더 작업에 매진했고 기원전 90년 마침내 아버지 대부터 시작한 작업을 완성했다. 해야 할 일을 온전히 끝냈다고 생각해서일까? 그는 『사기』를 완성하고 얼마 지나지 않아 세상을 떠났다. 그가 치욕을 이기고 평생을 바쳐 쓴 『사기』는 다음의 세 가지 특징으로 요약할 수 있다.

기전체로 기술된 최초의 사서

기전체(紀傳體)는 『사기』에서 처음 시작된 역사 기술 방식이다. 연대순으로 사건을 나열하는 것이 아니라, 제왕과 제후 등 역사적 인물의 개인 전기를 이어감으로써 주제별로 역사를 기술하는 방식이다. 『본기』와 『열전』에서 한 글자씩 따서 이를 '기전체'라고 한다. 기전체로 역사를 기술하면 역사를 단순히 시간 순서가 아닌 인물의 행적을 따라 살펴볼 수 있다. 생동감과 재미, 그리고 입체감을 느낄 수 있다는 것이 장점이다. 하지만 특정 시점의 상황을 재구성하려면 각 인물의 이야기를 엮어서 보아야 하기에 역사적 사실을 간결하게 이해하기에는 다소 어려운 점이 있을 것이다.

역사적 인물들을 비판적으로 바라보다

앞서 언급했듯 사마천은 뚜렷한 관(觀)을 바탕으로 역사를 기술하였다. 무엇이 옳은 길인지, 어떤 상황에서 한 인물이 내린 결정이 올바른 것이었는지 끊임없이 물었다. 그는 『사기』 곳곳에 인물과 사건에 대한 자신의 의견을 적었다. 누구의 도움이나 지시 없이 혼자 힘으로 역사서를 썼다는 사실은 스스로 역사를 평가하겠다는 굳은 의지나 마찬가지였다. 사마천이 일관되게 중요하다고 생각한 것은 '사람'과 '근본'이었다. 역사는 결국 사람이 만드는 것이다. 또 사람에게 중요한 것은 신분이나 세력이 아닌 근본, 즉 '능력과 덕이 있는지'였다.

평범한 이들에도 미친 시선

역사는 모든 사람의 것이다. 사마천은 『사기』 130권 중 절반 이상인 70권을 『열전』에 할애했다. 그는 왕족이나 제후가 아닌 다양한 사람들(의원, 자객, 광대, 점술가, 상인 등)의 이야기에 관심을 기울였다. 특히 귀한 신분이 아니더라도 역사의 흐름 속에서 자신을 극복하여 일세를 풍미한 사람들에게 따뜻한 시선을 던졌다. 역사라는 것이 왕이나 신분이 높은 사람들에 의해서만 쓰이는 것이 아니라는 점을 보여준 것이다.

사람은 본디 한 번 죽을 뿐이다. 어떤 죽음은 태산보다 무겁고, 어떤 죽은 터럭만큼 가볍다. 그것을 사용하는 법이 다르기 때문이다.

_ 사마천의 편지, 『보임안서』

18

문학

역사만큼 흥미로운 문학은 없다

진수의 『삼국지』

아시아의 고대를 논할 때 『사기』와 함께 빼놓을 수 없는 기록이 바로 『삼국지』다. 후한 말기부터 위, 촉, 오의 삼국이 멸망하고 진나라로 통일되는 280년까지의 역사를 다룬 정사로 3세기의 역사가 진수가 썼다. 그리고 삼국시대의 역사적인 사실을 바탕으로 후대인 명나라 때의 작가 나관중이 허구를 가미해 쓴 책이 『삼국지연의』다. 『삼국지연의』는 역사 소설이라고 할 수 있는데, 그만큼 우리에게 더 익숙하게 알려진 이야기다. 이야기가 흥미롭고 재미있는 만큼 『삼국지연의』에는 작가가 상상으로 지어낸 이야기가 많기도 하다. 여기서는 나관중의 역사 소설 『삼국지연의』, 진수의 정사 『삼국지』의 순서로 삼국의 이야기를 살펴보자.*

---

    *   진수의 『삼국지』에도 한계는 있다. 진수는 촉 출신이지만 촉이 멸망한 뒤 진에서 벼슬을 했기 때문에 진나라의 전신인 위를 정통으로 보고 위나라 중심으로 『삼국지』를 기술했다. 위나라에 비해 촉과 오에 관한 기록은 비교적 간략하다. 진수의 아버지가 제갈량에게 벌을 받았다는 기록도 있다.

후한 말기로 돌아가 보자. 이때는 환관과 외척의 농간으로 나라의 기강이 무너지고 황제의 권한이 약해지던 시점이었다. 불만을 가진 백성들을 중심으로 황건적의 난이 일어났다. 이야기는 여기서부터 본격적으로 시작된다. 황건적을 토벌하기 위해 뜻있는 영웅들이 곳곳에서 세력을 일으켰다. 이 시대에 활약한 영웅들의 이야기가 매우 흥미롭다. 그중에서 위나라의 조조와 촉의 유비 그리고 불세출의 정치가 제갈량이 잘 알려져 있다.

『삼국지연의』에서는 유비를 덕을 갖춘 군자로, 조조를 기회주의적인 난세의 간웅으로 묘사한다. 나관중은 이민족 정권인 원나라와 중화의 자존심을 회복한 명나라를 모두 거쳤다. 그는 유비가 세운 촉한을 정통으로 여겼기에 이를 중심으로 이야기를 쓴 것이다. 어느 정도 일리는 있지만, 조조에게도 군자의 모습이, 유비에게도 기회주의적인 면이 있었다는 사실을 부정할 수는 없다.

조조는 위나라 건국의 기초를 닦은 실질적인 창업자였으며 황건적 토벌에도 참여했다. 비록 크게 패하긴 했으나 당시 황제 곁에서 농간을 부리던 정치인 동탁에 대항하면서 세력을 형성했다. 220년 위나라를 건국한 것은 조조의 아들인 조비였지만 다수의 세력을 평정하면서 건국의 기초를 세운 사람은 역시나 조조다.

조조에게는 대인배적인 면모가 있었다. 그는 자기 세력의 두 배가 넘는 원소와 관도대전에서 겨루었는데, 원소와의 전투에서 승리한 뒤 편지 뭉치를 입수했다. 그중에 조조 아래에 있던 사람들이 보낸 편지도 있었던 거다. 그러나 그는 그것을 확인하지 않고 모두 불태워 버린다. 나약한 인간의 심리를 이해하고 넘어가 준 것이었다. 이때 원소와 내통한 사람들을 벌주었다면 인재가 고갈될 위험도 있었다. 조조의 이런 조치는 과거를 묻지 않는 대인배적 면모를 여실히 보여준다.

또한 조조는 철저한 현실주의자였다. 그는 인재를 구할 때 능력만을 중심으로 판단했다. 능력 있는 사람이라면 뇌물을 받거나 도덕성이 부족한 인물이라도 흔쾌히 받아들였다. 그 자신도 뛰어난 인재였기 때문이다. 직접 『맹덕신서』라는 병법서를 지었다는 기록이 있고, 둔전제를 통해 농업 생산성을 높이기도 했다. 지휘관으로 직접 전투를 이끈 경우도 많았다. 실용주의자였던 조조는 임종할 때 이런 말을 남기기도 했다.

"매장이 끝나면 모두 상복을 벗도록 하라. 관리는 각자 자기 직무를 다하라. 시신은 평상복으로 싸고, 금은보화를 묘에 넣지 말라."

유비는 어땠을까. 그는 한나라 경제의 아들 중산정왕 유승의 후손이다. 어릴 적에는 어머니와 함께 짚신과 자리를 엮어 먹고 살았다고 하니 황족이라고는 해도 이름뿐인 황족이었고, 기댈 곳이 없었다. 그럼에도 큰 세력들 사이에서 살아남아 촉한을 건국할 수 있었던 것은 그에게 분명한 강점이 있었기 때문이었다.

> 유비는 도량이 넓고 의지가 강하며 마음이 너그러웠다. 인물을 알아보고 선비를 잘 대접했다. 그는 한 고조의 풍모를 지녔으며 영웅의 그릇이었다.
>
> _ 진수,『삼국지』

비록 유비는 개인의 능력이 탁월하다고 볼 수 없었지만, 자신을 따르는 사람의 능력을 최고로 끌어올리는 역량을 지녔다. 진수는 유비를 한 고조 유방에 비견했는데, 두 사람은 모두 자신의 역량이 그리 뛰어나지 않았고 별다른 세력 기반이 없었음에도 인재를 잘 알아보고 마음을 얻은 뒤 적재적소에 활용하는 능력이 뛰어났다. 그렇게 유비가 잘 쓴 인물은 관우, 장비, 조운, 황권 등이 있지만 그중 후세에 가장 이름을 떨친 인재는 제갈량이었다.

유비가 신야라는 곳에서 지낼 때, 관료였던 서서가 유비를 만나 제갈량을 천거했다. 서서는 제갈량을 억지로 오게 할 수는 없으니 직접 가서 만나야 한다고 했다. 이에 유비는 세 차례 제갈량을 찾아가 만나 그를 설득했다. '삼고초려(三顧草廬, 초가집을 세 번 찾아감)'라는 고사가 바로 이 일에서 비롯된 것이다. 제갈량을 얻은 유비는 "나에게 공명(제갈량)이 있는 것은 물고기가 물을 만난 것과 같다"라며 기뻐했다고 한다.

> "그대의 재능은 조비의 열 배는 되니 필시 나라를 안정시키고 마침내 큰일을 이룰 것이오. 만일 후계자가 보좌할 만하면 보좌하되, 그가 재능이 없다면 그대가 스스로 그 자리를 취하시오."
>
> _ 진수, 『삼국지』

유비는 촉한의 황제가 된 뒤 오나라와의 전쟁에서 패하고 죽는다. 그는 죽기 전에 제갈량에게 절대적인 신뢰를 보여주는데, 여차하면 자기 아들을 몰아내고 황제가 되라고 말한 것이다. 이런 믿음 앞에서 어찌 충성하지 않을 수 있을까? 제갈량은 유비의 뜻을 이어 다섯 차례 북벌을 감행했다. 비록 실패하긴 했지만, 제갈량은 원칙을 지키는 리더십으로 촉한을 굳건히 지키고 발전시켰다.

특히 그가 중시했던 원칙이 세 가지 있는데, 한나라 중흥, 법 앞에서의 평등 그리고 충의였다. 평소 그가 중히 여겼던 부하인 마속이 가정 전투에서 명령을 어기다가 패하자, 군령에 따라 울면서 참했다는 고사는 너무나 유명하다.*

---

* '울며 마속을 베다'라는 뜻의 읍참마속(泣斬馬謖)이라는 고사의 유래. 큰 목적을 위해 규율을 예외 없이 엄격하게 지킨다는 의미다.

(제갈량은) 법령이 엄격하고 분명하며, 상 주고 벌주는 것은 반드시 타당성이 있어 악한 일은 반드시 징계하고 착한 일은 꼭 표창하였다.

_ 진수, 『삼국지』

죽기 전에 꼭 읽어야 한다고 알려진 삼국의 이야기는 뮤지컬, 게임, 드라마, 만화, 영화 등 수많은 리메이크 버전을 만들어내며 여전히 재창조되고 있다. 진정 이 시대의 고전이 아닐 수 없다. 이 짧은 몇 페이지 안에 담을 수 있는 이야기가 많지 않아 삼국에서 활약한 영웅들의 면모를 충분히 맛볼 수 없는 것이 아쉽다. 수천 년이 흘러도 사랑받는 삼국의 이야기는 역사만큼 흥미진진한 이야기는 없다는 것을 증명한다. 이 짤막한 글이 당신에게도 이 장대한 이야기를 향한 호기심을 불러일으켰기를 바란다.

2장

신과 인간

종교의 눈으로 세상을 바라보다

4대 문명 페르시아제국 페르시아 전쟁 로마제국
에피쿠로스 소크라테스 플라톤 아리스토텔레스
서로마제국 스토아 철학 공자 맹자 장자 탐가예사 선사시
프랑크왕국 당나라 몽고 카노사의 굴욕 십자군 전쟁
몽골 제국과 칭기즈 칸 흑사병 동로마 제국의 몰락
아우구스티누스 보에티우스 토마스 아퀴나스 르네상스 종교개혁
산업혁명 미국의 독립 프랑스 혁명 마키아벨리
데카르트 스피노자 칸트 쇼펜하우어 햄릿
걸리버 여행기 젊은 베르테르의 슬픔 오만과 편견
마르크스 니체 비트겐슈타인 사르트르 냉전
데미안 노인과 바다 한나 아렌트
헤겔 변신 인간 실격 표트르 대왕

19 중세 유럽의 기틀
– 프랑크 왕국의 성립과 분열

역사

서로마 제국의 몰락으로 유럽에서는 고대가 저물고 중세가 시작되었다. 기존의 그리스와 로마 문화의 기반 위에 게르만과 기독교가 상호작용하는 새로운 시대가 열린 것이다.

서로마 제국 멸망 전후 게르만족의 이동 시기에 게르만족들은 유럽 각지에 왕국을 세웠다. 남프랑스 론강 일대에는 부르군트족, 에스파냐에는 서고트족, 브리타니아에는 앵글로색슨족이 정착했고 반달족은 북아프리카에까지 진출했다. 게르만 왕국들은 이후 대부분 역사에서 사라졌으나 그중 프랑크 왕국은 중세 유럽의 기틀을 세우는 중요한 역할을 한다.

서로마 제국 멸망한 5년 뒤인 481년 프랑크족의 클로비스는 10여 개 부족을 모아 갈리아 지방에 프랑크 왕국을 세웠다. 그의 프랑크 왕조를 메로베우스 왕조라고 한다. 그는 통일국가를 만들고 로마 가톨릭으로 개종했다. 이는 아주 중요한 사건이었다. 당시 게르만족은 로마인들이 이단으로 규정한 아리우스파의 교리*를 믿고 있었는데, 클로비스는 동로마의 정통 교리인 아타나시우스파의 삼위일체설을 받아들인 것이다.

프랑크 왕국은 로마 교회의 지지를 받았고, 아리우스파를 따르던 서고트족을 에스파냐로 몰아냈다. 그리하여 프랑크 왕국은 유럽의 중심부라고 할 수 있는 오늘날 프랑스와 벨기에에 해당하는 지역을 차지할 수 있었다.

클로비스는 로마의 종교뿐 아니라 문화와 행정체계도 적극적으로 받아들였다. 그러나 메로베우스 왕조는 한 가지 치명적인 게르만 관습을 벗어나지 못했다. 그것은 바로 자녀 분할 상속 원칙이었다. 왕이 죽은 뒤 자식들이 나라를 쪼개서 지배하는 전통인데, 이 전통 때문에 프랑크 왕국의 왕권은 약해졌고 언제든 분열의 위기에 놓일 수 있었다.

왕권이 점점 유명무실해지는 것에 반해 상대적으로 대신의 권한은 점점 더 강해졌다. 프랑크 왕국의 재상이었던 궁재(宮宰) 중에서 카롤링거 가문의 피핀 2세는 프랑크 왕국의 실권을 장악했고, 그의 서자 카를 마르텔은 732년 투르푸아티에 전투에서 프랑

---

* 아리우스파 기독교는 성부와 성자가 동일한 본질이라는 아타나시우스파의 삼위일체설을 부정하고 성부와 성자를 다른 존재로 보았다. 325년 니케아 공의회와 381년 콘스탄티노플 공의회를 통해 이단으로 규정되었다.

크 왕국에 침입한 우마이야 왕조의 이슬람군을 무찔렀다. 왕이 하지 못한 국토방위를 궁재가 해낸 것이었다.

카를 마르텔은 이슬람 세력과 여러 차례 전투를 경험하면서 그들을 모델로 군제를 개혁했다. 기병 중심의 군대를 양성하였고 기병들을 경제적으로 지원하기 위해 교회와 수도원에서 토지를 빼앗아 지급했다. 기병들은 토지를 준 궁재에게 충성을 맹세했는데, 이것이 중세 봉건 제도의 기원이 되었다.

끝까지 메로베우스 왕조를 무너뜨리지는 않았던 카를 마르텔 이후 그의 아들 피핀 3세는 751년에 메로베우스 왕조의 킬데리크 3세를 폐위하고 카롤링거 왕조를 연다. 카롤링거 왕조를 통치하면서 프랑크 왕국은 새로운 국면을 맞는다. 로마 교회와 더더욱 밀접한 관계를 맺게 된 것이다.

이렇게 된 배경을 이해하기 위해서는 카롤링거 왕조가 시작되기 25년 전인 726년 동로마 황제 레오 3세가 반포한 성상 파괴령*부터 살펴봐야 한다. 예상치 못한 성상 파괴령에 로마 교회의 그레고리오 2세는 크게 반발했다. 서로마 멸망 후 로마 교회는 명

---

* 예배 시에 화상(畫像) 사용을 금지한 것. 두 가지 이유가 있었다. 교리적으로 기독교는 기본적으로 우상 숭배를 금했기 때문이다. 재정적 면에서는 군대의 주축을 이루는 소규모 자영농을 지키고 세수를 확보하기 위해서였다. 면세 특권을 누리는 교회와 수도원의 대토지에 대한 개혁을 통해 이 목적을 달성하고자 했다. 이는 교회가 그리스 정교회와 로마 가톨릭교회로 분열되는 계기가 되었다.

목상 동로마 황제의 보호를 받고 있었지만, 실질적인 지원은 크지 않았기 때문이다. 특히 이탈리아 롬바르드족의 위협에 동로마 황제는 적극적으로 대처하지 않았다. 게다가 이민족의 포교에 효과적인 성상을 파괴하라고 하니 로마 교황은 반발할 수밖에 없었다.

로마 교회는 동로마 제국을 대신할 새로운 보호자가 필요했다. 피핀 3세도 프랑크의 왕으로 공식적인 인정이 필요한 시점이었다. 어떤 귀족이든 자신을 몰아내고 새로운 왕조를 시작할 마음을 품을 수 있었기에 자신이 왕위에 오를 만한 정통성과 명분이 필요했던 것이었다. 로마 교회는 피핀 3세의 요청을 들어주었다. 이에 대한 보답으로 피핀 3세 또한 중부 이탈리아에서 롬바르드족을 몰아내고 로마 교회에 일부 지역인 라벤나를 헌납했다. 이것이 교황령의 시초다.

피핀 3세의 아들인 카롤루스 대제는 옛 서로마 제국의 땅을 대부분 정복해 서유럽을 통일했다. 카롤링거 왕조가 시작된 후 49년 만인 800년 교황은 그에게 서로마 제국 황제의 제관을 수여했다. 서로마 멸망 324년 만에 서유럽 지역에서 '로마'라는 명칭을 다시 사용하게 된 것이다.

카롤루스 대제 시절에는 영토만 넓어진 것이 아니었다. 법률, 통화, 도량형 등의 개혁과 더불어 라틴 문화를 포함한 고전의 부흥 운동이 일어났다. 14세기 이후 일어난 르네상스에 비할 바는 아니었지만, 교회를 중심으로 학문, 예술과 문화가 발전했다. 이를 '카롤링거 르네상스'라고도 한다. 이 시기에 유럽의 정체성을 수립하는 기틀을 마련했기에 카롤루스 대제를 '유럽의 아버지'라고도 부른다.

그러나 역사에서 영원한 통합과 안정은 없는 법이다. 814년 카롤루스 대제가 사망한 후 후손들 사이에 영토 분할을 둘러싼 내란이 일어났다. 843년 베르됭 조약에서 프랑크 왕국은 중프랑크 왕국, 동프랑크 왕국(오늘날의 독일 지역), 서프랑크 왕국(오늘날의 프랑스 지역)으로 3등분되었다. 이후 870년 메르센 조약으로 중프랑크 북부는 동서프랑크에 나누어 병합되고 남쪽 이탈리아 왕국만 남았다. 메르센 조약으로 정해진 국경은 이후 독일, 프랑스, 이탈리아 영토의 기초가 되었다.

프랑크 왕국의 성립과 분열은 서유럽의 국경뿐만 아니라 제도, 법률 등 서유럽 문화권 형성의 기초가 되었다. 또한 그리스 정교와 로마 가톨릭의 분리, 봉건제 성립 등과 밀접한 연관이 있기도 하니 그야말로 현재 유럽 형태의 기틀이자 시초였다고 말할 수 있겠다.

20 양귀비라 불린 여인

역사

– 당나라 붕괴

　　서유럽에서 프랑크 왕국이 흥망성쇠를 거듭하던 시기, 중국에서는 수나라에 이어 당나라가 안정적인 정치체제와 경제력 그리고 5000만 명에 달하는 인구를 바탕으로 세련된 문화를 꽃피웠다. 당나라는 비단길을 장악했고 주변 국가들에 조공을 받았으며 수나라가 국운을 걸고 만들었던 수로와 운하를 바탕으로 물류의 이점을 얻었다.

　　당나라는 마치 서양의 로마 제국처럼 법과 제도를 정비하고 행정체계를 효율적으로 정립했다. 중앙정부를 3성 6부 체제로 운영하여 효율성을 높였고 율령을 정비했다. 이런 제도 정비를 통해 당나라는 안정적으로 성장했다. 또한 시와 문학이 발달하여 귀족적이고 세련된 문화를 꽃피웠다. 중국의 시선(詩仙)과 시성(詩聖)으로 손꼽는 이백과 두보가 바로 당나라의 시인이었다. 당나라 때는 목판 인쇄술, 도자기 제조술, 훈고학, 불교 문화 등도 발달했다.

　　당나라의 분위기는 개방적이고 국제적이었다. 과거를 통해 관리를 선발해 적재적소에 배치했다. 가문보다 능력을 보려 했던 것이다. 지금으로 치면 블라인드 면접 같은 것이랄까. 외국인을 대상으로 빈공과를 실시하여 통일신라 시대 최치원이 빈공과에 합격해 당나라에서 벼슬을 지내기도 했다. 당시 당나라의 수도 장안은 동아시아 각국의 사신, 유학생, 학자, 승려 등 다양한 사람들이 모여들어 지적으로 교류하는 분위기였다. 당나라에서 외국인들을 관대하게 대해주었기 때문에 귀화하는 외국인도 많았다.

2대 황제 태종과 6대 황제 현종을 거치며 8세기에 당나라의 국력은 전성기를 맞이한다. 그러나 역사가 늘 그러하듯 국운이 정점을 찍을 때 멸망의 기운 또한 싹트기 마련이다. 당 현종은 참으로 현명한 군주였다. 초기 20년간 정력적으로 개혁을 추진했다. 관료 기구를 정비하고 면세 특권을 가진 승려 중 1만 2000명을 환속시키는가 하면 토지 제도, 군사 제도까지 모두 정비했다. 호구조사를 통해 세금을 늘리고 국제 무역도 활발하게 펼쳤다. 사회는 안정되고 나라의 생산력이 높아졌으며 실크로드를 통해 서역의 값비싼 물품들이 장안으로 끊임없이 흘러들어 오는 시기였다.

그러나 재위 기간이 길어지면서 현종은 정치에 흥미를 잃고 타락하기 시작했다. 즉위 초 사치품들을 궁전 앞에서 불사르며 검소한 생활을 다짐했던 그는 나이가 들면서 사치스러워졌다. 어느새 궁전에는 환관이 5000명을 넘어섰고 환갑이 넘은 나이에 스물일곱의 양옥환을 귀비로 맞기도 했다. 맞다, 이 양옥환이 바로 우리에게 잘 알려진 양귀비다. 심지어 양귀비는 원래 현종의 열세 번째 아들, 수왕의 비였다. 현종은 양귀비를 아들에게서 빼앗기 위해 그녀를 도관에 들여 도교의 여도사가 되게 하기도 했다. 아들 수왕과 이혼하게 만든 것이다. 기막히지만 이후에 자신이 귀비로 맞아들였다.

양귀비는 현종이 좋아하던 비파의 명수였으며 총명하여 황제의 비위를 잘 맞추었다. 현종은 양귀비에 빠져 정사를 돌보지 않았다. 양귀비를 얻은 뒤로 언제 어디서나 현종은 양귀비와 함께였다. 양귀비가 탄 말의 고삐는 늘 환관인 고역사가 잡았는데, 고역사는 궁중의 모든 문서를 처리했다. 이 고역사와 결탁해서 환관·외척 정치를 이끌어 간 사람이 양귀비의 친척 오빠였던 재상 양국충이다. 그는 40여 개의 관직을 독점하고 온갖 부정을 일삼았다. 이 양국충을 처단한다는 구실로 755년 안녹산과 그의 부하 사사명이 난을 일으켰는데, 이것이 당나라의 쇠락을 초래한 '안사의 난'이다.[*]

안녹산은 이란계 소그드인 아버지와 돌궐인 어머니 사이에서 태어났다. 국제 무역 상인 출신인 그는 무려 여섯 개 언어를 구

---

[*] 실제로는 이전에 재상이었던 이임보에게 총애를 받던 안녹산과 새로운 재상 양국충 사이의 권력 투쟁이 '안사의 난'의 원인이다.

사하던 처세의 달인이었다. 중앙의 관리들을 매수해 관직을 얻어 742년에는 평로 절도사*가 되었고, 2년 뒤에는 범양 절도사를 겸했다. 난을 일으키기 몇 년 전인 750년에는 하동 절도사 자리까지 얻어 세 개의 절도사를 겸했다. 이로써 그가 동원할 수 있는 군사는 18만에 이르렀다.

안녹산은 현종과 양귀비의 총애를 받았다. 안녹산은 자기보다 16살이나 어린 양귀비의 양아들 행세를 하면서 현종과 양귀비의 신뢰를 얻었는데, 그래서였을까. 현종은 안녹산이 난을 일으켰다는 말을 듣고도 한동안 믿지 못했다고 한다. 안녹산은 매우 뚱뚱했다고 전해지는데, 하루는 그의 뱃살이 축 늘어져 무릎을 덮은 것을 보고 현종이 뱃속에 무엇이 들어 있냐고 묻자, 안녹산이 이렇게 대답했다고 한다.

"이 뱃속에는 오직 폐하에 대한 일편단심만이 가득합니다."

현종과 양귀비가 왜 안녹산을 총애했는지 단번에 납득할 수 있는 답변이다. 칠십이 넘은 현종은 안녹산이 부린 15만 대군의 공격에 별다른 수를 내지 못하고 몰래 장안의 궁전을 빠져나갔다.

---

* 현종 때 균전제와 부병제가 흔들리기 시작했다. 균전제는 농민에게 토지를 골고루 나누어주는 제도였는데, 늙거나 사망한 백성들이 토지를 다시 반납하지 않으면서 지급할 토지가 부족해졌다. 받은 토지가 없는데 세금을 내야 했던 백성들은 고향을 떠났고 곧이어 부병제가 무너졌다. 당나라는 약해진 군사력을 보충하기 위해 변방 중심으로 절도사라는 관직을 만들고 모병제를 운영했는데, 절도사의 권한이 비대하게 커지는 문제점이 있었다.

촉 땅으로 가는 피난길에서 호위 군사들과 성난 백성들의 요구로 양국충을 처형하고, 양귀비에게도 자결을 명했다고 전해진다. 종국에는 아들 숙종에게 지위를 넘겨야 하는 지경에 이르렀는데, 이는 한때 현명했던 개혁 군주가 쓸쓸하게 역사의 뒷무대로 사라지는 장면이라고 할 수 있겠다.

이후 안사의 난은 그 과정도 결말도 그야말로 엉망진창이었다. 757년 안녹산은 자기 자식에게 암살당했다. 서자에게 자기 자리를 빼앗길까 두려워한 아들 안경서가 안녹산을 죽인 것이다. 아버지를 죽이고 권력을 잡은 안경서는 다시 안녹산의 부하 사사명에게 제거당했다. 이후 사사명 역시 아들 사조의의 손에 죽었다. 반란군 세력 내에서 권력을 얻기 위해 부자, 군신 간에 끊임없이 피를 흘린 것이다. 안사의 난은 763년 상황이 불리해진 사조의가 자살하면서 파란만장한 여정의 비극적 결말을 맞게 된다.

안사의 난은 당나라 내부의 의병과 위구르족, 토번족과 같은 외세의 도움으로 가까스로 진압되었다. 이후로 위구르족의 보상 요구는 끝이 없었다. 그들은 늙어빠져 소용없는 말을 비싼 값에 강매하는 등 당나라의 곳간을 끊임없이 털어 갔다. 당나라가 약해진 틈을 타 서방의 토번족은 세력을 확장했고 안사의 난을 평정하겠다고 보낸 지원군은 당나라에서 노략질을 일삼았다. 당 조정은 난을 평정하기 위해 무분별하게 절도사를 임명해 처음 10명이던 절도사는 반란 진압 이후 40~50명이나 되었다.

안사의 난으로 당의 인구는 절반 가까이 줄었고 사회 기반 시설이 파괴되었다. 왕권은 땅에 떨어졌으며 서역 등 변방 지역의 땅을 잃게 되었다. 정치·경제·사회 여러 분야의 혼란을 제어하지 못한 당나라는 이후에도 위태롭게 150년 정도를 버티지만 결국 또 한 번의 난, '황소의 난'으로 멸망했다. 한때 동아시아의 중심 국가로 화려한 문화를 꽃피웠던 당나라가 현명했던 황제의 타락을 시작으로 완전히 무너져 버린 것이다.

21 | 역사 | 황제, 교황에 무릎 꿇다
– 카노사의 굴욕과 하인리히 4세의 파란만장한 삶

세상의 이치는 가는 게 있으면 오는 게 있는 법. 앞서 언급한 라벤나 일대를 교황에게 내어준 '피핀의 기증' 역시 공짜가 아니었다. 피핀 3세는 교황을 보호하고 교황이 다스릴 땅을 헌납한 대가로 주교직에 대한 임명권을 얻었다. 이 권리는 프랑크 왕국의 세 후계국 중 두 나라를 모두 이어받은 신성 로마 제국* 황제에게도 이어졌고, 유럽의 고위 성직자들을 임명할 때 세속의 황제와 제후가 영향력을 행사하였다.

중세 전반기에는 신성 로마 제국 황제의 보호를 받는다는 측면에서 교황이 황제의 서임권에 문제를 제기하지 않았지만 10세기에 이르러 교회의 부패가 심해지면서 클뤼니 수도원을 중심으로 급진적인 교회 개혁 운동이 일어났다. 개혁 운동 세력은 그 당

---

* 962년 독일 작센 왕조의 오토 1세에게 교황 요한 12세가 황제의 관을 씌워주면서 신성 로마 제국이 시작되었다. 신성 로마 제국은 '기독교를 수호하고 로마를 계승하며 황제가 통치하는 나라'라는 뜻이다.

시 교회의 부패 원인으로 고위성직자에 대한 세속 군주의 서임권, 성직 매매, 성직자의 결혼 등을 지목했다. 그중 가장 심각한 문제가 서임권이었다. 세속 군주가 자신과 가까운 사람들을 성직자로 임명하거나 성직을 매매하면서 교회가 부패하게 되었다는 주장이었다.

클뤼니 수도원 출신 교황 그레고리우스 7세는 교황권이 황제권보다 우월하다는 입장이었다. 그는 황제와 제후의 성직자 서임권을 부정하고, 교황의 절대성을 선언하는 교서를 내렸다. 이에 신성 로마 제국 황제 하인리히 4세는 왕권도 신이 부여한 것이라 주장하면서 교황권의 절대성을 부정하고 밀라노에 서임권을 행사하는 등 교황의 뜻에 어긋나는 행보를 이어갔다.

1075년 교황은 하인리히 4세에게 교황에게 순종할 것을 명하는 격한 어조의 서한을 보낸다. 아니나 다를까. 서한을 받은 하인리히 4세는 1076년 1월, 보름스 회의를 소집해 교황 그레고리우스 7세를 폐위하는 결의안을 통과시키지만, 교황은 다음 달에 보란 듯이 하인리히 4세를 파문해 버렸다. 하인리히 4세를 교회에서 내쫓고 제위마저 박탈한다고 선언한 것이다. 이전에는 황제가 교황을 폐위시키기도 했으나 교황이 황제를 파문한 것은 그야말로 전대미문의 사건이었다.

중세는 종교가 인간의 삶을 지배하던 시대였다. 중세인들은 태어나서 죽을 때까지 교회의 영향력 아래에 있었다. 태어나면 교회에서 세례를 받았고 교회가 정한 달력에 따라 일하고 쉬었으며 경작한 곡물의 10분의 1을 교회에 헌납했다. 교회의 축제일에는 전투도 금지되었다. 죄를 지었다면 성직자에게 고백해 용서받아야 했고 결혼식은 교회에 가 세금을 낸 후 성직자 앞에서 치러야 했다. 그렇게 거행하지 않은 결혼은 무효였다. 죽으면 성직자가 장례를 치러주었다. 교황은 황제에게 실질적인 영향을 미칠 수 있었다. 중세인들에게 교회 없는 삶은 생각조차 할 수 없는 세계였다. 그러니 교회에서 내쫓긴 사람은 살아도 산 사람이 아니었다. 중세 사회에서 가장 무서운 형벌 중 하나가 파문이었던 이유다.

가장 무시무시한 형벌을 받아버린 하인리히 4세는 제후들의 지지를 얻어 교황을 폐위하려고 했지만, 역시나 왕권이 불안정했다. 제후들은 황제를 지지하지 않았다. 제후들은 100일 이내에 하인리히 4세의 파문이 철회되지 않으면 신성 로마 제국 황제 자리는 공석인 것으로 합의했다. 하인리히 4세는 다급해질 수밖에 없었다.

1077년 1월 25일, 한겨울의 날씨에 신성 로마 제국 황제가 교황이 머무는 카노사 성문 앞에 맨발로 수도사 복장을 한 채 섰다. 교황에게 용서를 구하기 위함이었다. 3일 후 교황이 미사에 황제를 참석시키면서 이 사건은 일단락되었는데, 이른바 '카노사의 굴욕'이라 불리는 이 사건은 중세 교회의 권위가 황제의 권력을 짓누른 상징적인 사건이다.

그러나 이때 교황권은 아직 전성기라 부를 만하지 않았고, 하인리히 4세는 7년 뒤 교황에게 복수하는 데 성공한다. 하인리히 4세의 파문 철회에도 불구하고 독일 제후들은 다른 황제를 받들었는데, 이는 교황의 결정에 대한 도전이었다. 황제 파면을 철회했으니 다시 황제에게 충성해야 함에도 제후들이 반기를 든 것이었기 때문이다. 그렇게 내전이 벌어졌다. 그런데 교황은 제후 측을 파문하지 않고 사태를 관망하다가 오히려 하인리히 4세를 다시 파문했다. 두 번째 파문은 전혀 명분이 없었다. 하인리히 4세는 세력을 회복해 반대파를 모두 물리치고 1084년 로마를 점령한다. 이번에는 황제가 교황 그레고리우스 7세를 폐위하고 클레멘스 3세를 대립 교황*으로 추대했다.

그렇다면 하인리히 4세는 복수에 성공한 뒤 강력한 권력을 누렸을까? 안타깝게도 그러지 못했다. 1093년 평소 아버지에게 불만이 많던 하인리히 4세의 장남 콘라트가 역시 하인리히 4세에

＊ 세속 군주와 교황의 대립으로 적법한 절차를 거치지 않고 임명된 교황.

좋지 않은 감정을 품고 있던 교황 우르바노 2세에게 충성을 서약하고 아버지에 대적해 반란을 일으켰기 때문이다. 우여곡절 끝에 하인리히 4세는 반란군을 진압한 후 콘라트를 국왕 자리에서 쫓아내지만 1102년 계속된 서임권 분쟁으로 교황 파스칼 2세에 의해 다시 한번 파문당한다. 벼랑 끝에 선 하인리히 4세는 황제권을 온전히 행사하기 위해 교회와 화해해야만 했고, 십자군 원정 참여를 조건으로 파문 철회를 요청했다. 이때 황제는 제후들에게 4년간 교회와 분쟁을 일으키지 말 것을 명했는데, 이에 제후들의 불만이 거세졌다. 이번에는 차남 하인리히 5세가 제후들과 함께 반란을 일으킨다. 결국 하인리히 4세는 1105년 퇴위당하고 이듬해에 병사하는 쓸쓸한 결말을 맞이한다.

하인리히 4세의 삶은 강력한 황제권을 구축하기 위한 투쟁이었다. 여섯 살의 나이에 무능한 어머니의 섭정으로 시작된 그의 정치 인생은 순탄하지 못했다. 제후들과의 끊임없는 알력 다툼, 교황권을 강화하려는 급진적인 교황들과의 투쟁이었다. 거기에 두 아들의 반란까지! 기구한 삶이었다.

하인리히 4세가 그렇게 지키고자 했던 황제의 성직자 서임권은 아들 하인리히 5세도 놓으려 하지 않았다. 하인리히 5세는 무력으로 교황을 협박해 서임권을 얻어냈지만, 아버지와 마찬가지로 파문당하면서 제후들의 불만을 샀다.

1122년 하인리히 5세는 보름스 협약을 통해 황제의 일방적인 서임권을 일정 부분 양보할 수밖에 없었고 황제의 권력은 약해졌다. 반면 교황권은 나날이 강력해져 교황 인노켄티우스 3세 때에 이르러서는 교황이 서유럽의 전 군주 위에 군림하는 전성기를 누리게 된다.

22

역사

성스러운 전쟁은 옳은가

- 십자군 전쟁

　하인리히 4세의 장남을 부추겨 반란을 일으키게 했던 교황 우르바노 2세는 야심가였다. 그는 끊임없이 로마 교황권을 강화하기 위해 동분서주했다. 마침 1095년에 동로마 제국의 황제 알렉시오스 1세가 열렬한 이슬람 신자 집단인 셀주크 튀르크에 위협을 느끼고 군사 원조를 요청했다. 이에 앞서 1071년 만지케르트 전투에서 동로마 제국에 대승을 거둔 이래 셀주크 튀르크는 동로마와 대립하며 세력을 확장해 왔는데, 예루살렘을 차지한 뒤에는 이전 왕조들과 달리 성지를 순례하는 기독교인들을 박해하기 시작했다.

　우르바노 2세는 이 기회를 이용해 40여 년간 동서로 분리되었던 교회를 로마 가톨릭 중심으로 통합하려 했다. 그리고 통합된 교회의 권력을 본인이 누리고자 했을 것이다. 동로마 교회는 전통적으로 동로마 제국 황제의 권위에 비해 그 힘이 약했으므로 동로마 제국 황제의 요청을 들어주면 자연스럽게 동로마 교회를 로마 가톨릭 아래에 둘 수 있겠다는 계산이었으리라.

1095년 우르바노 2세는 프랑스 클레르몽 공의회에 모인 300여 명의 성직자에게 성지 탈환과 동로마 제국 구원을 위한 원정을 호소했다. 이렇게 시작된 십자군 원정은 1291년까지 무려 200년 가까이 산발적으로 계속되었고, 그 횟수가 8차에 달한다.

제1차 십자군 원정(1096~1099년) 이전에 수천 명의 이른바 '군중 십자군'이 모였다. 오합지졸이었던 군중 십자군은 전장으로 가자마자 바로 궤멸당했다. 그러나 1096년에 출발한 정규 십자군은 주요 거점인 니케아와 안티오키아*를 점령하고 예루살렘까지 탈환해 그 목적을 어느 정도 달성했다. 또한 지중해 동해안에 네 개의 십자군 국가**까지 만들었다. 그러나 그 과정에서 로마 가톨릭의 가르침에 어긋나는 대량 학살이 자행되기도 했다.

제2차 십자군 원정(1147~1148년)은 1차 원정의 성공으로 세운 십자군 국가 에데사 백국이 이슬람 세력에 점령당한 사건을 계기로 시작되었다. 그러나 예루살렘을 빼앗긴 것은 아니었기에 '성지탈환'이라는 구호는 무의미했고, 명분이 약했던 원정은 흐지부지되었다. 별다른 성과도 없었다. 오히려 십자군 국가와 동맹 관

　＊　오늘날 튀르키예 안타키아. 초기 기독교 발전에 중요한 역할을 했던 지중해 동부 도시.
　＊＊　예루살렘 왕국, 안티오키아 공국, 에데사 백국, 트리폴리 백국.

계였던 다마스쿠스*를 공격했다가 패배해 현지의 동맹국을 잃기까지 했다. 한마디로 대실패였다.

제3차 십자군 원정(1189~1192년)에서 서유럽은 하나로 힘을 합친 이슬람 세력과 맞붙게 되었다. 살라딘이라는 걸출한 이슬람 군주에 의해 통합된 이슬람의 힘은 막강했다. 살라딘에게 빼앗긴 예루살렘을 탈환하기 위해 시작되었지만, 결과적으로는 실패했다. 예루살렘을 비롯한 내륙 도시는 되찾지 못했고 지중해 연안 일부 도시만 회복하였다. 영국의 전설적인 사자왕 리처드 1세와 살라딘의 대결로 유명한 원정이다.

제4차 십자군 원정(1202~1204년)은 여러 차례의 원정 중에서도 가장 말썽 많은 원정이었다. 교황권이 가장 막강했던 인노켄티우스 3세가 승인한 원정이었음에도 그랬다. 먼저 예상보다 훨씬 적은 병력이 모인 탓에 집결지였던 베네치아에 지불해야 하는 인당 수송비는 턱없이 부족했고, 이미 종교적 열의보다는 눈앞의 이익을 중시하던 십자군은 교황에 충성을 맹세한 헝가리가 점유하고 있던 자라라는 도시를 탈환해 주면 빚을 탕감해 주겠다는 베네치아의 제안을 받아들이고 만다. 이 소식을 들은 교황은 그 즉시 십자군 전체를 파문한다. 파문당한 십자군이라니. 그러나 그들은

---

* 시리아의 수도. 메카, 메디나, 예루살렘과 함께 이슬람 4대 도시 중 하나로 아랍 문화권 교통의 요지다.

또 다른 황당한 제안을 받아들여 예정에도 없던 동로마 제국의 수도 콘스탄티노플마저 함락해 버렸다. 재미있는 것은 십자군이 약탈해 온 막대한 선물에 교황이 이들을 모두 용서했다는 사실이다.

제5차 십자군 원정(1217~1221년)부터는 전략을 수정했다. 이슬람 세력 자체의 약화를 위해 그들의 근거지인 이집트를 공격한 것이다. 십자군은 한때 나일강 인근의 다미에타를 점령했지만, 카이로로 진군하다가 나일강의 범람으로 결국 카이로 점령을 포기하고 다미에타마저 내어주고 퇴각했다.

제6차 십자군(1227~1229년)에서는 신성 로마 제국 황제 프리드리히 2세가 이슬람과 협상을 통해 일시적으로 예루살렘을 회복했다가 다시 빼앗기고 말았다. 역시 실패였다.

제7, 8차 십자군(1248~1270년)은 프랑스 루이 9세가 주도하여 이집트를 공략하려 했지만, 역시 실패했다.

계속해서 실패만을 거듭한 십자군 전쟁의 숨겨진 동력은 욕망이었다. 하나는 로마 교회의 욕망, 다른 하나는 세속의 욕망이었다. 로마 가톨릭과 동방의 그리스 정교회는 서로 배척하며 정통성을 주장했는데, 로마 교황은 십자군이라는 이름으로 콘스탄티노플을 차지해 영향력을 확대하려고 했다. 또 당시 셀주크 튀르크의 세력이 막강해져 동방과의 교역에 어려움을 겪었던 유럽 상인들은 십자군을 이용해 경제적인 이득을 취하려 했다. 종교적 열정을 전면에 내세웠지만, 실상은 정치적·경제적 욕망 그 자체였던 십자군 전쟁은 그렇게 수많은 사상자와 끔찍한 문명의 파괴만을 기록하며 막을 내린다.

십자군 원정 기간에 유럽은 구체적으로 어떤 변화를 겪었을까? 정치적으로는 십자군 전쟁에 참여한 봉건 영주와 기사들의 세력이 약해지고 도시를 중심으로 시민계급이 성장할 수 있는 배경이 되었다. 신성 로마 제국 황제의 권력은 약해졌고 영국에서는 1215년 민주주의와 입헌주의의 초석과도 같은 계약서 마그나 카르타(Magna Carta)에 왕이 서명하면서 국왕의 권력이 약해졌다. 동로마 제국은 십자군 전쟁 과정에서 약해졌으며 1453년 오스만 튀르크에 콘스탄티노플이 함락되면서 종말을 고했다.

종교적으로는 신앙의 광기가 시대를 지배했다. 로마 교회는 백성들 위에 군림했고 백성들을 착취했다. 교황은 마음에 들지 않는 세력에게는 전쟁과 파문을 일삼았다. 이 기간에 교회는 특사증과 면죄부* 장사를 하기도 했다. 종교의 권위에 눌려 다른 시대에 비해 다양한 사상이 발전하지 못했다. 그러나 수백 년간 계속된 십자군 원정의 성과가 별로 없자 교회와 교황의 세력도 차차 약해

---

* 특사증은 교회의 규칙이나 관습 등을 어겨도 무방하다는 특별 사면증이고, 면죄부는 연옥행을 면죄받고 천국으로 갈 수 있다는 증표였다.

졌다.

십자군 전쟁으로 수백만 명의 기독교도와 무슬림이 죽었다. 그렇다면 유럽이 십자군 전쟁으로 얻은 건 아무것도 없었던 걸까? 결과론적인 이야기지만 이 시기를 지나며 동서의 문화 교류가 이루어졌다. 또한 유럽은 중세 봉건사회 해체의 동력을 얻었다.

십자군 원정으로 유럽은 당시 그들의 문화보다 앞섰던 서아시아와의 교류로 지적 자극을 받을 수 있었다. 아울러 동방과의 교류를 통해 이탈리아 항구 도시들이 발달하였다. 11세기부터 농업 생산량도 증가해 시장이 발달했고 상업과 수공업이 발달했다. 시대의 흐름은 교황과 봉건 영주에서 도시를 중심으로 한 상인과 수공업자들에게 옮겨갔다. 중세를 지탱하던 봉건제에 균열이 생기기 시작한 것이다. 그리고 14세기 중엽을 강타한 흑사병은 기존 장원 중심의 봉건 체제가 급격히 붕괴하도록 촉진한다.

23   대제국의 유럽 정벌기

역사

– 몽골 제국과 칭기즈 칸

서유럽이 십자군 원정의 광기에 사로잡혀 있을 때, 중앙아시아 몽골 초원에서는 역사를 뒤흔들 만한 일이 일어났다. 칭기즈 칸이라는 걸출한 인물이 등장해 1206년 부족 단위로 힘이 흩어져 있던 몽골 유목민들을 통일한 것이다. 통일된 유목민들의 힘은 상상을 초월할 정도로 막강했다.

칭기즈 칸은 인류 역사상 가장 넓은 영토를 정복했다. 나폴레옹, 아돌프 히틀러, 알렉산드로스가 차지한 땅을 모두 합쳐도 칭기즈 칸과 그의 후손들이 차지한 땅보다는 좁다. 그는 당대 최강국이었던 서하, 금나라, 서요, 호라즘 왕국을 쑥대밭으로 만들었다. 정복 과정에서 상대를 워낙 잔인하게 학살해 공포의 학살자, 악마로 알려지기도 했다. 그는 정복한 도시의 귀족들은 씨를 말려버렸다. 그러나 이런 몽골군이 절대 죽이지 않은 사람들이 있었는데, 바로 기술자였다.

칭기즈 칸은 초원에서만 생활해 온 몽골의 장점과 약점을 정확하게 파악하고 있었다. 자신들의 장점인 속도를 살려서 평원에서 맞붙는 전투에서 반드시 승리했다. 그러나 그는 몽골군이 공성전과 같은 전쟁 기술이나 제국을 다스리는 행정, 문화적인 면에서는 취약하다는 점을 잘 알고 있었다. 그래서 몽골군은 자신들의 약점을 보완할 수 있는 기술자들을 살려 제국의 일원으로 대우했다. 이렇게 자신들의 장점은 극대화하고 단점은 정확히 파악해 극복하려는 노력으로 몽골 제국은 더 빠르게 성장할 수 있었다.

칭기즈 칸의 원래 이름은 테무친이다. 이 이름은 그의 아버지가 죽인 용감한 적장의 이름이기도 했는데, 그래서였을까? 그의 삶은 그리 평탄하지 않았다. 작은 부족의 족장이었던 아버지가 독살당한 후 어린 시절은 고난의 연속이었다. 테무친은 부족에게도 버림받고 먹을 것이 마땅치 않아 들쥐나 물고기, 새 등을 사냥해 가족들과 연명했다. 적대시하던 메르키트 부족에게 아내를 빼앗기기도 했다.* 물론 아버지의 의형제인 케레이트 부족의 옹 칸과 의형제 자무카의 지원을 받아 아내를 되찾고 세력을 확장했다. 그의 세력 확장에 불안을 느낀 자무카와는 결국 결별했지만 말이다.

1189년 테무친은 몽골 우두머리들의 회의인 쿠릴타이에서

---

* 앞서 테무친의 아버지 예수게이는 반대로 메르키트족에게서 아내를 빼앗은 바 있다.

칸이 되었다. 옹 칸은 테무친의 도움을 받아 잃었던 세력을 되찾기도 했지만, 테무친을 지나치게 경계해 그를 죽이려 했다. 칭기즈 칸은 곧 아버지로 모셨던 옹 칸의 케레이트족도 제압해 버린다. 이후 나이만족, 메르키트족 등을 차례로 물리치고 1206년 그의 나이 마흔다섯에 몽골을 통일한다. 이로써 그는 100만여 명의 부족민, 가축 2000만 마리를 거느린 강대한 세력을 이루었다.

칭기즈 칸은 정예군 40~50만을 보유한 탕구트족의 서하를 공격해 무너뜨리고 동서 무역로를 장악했다. 이후 금나라를 공격해 엄청난 양의 전리품과 공물을 받아냈다. 또한 서요, 호라즘 왕국, 니샤푸르 등을 공격해 모두 승리했다. 몽골에는 마치 전성기의 로마처럼 곳곳에서 엄청난 양의 공물이 흘러들어 왔고, 상인들의 교역이 활발하게 이루어졌다.

엄청난 권력을 누리던 칭기즈 칸이 허무하게도 낙마하여 죽은 뒤 칸으로 선출된 건 아들 오고타이였다. 1234년 금나라를 멸망시킨 그는 이후 유럽까지 공격한다. 러시아를 손아귀에 넣고 1241년 폴란드 남부 레그니차 전투에서 신성 로마 제국의 연합 기사단 3만 명을 상대로 승리를 거두었다. 로마 교황청과 서유럽인들에게 이 전투에서의 패배는 너무나 충격적이었다. 몽골군이 유럽의 심장부를 향해 진격하려는 찰나, 오고타이 칸이 사망하면서 유럽인들은 가슴을 쓸어내렸다. 그들 입장에서는 몽골의 유럽 원정이 이 정도로 끝난 게 천만다행이었다.* 만약 오고타이가 2~3년만 더 건재했다면 유럽은 몽골의 손아귀에 사로잡혔을지도 모르는 일이다.

이렇듯 엄청났던 칭기즈 칸과 그의 몽골 제국은 역사에 어떤 흔적을 남겼을까? 크게 세 가지 정도로 살펴볼 수 있겠다. 첫째로, 몽골 제국은 '팍스 몽골리카(Pax Mongolica, 몽골의 평화)'를 이루어 13~14세기 유라시아에 안정을 가져왔다. 몽골은 동아시아에서 동유럽에 이르는 광대한 영토를 효율적으로 연결하여 다스렸다. 천호제를 통해 칸의 지시에 따라 일사불란하게 움직이는 체계를 운용했다. 또한 강력한 법을 제정해 질서를 유지했다. 역참 제도를 통해 빠른 연락을 취할 수 있었으며 능력 중심으로 다른 나라 출신이라도 중용했다. 이 시기에는 몽골의 보호 아래 상인들이 실크로드를 오가며 무역을 마음 놓고 할 수 있었고, 여행도 자유로웠다. 베네치아의 상인이었던 마르코 폴로는 칭기즈 칸의 손자인 쿠빌라이 칸이 통치하는 동안 중국을 다녀왔다. 그의 구술을 바탕으로 쓰인 기행문집 『동방견문록』은 유럽인들에게 아시아에 대한 호기심을 자극하기도 했다.

* 안타깝게도 러시아는 250년 가까이 몽골의 지배를 받으며 공물을 바쳐야 했다.

둘째로, 몽골 제국의 활약으로 동양의 기술이 서양으로 전해질 수 있었다. 몽골을 통해 나침반과 화약 기술 등이 유럽으로 전파되었다. 특히 화약은 중세 유럽 사회에 큰 영향을 미쳤다. 이전에 기사들이 입던 갑옷으로는 화약 무기들을 막아낼 수 없었기에 기사들의 철갑은 두꺼워지고 행동이 굼떠질 수밖에 없었다. 총기와 포의 개발로 전쟁에서 기사의 영향력 또한 줄어들 수밖에 없었다. 몽골 제국은 과학·의학·수학 등의 분야에서도 동서양 문화 교류를 촉진했다. 유럽인들은 자연스럽게 이슬람이나 중국, 아시아의 학문을 연구하게 되었다.

셋째로, 몽골 제국은 유럽에 흑사병을 퍼뜨려 중세 사회의 붕괴를 촉진했다. 물론 몽골이 의도한 바는 아니었지만, 몽골이 구축한 무역로는 14세기 유럽에 흑사병이 퍼지는 경로가 되었다. 흑사병은 중앙아시아에서 유럽으로 퍼졌는데, 무역상들이 몽골의 무역로를 따라 이동하면서 퍼졌을 가능성이 매우 크다. 인류 역사상 최악의 전염병이었던 흑사병. 이 병은 유럽을 어떻게 변화시켰을까?

24

역사

인류사 최악의 전염병

– 흑사병

11세기부터 안정기에 들어서 12~13세기에 찬란히 꽃핀 중세 유럽 봉건사회는 14세기부터 무너지기 시작했다. 장원 중심의 농촌 경제와 길드 중심의 도시경제, 즉 봉건 경제체제가 근간부터 흔들렸기 때문이다. 그 원인으로는 기근, 십자군 원정 등 많은 것들이 얽혀 있었겠지만, 흑사병이 결정적이었다.

흑사병은 페스트(pest)의 일종으로 급성 열성 감염병인데, 종류가 많았고 유럽에서는 처음에 선페스트가, 나중에 폐페스트가 유행했다. 선페스트는 벼룩에 의해 감염되어 고열로 고통받다가 정신을 잃고 사망에 이르고 폐페스트는 페스트균이 폐에 침입해 피를 토하거나 고열 증세를 보이다가 호흡 곤란에 이어 정신을 잃고 사망하는데, 발병 후 사망까지 불과 24시간이 걸리지 않았다. 사망 직전 온몸에 종기가 번진 뒤 피부가 검은색으로 변해 '흑사병'이라 불렀다.

14세기 유럽의 의학 수준에서 흑사병에 걸린 환자에게 할 수 있는 조치는 많지 않았다. 페스트균을 막기 위해 환자가 집 밖으로 나오지 못하게 문에 못을 박거나 방에 불을 지르는 정도가 일반적이었다. 사람들은 헝겊으로 얼굴을 가렸지만 안심할 수 없었고 하늘을 바라보며 신을 향해 기도할 뿐이었다.

흑사병은 1346년경 크림반도의 해안 도시 카파에서 시작되어 흑해를 지나는 지중해 항로를 따라 퍼지며 순식간에 이탈리아를 공포에 몰아넣었다. 당시 이탈리아 상인들이 중앙아시아에서 유목민의 공격을 받고 카파로 피난 온 뒤 이탈리아로 돌아갔는데, 이들의 이동 경로를 따라 흑사병이 전염되었다. 중앙아시아와 흑해 인근에 흑사병을 옮긴 것은 말했듯이 몽골군이었다.

이 치명적인 전염병은 1347년 이탈리아, 1348년 프랑스와 영국, 1350년 북부 유럽과 러시아 등으로 빠르게 퍼져나갔다. 흑사병이 이렇게 빠르게 퍼질 수 있던 건 당시 사람들의 생활 환경과 위생 상태가 좋지 않았고, 국가들 사이에 무역이 활발하게 이루어졌기 때문이었다.

흑사병 앞에 예외는 없었다. 도시와 농촌, 성직자와 농민, 어린이와 늙은이 등 지역과 계층, 나이와 성별을 가리지 않고 이 병에 걸린 사람은 높은 치사율로 사망했다. 14세기에 유행한 흑사병을 '대흑사병'이라고 하는데, 이 시기에만 흑사병으로 사망한 인구가 2500만~6000만 명에 이를 정도였다. 이는 당시 유럽 인구의 3분의 1에 해당한다. 세 명 중 한 명이 흑사병으로 목숨을 잃은 것이다. 특히 인구가 밀집된 도시는 인구의 절반 이상이 감소했다. 농촌에서는 버려진 농가, 폐허가 된 마을을 쉽게 발견할 수 있었다. 독일에서만 4만 개가 넘는 마을이 사라졌다.

흑사병의 유행은 한두 번으로 끝나지 않았다. 15세기까지 흑사병으로 사망한 유럽 인구는 1억 명 정도로 추정된다. 그야말로 유럽이 초토화되어 버린 것이다. 유럽 외에 다른 지역에서도 흑사병은 발생했지만, 도시가 발달해 인구밀도가 높았던 유럽이 가장 큰 타격을 받았다. 이 당시 흑사병을 겪었던 이탈리아의 시인 프란체스코 페트라르카는 이 역병을 가리켜 '끔찍한 비통'이라며 절규하기도 했다.

복 받은 후손들이여, 너희들은 이 끔찍한 비통을 겪지 않고 우리가 남긴 증언만을 우화로 읽겠지.

_ 페트라르카의 편지

어쩔 수 없는 공포와 패닉 상태에서 역사적으로 반복되는 법칙이 있다. 바로 희생양을 찾는 것. 어리석게도 기독교인들은 유대인들을 희생양으로 삼고 그들을 학살했다. 학살자들은 유대인들이 우물 물에 독을 탔다고 믿었다. 유대인들이 희생양이 된 이유는 종교가 다른 데다가 뛰어난 상술로 많은 부를 축적해 기독교인들이 그간 곱게 보지 않아왔기 때문이었다.

물론 비논리로 점철된 이 행위를 말렸던 사람은 있다. 대흑사병 당시 교황이었던 클레멘스 6세다. 그는 1342년부터 10년간 교황직을 수행했는데, 하필 그 기간이 대흑사병 시기와 거의 겹쳤다. 교황은 유대인을 학살하는 것이 악마에게 유혹당한 결과라며 학살 행위를 금했지만, 공포에 질린 사람들은 그 말을 듣지 않았다.

한바탕 휘몰아친 흑사병으로 중세 유럽의 봉건제는 뿌리째 흔들렸다. 흑사병으로 인구가 줄어들면서 노동력이 귀해졌고, 농민들은 임금이나 여타 조건에 대해 영주와 전에 없이 협상할 수 있게 되었다. 물론 봉건 영주들은 이를 두고 보지 않았다. 영주들은 노동자들이 임금 인상을 요구하지 못하게 법을 만들어 강제했다. 또한 노동력의 부족으로 수확량이 감소하고 수입이 줄어들자 농노들에게 더 무거운 세금을 부과하기도 했다.

농민들은 이런 상황을 받아들였을까? 이제 농민들은 억압적인 권위에 순순히 복종하지 않았다. 농민들은 장원을 이탈하거나 기존 권위에 거칠게 저항했다. 1358년 프랑스 파리 근교에서 농민들이 높은 세금에 반발해 반란을 일으켰다. 이들은 영주의 성을 불태우고 기사들을 죽였다. 도시민들도 반란에 가담했다. 영국, 이탈리아에서 모직 산업 노동자, 장인 등이 반란을 일으키기도 했다.

거센 저항에 직면하자 영주들은 돈을 받고 농노들을 해방해주었다. 해방된 농노들은 더 이상 농촌에 남아 있으려 하지 않았다. 그들은 임금이 높은 도시로 이동했다. 도시로 노동력이 몰리면서 장원은 붕괴했고, 반대로 도시에서는 값싼 노동력을 이용해 부를 축적하는 도시 귀족 계층이 형성되었다. 이런 상황에서 기존의 봉건 귀족들은 경제력이 뒷받침되지도 않으면서 사치를 일삼았다. 빚을 내어 사치를 부리다가 장원을 넘기고 파산하기도 했다. 이런 풍조는 봉건 귀족들의 몰락을 가속화했다.

13세기에 무소불위의 권력을 자랑했던 교황권도 서서히 힘을 잃기 시작한다. 신의 대리인이라던 교황이 제창한 십자군 원정도 실패했는데, 흑사병까지 창궐하며 교회는 속수무책이었다. 피난 행렬에 낀 사제들을 보며 사람들은 무슨 생각을 했을까? '과연 신이 우리를 지켜줄 수 있는가?' 교회에 대한 회의적인 시각이 만연한 때였다. 이단이 잇따라 등장하고, 종교개혁의 움직임이 나타났다.

흑사병으로 인해 중세를 지배하던 핵심 세력(봉건 영주, 기사, 교회)의 권위가 무너지면서 중세는 큰 변화를 맞이하게 되었다. 갑작스럽게 일어난 일은 아니었다. 기존의 정치·경제·사회·종교 질서가 흑사병으로 대표되는 여러 사건을 통해 송두리째 흔들린 것이었다. 봉건제는 쇠퇴했고 교회의 권위는 바닥을 쳤다. 그렇게 굳건했던 중세도 저물어가고 있었다.

25 무너진 유럽의 보호자

역사   - 동로마 제국의 멸망

'중세'라는 단어를 풀어쓰면 '중간에 끼인 시대'라는 뜻이다. 말 자체에 편견이 묻어 있다. 고대와 르네상스 사이에 끼인 시기 라는 의미로 중세를 조금은 부정적으로 보고 있다고 할 수 있으니 말이다. 이 말을 처음 사용한 사람들은 14세기 유럽의 인문주의 자들로 알려져 있다. 그들은 고대 그리스와 로마의 정신과 문화가 단절된 시기를 중세 암흑기로 보았다.

중세는 말 그대로 정말 깜깜하기만 한 시기였을까? 물론 중세 에 그 시대를 분명한 암흑기로 볼 만한 사건들이 많았던 건 사실 이다. 교회 중심 교리 강요와 이단 탄압, 마녀사냥, 농노에 대한 봉 건 영주의 착취는 분명히 문명을 발전시키는 방향은 아니었을 것 이다. 그러나 이 와중에도 중세 유럽에서 유일하게 안정적으로 장 기간 존속한 국가가 있었다. 그게 바로 동로마 제국이었다.

유럽의 중세 1000년은 보통 서로마 제국이 멸망한 476년부 터 동로마 제국이 멸망한 1453년까지로 본다. 중세가 비로소 막을 내리게 된 상징적인 사건이 바로 중세 유럽의 한 축을 굳건하게 지탱하던 동로마 제국의 붕괴인 것이다.

395년 테오도시우스 1세가 사망하면서 로마 제국은 동과 서로 분리되었다. 여기서 제국의 분리는 국가가 둘로 쪼개지는 것이 아니었다. 광대한 제국을 보다 편리하게 통치하기 위해 황제들이 통치권을 나누어 가지는 개념이었다. 476년 서로마가 멸망한 뒤에도 동로마는 1000년 가까이 생명력을 이어가다가 1453년 오스만 튀르크에 의해 콘스탄티노플이 함락되면서 멸망했다. 동로마 제국은 오랜 기간 부침을 겪었는데, 지금부터는 여러 역사적 사건들 속에서 쪼개진 채 기술되었던 동로마 제국의 역사를 살펴보자.

동로마 제국은 6세기 유스티니아누스 1세 시절에 영토를 확장하고 국력을 크게 성장시켰다. 유스티니아누스 황제는 로마법대전을 편찬해 법령을 정비했고, 고대 로마의 전성기에 필적할 만큼 영토를 확장했다. 당시 동로마 제국은 이탈리아, 발칸반도, 그리스, 튀르키예 지역뿐 아니라 이집트와 리비아를 포함한 북아프리카 지역 등 지중해 대부분을 차지했다. 그러나 유스티니아누스 사후 동쪽의 페르시아, 발칸반도의 슬라브족, 아바르족과 다투면서 동로마 제국은 급격히 쇠약해졌고 거기에 전염병까지 창궐하면서 심각한 타격을 입었다.

　7세기, 동로마 제국은 이슬람 세력의 확장으로 위기를 겪었다. 아나톨리아와 지중해 동부에 대한 지배권은 유지하였으나 레반트, 북아프리카, 에스파냐 등 광대한 지역을 이슬람 세력에게 빼앗겼다. 8~9세기에는 앞서 살펴보았듯 성상 파괴령으로 시작된 지난한 종교 갈등을 겪기도 했다.

　그럼에도 동로마 제국은 867년에서 1056년 사이 지속된 마케도니아 왕조 시절에 군사력을 회복하고 불가리아 제국을 멸망시키는 등 위엄을 과시한다. 이 시기 동로마 제국은 튼튼한 재정이 바탕이 된 강한 군사력과 결속력으로 서유럽과 이슬람에 비해 강력한 힘을 보여주었다. 하지만 11세기에 셀주크 튀르크 등 주변 민족들과의 전쟁으로 쇠약해지더니 만지케르트 전투에서 이슬람 세력에 무너지면서 이후 서유럽에 십자군을 요청한다.

　1204년 제4차 십자군 원정 때에는 탈선한 십자군에 일시적으로 멸망당하고 라틴 제국이 수립되었다. 이 사건 이후 동로마 제국은 지속적으로 쇠약해졌다. 이후 1261년 동로마 제국 부흥을 주창한 니케아 제국이 콘스탄티노플을 회복하며 동로마 제국을 부활시켰지만, 이전의 영광을 되찾지는 못했다. 1453년 5월 29일, 콘스탄티노플이 함락되고 비잔틴 제국은 멸망한다. 이것으로 중세는 막을 내렸다. 이렇듯 방대하고 찬란했던 동로마 제국의 흥망성쇠는 유럽 역사에 어떤 의미를 남겼을까?

이슬람 세력으로부터 유럽을 보호하다

동로마 제국은 무함마드 사후 세력을 확장하려는 이슬람을 막기 위해 야르무크 전투를 치르기도 했고, 수 세기 동안 이슬람의 우마이야 왕조, 아바스 왕조와 지속적으로 충돌했다. 이슬람으로 개종한 셀주크 튀르크와는 황제가 나서 싸우다 사로잡히기도 했고 십자군 원정 때에도 최전선에서 싸울 수밖에 없었다. 멸망의 원인도 오스만 튀르크였다. 이슬람과의 투쟁에서 발전한 동로마 제국의 요새 방어법 같은 군사 전략은 유럽에 많은 영향을 주었다. 마찬가지로 지리적 위치 때문에 동로마 제국을 통해 동서 문화가 교류할 수 있었다.

고대 그리스, 로마의 지식을 보전하고 후세에 전달하다

동로마 제국은 기본적으로 로마 문화를 유지했다. 하지만 공용어를 라틴어에서 그리스어로 바꾸는 등 그리스와 헬레니즘 문화도 적극적으로 받아들였다. 동로마 제국 학자들은 그리스와 로마의 고전 문화를 활발하게 연구하여 서유럽의 르네상스에 영향을 주었다. 유스티니아누스 법전을 통해 로마법을 성문화함으로써 유럽 법률의 초석을 마련하기도 하였다.

동유럽 지역에 기독교를 확산하는 데 결정적인 역할을 하다

동로마 제국은 13세기까지 유럽 기독교 사회에서 강한 영향력을 발휘했다. 특히 이슬람교로부터 유럽과 그리스도교 문명을 지켜내는 데 큰 역할을 했는데, 당시 대부분의 중동 지역들이 이슬람 세력에 넘어간 것만 봐도 그렇다. 놀랍게도 중세 이슬람 또한 동로마 문명의 지대한 영향을 받았는데, 그리하여 찬란한 문화를 꽃피울 수 있었다. 그 외에도 동로마 제국의 문화는 러시아를 비롯한 슬라브족의 여러 나라에 전파되었다.

26 | 🏛️철학 | 종교와 철학의 경계에서
- 아우구스티누스

　　봉건제가 붕괴하고 동로마 제국이 붕괴하던 서양의 중세, 이 시기의 역사를 인간에 대한 신의 구원 계획의 실현 과정으로 본 철학자가 있었다. 바로 히포의 성 아우구스티누스다. 그는 기독교 교부 철학*을 꽃피운 인물로 존경받는 신학자이자 성직자다. 중세 기독교 사상을 논할 때 '아우구스티누스'라는 이름은 빠질 수 없다. 그는 100여 권이 넘는 엄청난 양의 저서를 남겼고 그가 주장한 '이성을 추구하는 믿음'**은 기독교 지성주의의 표어가 되었다. 아우구스티누스는 구원에 대한 교리를 정립한 사도 성 바오로에 버금갈 정도로 기독교 교리 발전에 영향을 미친 인물이라고 평가받는다.

---

*　1~8세기, 기독교를 철학적 이론에 근거한 이성 종교로 승화시키기 위하여 신플라톤주의 플로티노스의 이론을 교리에 접목한 철학. 기독교의 교리와 교회 발전에 큰 역할을 했다. 아우구스티누스에 이르러 절정기에 달하였다.

**　'믿음 없이 이해할 수 없다'라는 말로 설명된다. 단순한 신앙적 복종이 아닌 믿음을 통해 이성이 더 높은 진리로 나아갈 수 있다는 태도다.

아우구스티누스는 서방 기독교에 많은 영향을 주었지만, 유럽 태생은 아니다. 그는 북아프리카의 작은 도시 타가스테에서 이교도 아버지와 기독교인 어머니 사이에서 태어났다. 저서 『고백록』에서 그는 젊은 시절의 방황과 기독교로의 회심 과정을 보여주었는데, 그는 젊은 시절에 방탕한 생활에 빠졌고 열아홉이 되던 해에는 동거하던 여인과의 사이에서 아들을 낳기도 했다. 수사학을 공부한 뒤 고향과 카르타고, 로마, 밀라노 등에서 수사학을 가르치면서 부를 쌓기도 했고 마니교에 빠지기도 했다. 하지만 밀라노에서 암브로시우스 대주교를 만나 신플라톤주의의 영향을 받으며 기독교를 받아들였다. 그는 마흔두 살이 되던 395년부터 사망할 때까지 북아프리카 도시 히포의 주교를 맡아 많은 저술을 남기고 성직자로서의 활동도 활발하게 했다.

> 악은 실체가 있는 것이 아니라 사람의 의지가 최고 실체인 신을 떠나서 자기 내면의 가장 깊은 곳을 버리고, 지극히 비천한 것들을 향해 굽어져 밖으로 부풀어 오른 것이다.
>
> _ 아우구스티누스, 『고백록』

아우구스티누스가 연구한 철학적·신학적 주제 중 하나는 선과 악에 대한 문제였다. 선하고 전능한 신이 세상을 창조했다면 왜 악이 존재하는 것인가? 악이 존재한다는 사실 자체가 신의 존재에 대한 의심으로 이어질 수 있다. 따라서 신을 믿는다면 악이 존재해서는 안 된다.

이 문제를 해결하기 위해 아우구스티누스는 악은 그 자체로 존재하는 것이 아니라 무언가의 부족이나 결함이라고 주장했다. 악은 선의 결핍인 것이다. 예를 들어, 청각장애인의 악은 청력의 결함으로 귀가 들리지 않는다는 것이고 도둑에게 악은 양심의 부족으로 남의 물건을 훔친다는 것이다.

그렇다고 하더라도 왜 결함이 있는 상황이 존재하는지 의문을 가지지 않을 수 없다. 아우구스티누스는 이성적인 존재인 인간에게는 '자유의지'가 있기 때문이라고 설명한다. 자유의지는 이성에 따라 무엇이든 선택할 수 있는 거다. 구약 성서에 따르면 아담도 신이 먹지 말라고 하던 선악과를 자유의지로 따서 먹는다. 인간은 자신에게 해로운 것, 결함이 있는 것을 선택할 수 있는 의지를 지녔다. 인간의 도덕적 선택에는 부족한 것을 선택할 가능성도 존재하는 것이다.

그래도 우리가 사는 세상에 악이 있는 것보다 최고의 선만 가득한 편이 좋지 않을까? 아우구스티누스는 '악이 존재하는 세상의 선'이 '악이 없는 세상의 선'보다 더 위대하다고 말한다. 신이 창조한 이 세상의 모든 것은 전체적으로 서로 조화를 이루며 살아간다. 장황하게 설명한 악의 존재에 대한 아우구스티누스의 생각을 간단히 정리하면 아래와 같다.

첫째, 인간은 이성적인 존재로 창조되었다.
둘째, 인간은 이성적인 존재가 되기 위해 자유의지를 지닌다.
셋째, 자유의지를 지닌다는 말은 선도, 악도 선택할 수 있다는 의미다.
넷째, 그러므로 인간은 선이지만 선이 결핍된 행동도 선택할 수 있다.
다섯째, 신은 악의 근원이 아니다.

그리스 철학의 영향을 받긴 했지만 '세상이 무(無)에서 신에 의해 창조되었다'라는 아우구스티누스의 생각은 확고했다. 플라톤과 아리스토텔레스는 영원히 존재하는 '원시 물질'에 신이 형상을 만든다고 보았다. 그들에게 신은 이미 있는 물질로 뭔가를 만들어내는 제작자와 같다. 그러나 아우구스티누스는 신이 세계의 질서, 형상뿐 아니라 물질 그 자체도 창조하는 것으로 보았다. 따라서 '신은 자기 창조물 이전에 존재하는가?'라는 질문은 잘못된 것이다. 세계가 창조될 때 시간도 신에 의해 창조되었기 때문에 신에게 '더 이른 시간'이라는 것은 없기 때문이다. 신은 시간의 흐름 밖에서 영원히 존재한다.

신을 향한 절대적 믿음 덕분이었을까. 아우구스티누스의 말년 외부 상황은 전에 없이 혼란스러웠지만, 그의 내면은 역시나 단단했다. 반달족이 북아프리카를 집어삼키려 하던 때, 이교도 정복자들의 공격에 신자들은 불안에 떨었지만 히포의 늙은 주교 아우구스티누스는 의연한 모습을 보이며 신자들에게 확신을 주었다. 이런 아우구스티누스의 사상은 이후 보에티우스와 토마스 아퀴나스, 르네상스 시대 에라스뮈스, 종교개혁 시대 마르틴 루터와 장 칼뱅과 같은 사상가 등 시대를 거쳐 수많은 이들에게 영향을 준다.

27 "인간은 신의 섭리를 알 수 없다"

철학 - 보에티우스

중세 시대, 신에 관해 논했던 또 다른 철학자가 있다. 6세기에 활동한 보에티우스는 '최후의 로마인', '최초의 스콜라 철학자'로 불리는 로마의 철학자로 공직을 수행하면서 고대 철학자들의 저서를 꾸준히 연구했다. 그는 게르만족의 수장 오도아케르에 의해 서로마 제국이 멸망한 시기에 태어났다.

오도아케르는 동로마 제국의 황제 제논에게 충성을 맹세했지만 10여 년이 흐른 뒤 동로마 황제 제논은 동고트족의 왕 테오도리쿠스를 지지했다. 테오도리쿠스는 오도아케르를 죽이고 옛 서로마 제국의 수도 라벤나를 다스렸다. 서로마 제국이 멸망하긴 했지만, 테오도리쿠스는 동고트 왕국을 세우고 실질적인 서로마 제국의 황제와 같은 대우를 받았다. 보에티우스는 이 테오도리쿠스 황제에게 총애를 얻었지만, 나중에는 죽임을 당했다. 어찌 된 일인지 조금 더 자세한 내막을 들여다보자.

보에티우스는 로마 귀족 출신으로 아버지는 집정관이었다. 어린 시절 고아가 되었으나 유력 귀족인 심마쿠스에게 입양되었다. 보에티우스는 심마쿠스의 딸과 결혼해 승승장구했는데, 이십대 후반에 집정관이 되었고 두 아들도 십대의 나이에 집정관에 임명되었다. 보에티우스는 오늘날 대통령 비서실장에 해당하는 직을 수행하며 테오도리쿠스 황제의 총애를 받았다.

그러나 꽤 영민했던 테오도리쿠스 황제도 늘그막에는 총명함이 흐려졌다. 동로마의 지지를 받아 권력을 잡았지만 동로마 제국에서 언제든 자신을 내칠 수 있다는 의심이 깊어진 테오도리쿠스 황제는 원로원의 한 의원이 동로마 황제에게 자신을 비난하는 서신을 보냈다는 고발에 재판도 열지 않고 그를 처형해 버린다. 보에티우스는 그 고발이 거짓이라고 소신을 밝혔지만, 오히려 반역죄로 몰려* 티키눔으로 유배되어 처형을 기다리는 신세가 되고 만다.

보에티우스는 감옥에 갇혀 있던 이 시기에 『철학의 위안』이라는 책을 썼다. 그는 자신의 억울함과 잔인한 운명에 괴로워하면서도 그 속에 어떤 신의 섭리가 있는 것인지 찾으려 했다. 그의 마지막 저작은 완전히 이해할 수 없는 운명 속 인간이 모든 것을 주관

---

* 테오도리쿠스 황제는 기독교의 삼위일체설을 부정하는 아리우스파 신자였고 보에티우스는 그리스도의 신성과 인성을 모두 인정하는 정통 삼위일체론을 지지했다. 테오도리쿠스는 보에티우스의 신학적 성향을 모르고 총애했지만 이후 모든 것을 알게 된 뒤에는 그를 내쳤다.

하는 신 안에서 위안을 얻으려는 철학적·종교적 메시지로 가득하다. 죽음을 눈앞에 두고 온 힘을 다해 쓴 보에티우스의 역작, 『철학의 위안』을 통해 그의 철학을 살펴보자.

『철학의 위안』은 총 다섯 권으로 구성되어 있다. 제1권은 감옥에 갇힌 자신과 철학을 대변하는 여인과의 만남이 주된 내용이다. 여인으로 의인화되어 나타난 철학은 보에티우스의 도덕적인 질병을 고쳐주는 의사가 되어주겠다고 약속한다.

> "너는 이전에 누렸던 것을 행복이라 여기고 미련과 집착을 버리지 못하고 있다. 너는 여전히 과거를 그리워하며 슬퍼하는 데에 모든 힘을 소진하고 있구나."
>
> _ 보에티우스, 『철학의 위안』 제2권

제2권에서 여인(철학)은 보에티우스가 행복이라고 믿는 과거에 대한 집착을 버리지 못하고 있다고 질책한다. 그리고 참된 행복은 물질이 아니라 자신을 다스리는 데 있다고 강조한다.

> "행복은 모든 선하고 좋은 것들을 자신 안에 다 모아서 가지고 있는 완벽한 상태이다."
>
> _ 보에티우스, 『철학의 위안』 제3권

제3권에서는 '참된 행복이 무엇이고, 그것을 어디에서 발견할 수 있는지' 논한다. 보에티우스는 기독교인답게 참된 행복은 완전한 선에 있고 최고선은 바로 신이라고 주장한다. 완전한 선을 얻었을 때 인간들도 신적인 존재가 될 수 있고, 단편적이고 결함 있는 선들이 하나로 통합되어 단일성을 이룰 때 참된 행복이 존재할 수 있다고 말한다.

제4권에서는 '인간 사회는 과연 정의로 다스려지고 있는지' 논한다. 신이 참된 선이라면 이 세계가 종종 비이성적으로 다스려지고, 악인들이 성공하고, 많은 일이 우연으로 결정되는 것처럼 보이는 것은 신의 지혜로운 통치와 맞지 않는 것이다. 여인(철학)은 신적인 지성인 섭리로 다스려지는 세계의 운명에 대해 인간은 완전히 이해할 수 없다고 말한다.

> "신의 예지는 미리 앞서 보는 게 아니라 가장 높은 곳에서 모든 것들을 까마득하게 멀리 있는 것들까지도 하나도 놓치지 않고 한눈에 다 보는 것이라고 해야 한다."
>
> _ 보에티우스, 『철학의 위안』 제5권

제5권에서는 '인간의 자유의지와 신의 섭리가 어떻게 조화될 수 있는지' 논한다. 신이 미래의 일을 모두 알고 있다면 우리에게 자유의지가 있다고 말할 수 있는가? 내가 내일 아침에 산책을 할지 늦잠을 잘지 신이 이미 알고 있다면 나에게는 자유의지가 없는 것이 아닐까?

신의 예지와 인간의 자유의지가 모순처럼 보이는 이유는 인간이 신의 지식에 대해 잘 알지 못하기 때문이다. 신은 미래의 모든 일을 현재로 인식하는데, 그렇다고 그 사건들이 모두 필연적으로 일어나지는 않는다. 어떤 일들은 필연적으로 일어나고 어떤 일들은 그렇지 않다.

신은 시간의 흐름에서 벗어나 있다. 우리는 현재 일어나는 어떤 사건을 보면서 그것이 필연적이라고 우기지는 않는다. 그러면서 신이 미래를 마치 현재에 일어나는 사건처럼 한 번 보았다고 해서 그것이 필연적으로 일어나야 한다고 주장할 수는 없다. 인간의 미래에 대해 신이 알고 있다는 사실이 현재와 마찬가지로 우리의 자유를 제한하지는 않는다는 것이다.

'신은 시간을 초월해 존재하기에 인간의 이해를 넘어선다'라는 보에티우스의 주장은 이제 스콜라 철학을 집대성한 토마스 아퀴나스가 받아들인다.

28 | 기독교 신학의 기초

철학

— 토마스 아퀴나스

13세기 신학자 토마스 아퀴나스는 중부 이탈리아의 나폴리 근교 지역 로카세카에서 지방 영주의 아들로 태어났다. 그는 나폴리 대학에서 공부한 뒤에 엄격한 수련과 신앙의 학문적 인식을 강조하는 도미니코 수도회에 들어가 수련했다. 당시 가족들은 토마스 아퀴나스가 몬테카시노 수도원장으로 성장하기를 바랐다. 화려한 수도원장의 자리 대신 청빈한 수도사의 길을 택하려는 그를 설득하기 위해 무려 1년간 그를 감금하기도 했지만 끝내 뜻을 꺾지는 못했다. 토마스 아퀴나스는 이후 쾰른에서 아리스토텔레스 학파 신학자 알베르투스 마그누스에 지도받고 파리에서 신학 교수가 되어 이탈리아 곳곳에서 강의하고 파리에서 교수로 재임했다.

토마스 아퀴나스는 아리스토텔레스의 철학과 기독교 교리를 종합해 스콜라 철학*을 집대성한 최고의 신학자로 평가받는다. 토

---

* 8세기부터 17세기까지 중세 유럽에서 이루어진 신학 중심의 철학. 신앙과 이성의 합리적 조화를 추구하였으며 체계적이고 구조화된 접근 방식을 취했다.

마스 아퀴나스 신학의 특징은 이성적인 아리스토텔레스의 철학을 최대한 수용하면서 기독교 교리에 맞게 잘 체계화했다는 점이다. 즉, 그는 철학과 종교를 들뜸 없이 통합했다. 그는 인간의 이성과 기독교 교리의 근원이 결국 신이기 때문에 둘 사이에 모순이 있을 수 없다고 생각했다.

그러나 '철학과 신학의 통합'이라는 그의 작업이 완벽한 것은 아니었다. 토마스 아퀴나스 사후 그의 철학의 오류와 모순에 대한 비판도 만만치 않았다. 겐트의 헨리는 토마스 아퀴나스가 그리스 철학에 대한 충분한 고려 없이 그리스 철학을 기독교에 적용했다고 지적했고, 신이 늘 존재해 온 우주를 창조했다는 아퀴나스의 관점을 비판했다. 또한 스코틀랜드의 스콜라 철학자 던스 스코터스는 아퀴나스가 영혼에 대한 아리스토텔레스의 관점을 잘못 이해했다고 비판하기도 했다.

그러나 로마 교회는 아퀴나스의 손을 들어주었다. 1323년 토마스 아퀴나스를 성자로 시성했고 1325년 교황청이 아퀴나스의 정통성을 재확인했다. 1567년에는 교회가 그를 정통 철학자로 인정했다. 이쯤에서 토마스 아퀴나스의 몇 가지 중요한 사상을 살펴보자.

"신은 늘 존재해 온 우주를 창조했다"

우주는 언제 생겼을까? 오늘날 물리학에서 주장하는 것처럼 '빅뱅(big bang)'이라는 사건으로 하나의 시작점에서 생겨났을까? 그렇지 않다면 늘 존재해 왔을까? 성서에 따르면 우주는 어느 한 시점에 창조된 것으로 해석하는 것이 맞다. 그러나 토마스 아퀴나스는 아리스토텔레스의 관점을 받아들여 색다른 주장을 폈다. 아리스토텔레스는 우주가 늘 존재해 왔고 계속해서 변화하고 움직인다고 주장했는데, 토마스 아퀴나스는 이를 성서의 관점과 종합하여 '세상은 하나의 시작점에서 생겨났지만 신은 세상을 마치 영원히 존재한 것처럼 창조했다'라고 주장했다. 이는 그가 보에티우스의 '시간을 초월해 존재하는 신' 개념을 받아들인 영향도 있다고 할 수 있다.

"신의 존재는 이성을 통해 증명할 수 있다"

토마스 아퀴나스는 신의 존재 증명을 위해 아리스토텔레스의 '부동의 원동자 논증'을 빌려왔다. 세상에는 (무엇인가에 의해) 움직여지는 사물이 존재하고, 스스로 움직이면서 동시에 움직여지는 사물이 존재한다. 이렇듯 사물은 어떤 것에 의해 움직여지는데, 그 근원을 계속 따라가다 보면 어느 지점에서 자신은 움직이지 않으면서 다른 사물을 움직이게 하는 존재를 만날 수 있다. 이를테면 도미노가 차례대로 쓰러질 때, 최초로 첫 번째 도미노 조각을 밀어 넘어뜨리는 힘이 바로 그것이다. 이 '부동(不動)의 원동자(原動者)'가 바로 신이다. 아퀴나스는 추가로 몇 가지 논증을 통해 신의 존재를 증명했다.

첫째, 모든 필연성의 궁극적 기원은 존재할 수밖에 없으므로 신의 존재는 필연적이다.

둘째, 세상에는 완전한 것들이 존재하고 이 완전한 것들은 '완벽하게 완전한 그 무언가'에 근거할 수밖에 없는데, '완벽하게 완전한 그 무언가'가 바로 신이다.

셋째, 생물만이 내부에서 발생하는 목적을 가질 수 있는데, 무생물이 어떤 목적에 이바지한다는 사실이 신이 존재한다는 근거다.

"인간의 영혼은 육체의 형상이다"

토마스 아퀴나스는 영혼에 대한 아리스토텔레스의 생각을 수용한다. 아리스토텔레스는 영혼(형상)이 육체(질료) 없이 존재할 수 없고, 영혼과 육체는 밀접하게 연결되어 있다고 주장했다. 마치 조각가가 조각상을 만들듯이 영혼은 육체에 형태를 부여한다. 영혼은 육체의 어느 부분에나 존재하며 불멸한다. 지성은 인간 영혼의 일부이며 지성이 부족한 동물의 영혼은 불멸하지 않는다.

1879년 교황 레오 13세는 기독교 교육에서 토마스 아퀴나스의 철학인 '토마스주의'의 부활을 장려하는 교황 회칙 '영원하신 아버지(Aeterni Patris)'를 발표했다. 그의 대표작 『신학대전』은 기독교 신학의 기초가 되었고 오늘날에도 토마스 아퀴나스는 교회에서 가장 영향력 있는 신학자이자 철학자 중 한 사람으로 여겨지고 있다.

29

문학

중세의 명예와 충성
– 『니벨룽겐의 노래』

　철학에까지 신의 입김이 가까이 닿던 중세 시대. 문학계에서도 중세만의 독특한 기조가 자라나고 있었다. 그중에서도 가장 유명한 『니벨룽겐의 노래』는 중세 독일의 영웅 서사시로 『롤랑의 노래』, 『베어울프』와 함께 중세 기사도 문학의 대표 작품이다. 훈족의 아틸라, 부르군트족의 군터왕 등 역사상 실존 인물이 등장하고 역사적인 사실을 배경으로 하여 흥미를 더한다. 게르만 민족의 지크프리트 영웅 설화와 북유럽 신화도 녹아들어 있다. 더불어 독일 민족의 민족성과 충성심, 명예, 신의와 같은 기사도 정신이 잘 드러나 있어 중세 기사 문학 가운데 최고 걸작으로 손꼽힌다. 공간적 배경은 오늘날 헝가리, 오스트리아 지역, 도나우강 동남부 지역이다.

　서사시는 두 개의 부로 구성되어 있다. 1부는 영웅 지크프리트의 죽음, 2부는 지크프리트의 부인 크림힐트의 복수 이야기다. 주요 내용을 한번 살펴보자.

보름스의 부르군트족 왕 군터에게는 크림힐트라는 여동생이 있다. 이웃 나라*의 왕자 지크프리트가 크림힐트에게 구혼하러 찾아오는데, 그는 용을 죽이고 그 피로 목욕한 뒤로 엄청난 힘을 소유하게 되었다는 전설적인 기사다. 하필 지크프리트가 찾아왔을 때 덴마크, 작센 동맹국이 보름스에 쳐들어온다. 지크프리트는 군터왕을 도와 침략자들을 물리치지만, 이것만으로 크림힐트와의 결혼이 성사되지는 않는다. 군터왕은 이슬란트의 여왕 브륀힐트와 결혼하고 싶었고, 이 결혼이 성사되게끔 자신을 돕는다면 지크프리트와 여동생의 혼인을 허락하기로 한다. 문제는 브륀힐트가 지크프리트 못지않은 여장부라는 사실이었다. 브륀힐트는 장차 남편이 될 사람에게 여러 가지 경기를 제안했고 그 경기에서 지면 목숨을 빼앗겠다는 조건까지 내걸었다. 지크프리트는 군터왕의 신하인 척하면서 마법 외투를 이용해 속임수를 써 그가 모든 경기에서 이기게끔 돕는다.

이렇게 지크프리트는 크림힐트와, 군터는 브륀힐트와 결혼한다. 평온한 나날을 보내던 그들에게 황당한 사건이 벌어진다. 크림힐트와 브륀힐트가 서로 자기 남편의 서열이 더 높다며 말다툼을 벌이게 된 것이다. 브륀힐트는 분명히 지크프리트가 자기 남편

---

* 크산텐, 혹은 네덜란드로 전해진다.

의 신하 노릇을 하는 것을 봤기 때문에 자기 남편이 더 높은 지위라고 주장했고, 크림힐트는 지크프리트가 도와서 군터와 브륀힐트가 맺어졌다는 사실을 폭로하며 브륀힐트를 모욕한다.

군터의 충직한 신하 하겐은 왕비가 모욕당한 것에 분노해 복수를 위해 크림힐트를 속여 지크프리트의 급소를 알아낸다. 그리고 달리기 시합을 하던 중 강가에서 물을 마시던 지크프리트를 급습해 창으로 찔러 죽인다. 그는 지크프리트의 재산을 몰래 빼돌리기까지 한다.

크림힐트는 사건의 전말을 알고 분노하지만, 차분히 때를 기다린다. 이윽고 그녀는 훈족의 왕 아틸라와 결혼하여 복수를 준비한다. 아틸라와의 사이에서 아들을 낳자, 크림힐트는 축하 파티를 빙자해 자기 오라버니인 군터와 원수 하겐을 초대한다. 그러나 하겐은 불길한 낌새를 느끼고 부르군트족을 무장시킨다. 아니나 다를까. 연회 도중에 크림힐트의 사주를 받은 훈족이 부르군트족을 도발하고, 큰 싸움이 일어난다. 이 싸움은 하겐이 크림힐트의 아들을 죽이면서 걷잡을 수 없이 커지고 파티는 곧 피바다가 된다. 이 싸움으로 군터왕, 하겐, 크림힐트가 모두 죽고 이야기는 비극으로 마무리된다.

『니벨룽의 노래』는 기사도, 명예, 복수, 충성심과 같은 중세 유럽인들의 가치를 잘 보여주는 작품이다. 지크프리트가 처음 보름스에 구혼하러 왔을 때를 떠올려 보자. 군터왕은 이웃 나라의 침략을 걱정하고 있었고, 지크프리트는 고난을 함께 나누자며 기꺼이 함께 싸운다. 지크프리트는 기사로서의 명예와 장차 결혼하게 될 아내의 명예를 지키기 위해 헌신한다. 기사도의 핵심 덕목으로 약자를 지키는 것, 적 앞에서 용기를 내고 후퇴하지 않는 것, 정의와 선의 수호자가 되는 것 등이 있으니, 이와 어울리는 행보라 할 수 있겠다.

하겐이 벌인 행위는 조금 복잡하다. 그는 자신의 주군인 군터왕의 아내이자 왕비인 브륀힐트가 모욕당했다는 이유 하나만으로 지크프리트를 죽인다. 지크프리트는 군터와 같은 편이 되어 전쟁에 참전했고 하겐은 지크프리트에게 충성을 맹세했음에도 불구하고 그를 배신한 것이다. 하겐의 충성심은 원래 자기의 군주였던 군터와 왕비 브륀힐트만을 향해 있었다. 하겐이 지크프리트를 배신한 이 사건은 결국 부르군트 왕국의 몰락으로 이어진다.

크림힐트는 어떨까. 그녀는 지크프리트를 죽인 범인이 하겐이라는 것을 알고 복수를 다짐한다. 명예를 지키겠다는 그녀의 다짐은 곧 피를 부르는 복수로 드러난다. 크림힐트가 찾은 방법은 배신자에게 잔인한 복수를 하는 것뿐이었다. 설령 그것이 자신의 왕국이 멸망하는 길일지라도 말이다.

『니벨룽겐의 노래』는 독일의 작곡가 빌헬름 리하르트 바그너가 작곡한 네 개 악장의 오페라로 걸작 중 걸작이라 불리는 「니벨룽겐의 반지」의 모티브이기도 하다. 그리고 이 곡은 다시 영화 「반지의 제왕」의 모티브가 되었다고 전해진다. 게르만의 다양한 신화와 설화가 구전되며 완성된 하나의 이야기가 음악과 영화, 걸출한 창작물들을 연이어 재생산해 내는 영감의 원천이 된 것이다. 지금까지도 하룻밤에 읽히는 재미있는 고전이라 불리는 『니벨룽의 노래』. 무려 1000년이 넘는 세월 동안 잊히지 않고 사랑받는 비결은 중세의 기사도 정신을 극적으로 표현해 현대인들에게도 공감을 일으켰기 때문이 아닐까 싶다.

30

문학

영원한 인류의 대서사시

– 단테의 『신곡』

　중세 기사도 문학의 3대 대표작이 『니벨룽의 노래』를 비롯해 『롤랑의 노래』, 『베어울프』라면 단테는 『일리아스』, 『오디세이아』를 쓴 호메로스, 『아이네이스』를 쓴 베르길리우스와 함께 3대 서사시 작가로 추앙받는 이탈리아의 시인이다. 단테는 중세에서 근대로 넘어가는 시기에 초기 르네상스의 문을 연 인물이기도 하다. 그는 대표작인 『신곡』에서 풍부한 인문학적 지식과 깨달음을 바탕으로 모든 인간은 영혼의 정화를 통해 천국으로 갈 수 있다는 희망적인 메시지를 전했다. 『신곡』은 죄와 벌, 구원에 대한 고찰을 통해 기독교 문명을 집대성한 대서사시로 평가받으며 현대에까지 지대한 영향력을 내뿜고 있다.

　『신곡』은 지옥 편, 연옥 편, 천국 편 총 세 개의 테마로 구성되어 있는데, 지옥과 연옥에서는 주인공 단테를 이끌어 주는 길잡이로 베르길리우스가 등장하고 천국에서는 베아트리체가 등장한다. 천국의 베아트리체가 완벽한 신성이자 빛, 이상향이라면 지옥과 연옥의 베르길리우스는 아주 현실적인 길잡이라는 점이 특징적이다.

단테가 나태해지거나 두려움에 빠질 때면 부드럽게 타이르거나 강하게 독려하는 스승의 모습을 보이는 베르길리우스는 단테가 존경했던 서사시인이자 앞서 설명했던 3대 서사시 작가 중 한 명이다. 단테는 왜 그를 지옥과 연옥의 길잡이로 설정했을까?

베르길리우스가 트로이 전쟁에서 패배한 트로이 왕족 아이네이아스가 동족을 이끌고 로마를 건국하는 이야기인 『아이네이스』를 쓴 장본인이라는 데 힌트가 있다. 단테는 이탈리아 피렌체 출신으로 젊은 나이에 피렌체 최고 권력자가 되지만, 정적에 의해 추방당해 죽을 때까지 고향으로 돌아가지 못하고 망명 생활을 이어가야만 했던 비극적인 운명의 주인공이기도 하다. 인생의 절반쯤 다다랐을 때 조국으로부터 추방당한 단테가 경험한 충격은 마치 조국의 멸망을 경험한 트로이인과도 같았을 것이다. 새로운 희망이 필요했던 시기, 단테가 절망 속에서 희망을 노래한 베르길리우스를 자신의 길잡이로 선택한 것은 우연이 아닐 것이다.

그리고 또 한 명의 길잡이 베아트리체는 단테가 마음속 깊이 흠모한 여인이었다. 단테가 베아트리체를 만난 것은 아홉 살 때였다. 피렌체의 한 귀족 집안 축제에 갔다가 베아트리체를 보게 된 단테는 천사를 만난 것처럼 큰 충격을 받았다. 그 뒤 열여덟 살에 베아트리체를 다시 만나게 되는데, 그마저도 다리 위에서 서로 잠깐 인사를 나눈 정도였다. 베아트리체의 짧은 인사는 단테에게 빛이자 구원이었을 것이다. 단테는 베아트리체를 '나보다 뛰어난 하나의 신'이라고 칭송했다. 그러나 베아트리체와 단테의 사랑이 현실에서 이루어지지는 못했다. 그들은 각기 다른 사람과 결혼했다. 그리고 안타깝게도 베아트리체는 단테가 스물다섯 살이던 해 젊은 나이로 세상을 떠났다. 단테의 삶은 그야말로 기구했다.

근대 조각의 창시자 오귀스트 로댕의 가장 유명한 작품 「생각하는 사람」도 단테의 『신곡』에 영감을 받아 만들어진 작품이다. 로댕의 대형 작품 「지옥의 문」 안에 벌거벗은 한 남자가 깊은 생각에 빠져 있다. 바로 「생각하는 사람」이다. 지옥문에는 '모든 희망을 버려라'라는 경고가 적혀 있는데, 각자 지은 죄에 따라 영원히 끝나지 않을 벌을 받는 사람들로 가득하다. 그들이 벌 받는 모습이 너무나도 생생하게 묘사되어 있다.

발로 딛고 일어나라. 갈 길은 아득하고 행로는 험난하다.

_ 단테, 『신곡』

그러나 단테는 『신곡』에서 천국과 지옥만을 그리지 않았다. 그가 그린 또 하나의 내세관인 연옥에는 지옥과 달리 희망이 존재한다. 그곳에서 죄인들은 죄를 씻어내고 천국으로 향할 수 있다. 『신곡』 속에서 단테 또한 이 연옥을 지나 베아트리체를 만나고 완전한 빛의 세계, 천국을 여행하면서 신의 사랑과 하나가 되는 경험을 묘사한다.

> 지존하신 환상 앞에 나는 힘을 잃었다. 그러나 내 열망과 의지는 같은 방향으로 움직이는 바퀴와 같이 해와 별들을 움직이는 사랑이 돌리고 있었다.
>
> _ 단테, 『신곡』

『신곡』의 시작은 로댕의 「생각하는 사람」처럼 어둡지만, 그 끝에는 아득한 빛과 사랑이 있다. 조국으로부터 버림받고 절절했던 사랑마저 잃어버린 단테의 삶처럼 우리네 인생에도 때때로 지옥의 문을 열고 들어갈 때처럼 아무런 희망이 없을 것만 같을 때가 찾아온다. 그러나 단테가 『신곡』에서 역설한 것처럼 언제나 희망은 있다. 죄를 씻어낼 연옥이 존재하듯 삶은 언제나 치유될 수 있는 가능성을 안고 있다.

단테는 행동만이 사람들을 비참함에서 행복으로 이끌 수 있다고 주장하며 자신의 작품 『신곡』을 '코메디아(Commedia)'라고 불렀다고 한다. 『신곡』을 행복한 결말을 맞이하는 희극으로 여긴 것이다. 이에 이탈리아의 소설가 조반니 보카치오가 '신적인(Divina)'이라는 형용사를 붙였고, 이후 우리나라에는 일본 작가 모리 오가이가 번역한 『신곡(La Divina Commedia)』이라는 제목으로 이 작품이 소개되었다. 이렇게 보니 단테가 기획한 『신곡』은 정말이지 처음부터 끝까지 희망만을 이야기하는 대서사시가 아니었을까 싶다. 그리고 이 시기, 인류의 역사도 드디어 『신곡』의 희망적인 메시지처럼 암흑과 같던 중세의 그림자에서 벗어나 이성과 자유로 상징되는 새로운 시대를 열어내려 하고 있었다.

3장

이성과 자유, 혁명의 시대

세상을 다르게 바라보는 개인의 등장

4대 문명 페르시아제국 페르시아 전쟁 로마 제국 에피쿠로스 소크라테스 플라톤 아리스토텔레스 서로마제국 스토아 철학 공자 맹자 장자 달가비씨 천자시 오디세이아 그리스 신화 사기 삼국지 프랑크왕국 당나라 몽고 카노사의 굴욕 십자군 전쟁 몽골 제국과 칭기즈 칸 흑사병 동로마 제국의 멸망 니벨룽의 노래 신곡 토마스 아퀴나스 대항해 르네상스 종교개혁 산업혁명 미국의 독립 프랑스 혁명 마키아벨리 데카르트 스피노자 칸트 쇼펜하우어 햄릿 걸리버 여행기 젊은 베르테르의 슬픔 오만과 편견 아편전쟁 미국 남북전쟁 제2차 세계대전 냉전 마르크스 니체 비트겐슈타인 사르트르 데미안 노인과 바다 한나 아렌트 헤겔 변신 인간 실격 파우스트대왕

31 더 넓은 세상에 눈뜨다

역사

- 콜럼버스의 대항해

하나의 시대가 다음 시대로 넘어가기 위해서는 반드시 인식의 대전환 혹은 위대한 발견이 선행되어야 한다. 신대륙 발견은 그런 의미에서 둘 모두에 해당한다. 그래서일까. 미국 뉴욕 맨해튼의 중심부에는 '콜럼버스 서클(Columbus Circle)'이라는 광장이 있다. 광장의 중심부에는 크리스토퍼 콜럼버스의 동상을 포함한 약 23미터 높이의 기념비가 웅장하게 자리를 잡고 서 있는데, 이 광장은 유럽인 중 아메리카 대륙에 처음 도달한 콜럼버스를 기념하기 위해 만들어졌다.

콜럼버스는 이탈리아 제노바 출신의 항해가로 1492년 최초로 카리브해의 바하마의 섬에 상륙한 이래 총 네 번 아메리카를 탐험했다. 서구인들은 콜럼버스를 아메리카 대륙의 발견자로 기념하고 있지만 정작 그는 죽는 날까지 자신이 찾아온 곳을 인도나 아시아의 일부 지역이라고 굳게 믿었다. 위대한 개척자이자 잔인한 학살자. 현대에 들어 가장 극명하게 평가가 나뉘는 인물 중 하나인 콜럼버스의 대항해가 어떻게 시작되어, 어떻게 끝났는지 살펴보자.

1485년 콜럼버스는 포르투갈의 왕 주앙 2세에게 아시아로 가는 서쪽 항로를 개척하게 지원해 달라고 제안했다. 그러나 주앙 2세는 별 관심이 없었다. 당시 포르투갈은 이미 수십 년 동안 공들여 아프리카 항로를 개척했고 아프리카 서쪽 연안 탐사에 더 관심이 있었기 때문이다. 콜럼버스는 포기하지 않고 다음 해 에스파냐의 이사벨 1세와 페르난도 2세에게 후원을 제안했다. 콜럼버스의 제안 내용은 황당했다.

첫째, 항해 도중에 인도를 발견하면 그 땅은 후원자의 것으로 하되 총독으로 콜럼버스를 임명한다.
둘째, 총독 자리는 평생 보장해야 하며 총독은 인도에서 거두어들이는 수익의 10퍼센트를 갖는다.

콜럼버스의 항해 지원 결정은 6년이 다 되도록 늘어졌다. 이사벨 여왕의 신하들이 극렬히 반대했기 때문이다. 그도 그럴 것이, 서쪽으로 하염없이 항해해서 인도에 닿겠다는 콜럼버스의 계획은 당시로서는 말도 안 되는 것이었다. 당시에는 냉장 기술이 발달하지 않아 항해 도중 육지에 내려 물과 식량을 구하지 못하면 항해를 계속할 수 없었다. 콜럼버스는 인도까지의 거리를 너무 짧게 생각하고 있었다. 위험 부담도 컸다. 폭풍을 만나 난파하기라도 하면 투자한 비용과 애꿎은 사람들만 잃을 수도 있었다.

그러나 신항로 개척에 있어 포르투갈을 이겨야만 한다는 경쟁심리가 이사벨 여왕을 움직였다. 포르투갈은 1488년에 바르톨로메우 디아스가 아프리카 희망봉을 발견하면서 아프리카를 돌아 인도로 직접 향하는 항로를 개척할 가능성을 열었다.* 만약 포르투갈이 인도와 직접 교역한다면 베네치아나 이슬람의 상인을 거치지 않고 인도산 후추와 동남아시아의 향신료를 직접 구할 수 있을 것이었다. 당시 유럽에서 후추를 비롯한 향신료는 매우 비싼 값**에 거래되었는데, 이는 중간 상인들이 이윤을 많이 붙였기 때문이었다. 포르투갈이 인도와 직접 교역하기 전에 에스파냐도 움직여야만 했다.

1492년 8월 3일, 마침내 콜럼버스가 이끄는 배 세 척(산타마리아호, 핀타호, 니냐호)이 90명의 선원을 싣고 에스파냐의 팔로스항을 떠났다. 콜럼버스의 목표는 인도였지만 70여 일의 항해 끝에 도착

---

* 1498년 실제로 바스쿠 다가마가 아프리카를 돌아 인도로 가는 항로를 개척했다.
** 후추가 가장 높은 가격으로 거래될 때는 같은 무게 기준으로 후추가 금보다 3~4배 비쌀 정도였다. 중세 유럽인들은 고기의 누린내를 잡아주고 고기 맛을 좋게 해주었기 때문에 후추를 찾았다. 또한 후추를 건강을 지켜주는 약으로 여기기도 했다.

한 곳은 카리브해에 위치한 바하마의 한 섬이었다. 콜럼버스는 도착한 섬을 '산살바도르(San Salvador, 구세주)'라고 이름 짓고 쿠바섬, 히스파니올라섬 등 주변을 탐험했다. 자신이 찾은 땅이 인도라고 생각한 그는 원주민들을 '인디오(Indio)'라고 불렀다. 후추는 찾지 못했지만, 이듬해 3월에 원주민 일곱 명과 앵무새를 배에 싣고 귀국했다.

콜럼버스는 1차 항해에서 인도를 발견했다고 큰소리쳤고, 귀국한 지 6개월 뒤에 2차 항해(1493~1496년)를 떠났다. 이번에는 규모가 엄청났다. 17척의 함선에 1200명의 인원이 몸을 실었다. 그리고 콜럼버스 일행은 히스파니올라섬에 '이사벨라'라는 식민지를 건설했다. 이때부터 원주민에 대한 학대가 본격화되었다. 정복자들은 농경과 금 채굴에 원주민의 노동력을 강제로 동원하고 그들을 노예 취급했다.

이어진 3차 항해(1498~1500년)에서 콜럼버스는 남아메리카의 북부 지방을 탐험하였다. 이때 히스파니올라섬에서 반란이 일어나는 바람에 콜럼버스는 쇠사슬에 묶여 송환되었지만, 후에 풀려났다.

4차 항해(1502~1504년)에서 콜럼버스는 중앙아메리카의 온두라스와 파나마 연안을 탐험했지만, 폭풍을 만나 좌초되어 1년간 자메이카섬에 고립되기도 했다. 콜럼버스는 고생 끝에 귀국했지만 애초에 목표했던 금광과 향신료를 발견하지는 못한 채였다.

콜럼버스의 네 차례 항해가 계획했던 성과를 달성하지 못하자 에스파냐 왕실은 더 이상 콜럼버스를 지원하지 않았다. 설상가상으로 그간 콜럼버스를 지원해 준 이사벨 여왕마저 1504년에 서거했다. 콜럼버스는 왕실에 자신의 지위 향상을 요구하며 명예를 회복하기 위해 노력했지만 여의치 않았다. 마지막 항해에서 돌아오고 2년 뒤, 그는 에스파냐 바야돌리드에서 외롭게 사망했다.

"죽어서도 에스파냐의 땅을 밟지 않겠다."

콜럼버스는 에스파냐 왕실에 배신감을 느껴 죽어서도 에스파냐의 땅을 밟지 않겠다고 말했다고 전해진다. 그래서 세비야 대성당의 콜럼버스 무덤은 바닥에 붙어 있지 않고 공중에 뜬 형태로 만들어질 수밖에 없었다.

콜럼버스는 세속적인 신분 상승, 성공을 향한 욕망과 종교적 소명 의식* 등 복합적인 열망을 지니고 항해했지만, 의도와는 달리 그의 신항로 개척은 인류 역사에 다른 방향으로 많은 영향을 끼쳤다. 우선 유럽의 식생활을 180도 변화시켰다. 아메리카 대륙의 감자, 옥수수, 담배 등이 유럽으로 흘러들어 오면서 유럽인들의 일상이 바뀌었다. 특히 감자는 중요한 구황작물로 많은 이들의

---

  * 콜럼버스는 아시아에 있는 솔로몬의 금광을 찾은 후 십자군을 조직해 이슬람을 물리쳐야 한다고 생각했다.

생명을 구했다. 그리고 신항로 개척으로 유럽은 어마어마한 부를 축적했다. 유럽인들은 새로운 땅과 자원을 확보해 엄청난 부를 얻을 수 있었다. 특히 에스파냐는 아메리카 대륙을 식민지화해 강대국으로서 입지를 강화했다. 또한 금과 은의 유입으로 물가가 올라 부유한 상인이 출현하는 배경이 만들어지기도 했다.

기존 유럽 역사 무대의 중심은 지중해였다. 고대 그리스나 로마, 중세까지만 해도 주요한 권력 다툼은 지중해를 둘러싸고 일어났다. 그러나 신항로 개척 이후 이제 역사의 무대가 대서양으로 바뀌었다. 유럽인들은 지중해 중심의 좁은 우물에서 벗어나 자신들이 더 큰 세상의 일부라는 것을 깨달았고 비로소 세상을 바라보는 시각을 넓힐 수 있게 되었다.

32

역사

신에게서 인간으로

– 르네상스

    신대륙 발견에 힘입어 비로소 더 큰 세상에 눈을 뜨게 된 인류. 이 시기가 바로 '르네상스(Renaissance)'라 불리는 때다. '르네상스'는 '부활', '재생'을 의미하는 프랑스어로 중세의 신에게서 벗어나 인간의 개성과 자유를 중요하게 여긴 고대 그리스 로마 문화가 되살아났다는 의미다. 르네상스는 19세기 이래 쓰기 시작한 말로 중세 말에서 근세 초에 해당하는 과도기, 기간으로는 14세기에서 16세기를 가리킨다. 신에 의존하는 인간이 아닌 자유로운 인간성을 더 중요하게 여기는 시대가 드디어 막을 열었다.

    르네상스 시대가 열린 것은 교회의 권위가 추락했기 때문이었다. 예루살렘 회복이라는 명분으로 1095년부터 1291년까지 약 200년간 이어진 십자군 원정이 결국 실패했고 아비뇽 유수*와 흑

---

    * 신성 로마 제국의 황제와 교황의 힘겨루기가 황제의 승리로 끝나 교황의 권위가 추락한 사건이다. 1309년부터 1377년까지 로마의 교황청을 프랑스 남부의 아비뇽에 옮겨 이 시기에 일곱 명의 교황이 70년 가까이 아비뇽에서 지냈다.

사병으로 교황의 권위는 떨어졌으며 교회 중심의 세계관에 균열이 생겼다.

앞서 살펴봤듯 이 시기 유럽에서는 도시와 상업이 발달하면서 전통적인 귀족에 대항하는 신흥 세력이 나타났는데, 부유한 상인 계급이 주축을 이루었다. 그들은 자수성가했기 때문에 가문에 의존하는 기존 귀족과 달리 자기 자신에 대한 자부심이 높았다. 또한 기존의 낡은 사상과 인습에 의존하지 않고 독자적인 사상과 문화를 추구했으며 인간이 신앙보다는 이성과 의지로 살아야 한다는 생각을 가졌다.

그렇게 르네상스는 14세기 이탈리아 북부의 여러 도시를 중심으로 시작되어 유럽 전역으로 퍼져나갔다. 이탈리아 북부는 지중해 교역의 중심지로 부를 축적한 상업 도시가 많았다. 직물 제조업, 은행업, 무역 등으로 부를 축적한 상인들도 넘쳐났다. 그들 가운데는 왕이나 제후보다 부유한 사람도 있었다. 오늘날에도 이탈리아 경제의 중심지인 밀라노, 수상 도시 베네치아, 동방 무역의 중심지였던 제노바 등이 르네상스를 주도한 대표적인 도시들이다. 그중에서도 오늘날 도시 전체가 유네스코 문화유산으로 지정된 피렌체는 메디치 가문*이 예술을 적극적으로 후원하여 르네

---

* 메디치 가문은 모직물과 가죽 제품의 거래로 자본을 모아 금융업에서 크게 성공했다. 14세기 후반에는 교황의 전담 은행가로 지정되어 교회의 모든 자금을 관리할 정도로 성장한다.

상스의 정신을 표현한 예술가들이 활발하게 활동할 수 있었다.

특히 로렌초 데 메디치는 산드로 보티첼리, 레오나르도 다빈치, 미켈란젤로 등 르네상스를 대표하는 천재 예술가들을 후원했다. 이 시기에 교회도 르네상스의 흐름에 역행하지 않았다. 메디치 가문 출신 교황 클레멘스 7세 역시 예술가들을 적극적으로 후원했다.

르네상스 시대의 대표적인 작가와 예술가들을 나열해 보자면 정말이지 끝도 없다. 『신곡』을 쓴 단테부터 인류 역사상 최고의 천재 중 한 명으로 회화, 조각, 건축 등 다방면으로 활동하며 「최후의 만찬」, 「모나리자」와 같은 어마어마한 작품들을 남긴 레오나르도 다빈치, 『군주론』에서 군주가 권력을 얻고 국가를 제대로 지키기 위해 때로는 배신도 하고 잔인해져야 한다고 역설했으며 자신의 책이 악마의 책이라는 혹평을 받기도 했던 니콜로 마키아벨리, 르네상스 시대 조각의 최고 걸작 「다비드」와 「피에타」를 조각했으며 시스티나 예배당의 천장화 「천지 창조」, 벽화 「최후의 심판」 등을 남긴 미켈란젤로, 프랑스의 철학자이자 사상가로 인생에 대한 고찰을 바탕으로 『수상록』을 펴내고 죽음 이후의 행복이 아니라 현재의 삶을 적극적으로 영위할 것을 주장한 미셸 드 몽테뉴…. 그야말로 르네상스가 없었다면 지금의 문화 예술도 없었을 만하다는 생각이 절로 드는 걸출한 이름들이다.

    그리고 1453년 동로마 제국의 붕괴로 고대 그리스 로마의 학문과 문화를 잘 보존해 왔던 동로마 제국의 많은 학자와 예술가들이 오스만 제국의 지배를 피해 이탈리아 상인들을 따라 이탈리아로 이주해 오면서 르네상스는 더욱 가속화되었다. 이탈리아 도시의 상인들은 학자들의 연구를 후원했고 그들의 수업을 듣기도 했다. 교양 있는 상인 계층은 그리스 로마 고전을 수집했다. 그리스와 로마는 노예를 기반으로 했다는 한계는 있었지만, 시민권이 발달한 사회였다.

    르네상스 시기에 예술은 인간적이고 자연스러운 것을 표현했다. 중세 화가들은 신의 관점에서 모든 사물의 크기를 같게 그렸지만, 르네상스 시기에는 원근법이 널리 쓰였다. 멀리 있는 것은 작게, 가까이 있는 것은 크게, 인간의 눈에 보이는 그대로 그림을 그리기 시작한 것이다.

    라틴어로 쓴 성경의 절대적인 권위도 무너졌다. 단테가 『신곡』을 이탈리아어로 쓰는 등 작가들은 라틴어가 아닌 각자의 언어로 글을 쓰기 시작했다. 인간은 이제 신에 예속된 존재가 아니라 자신의 능력을 자유롭게 펼칠 줄 아는 특별한 존재였다. 그렇다고 이 시대에 인간이 신에게서 고개를 영 돌린 것은 아니었다. 다만 존엄한 인간의 개성을 표현하는 것이 신의 뜻이라 생각한 것이었다.

1494년 이탈리아 전쟁*이 발발하면서 이탈리아 르네상스는 위기를 맞이하기도 했다. 전쟁 중 신성 로마 제국군이 로마를 약탈하는 등 전쟁은 혼란 그 자체였고 이탈리아의 르네상스는 내리막길을 걷게 되는 것처럼 보였다. 그러나 이탈리아 전쟁 전후로 플랑드르 지역**을 중심으로 북유럽에서도 르네상스가 시작되었고 이런 분위기는 곧 종교개혁으로 이어진다.

---

* 나폴리와 밀라노의 계승권 갈등으로 프랑스가 이탈리아를 침공하면서 시작되었지만, 이탈리아 도시 국가 대부분과 교황령, 에스파냐, 신성 로마 제국, 잉글랜드 등이 개입하면서 유럽 각국의 이익을 위한 난전이 되었다. 프랑스의 패배로 끝났지만, 합스부르크가가 이탈리아 북부를 지배하게 되면서 르네상스의 기운이 꺾이게 되었다.
** 프랑스 북부, 벨기에, 네덜란드 일대.

33 이단과 화형의 시대

역사

– 종교개혁

"만약 교황과 성직자가 다음 네 가지에 해당하는 모습을 보인다면 교황에 대항하라.

첫째, 교황이 율법과 복음을 아는 경건한 자들을 무시하고, 인간적인 전통에만 눈 돌리는 것.

둘째, 교황과 성직자가 경건한 삶에서 벗어나 세상의 일에 얽매이는 것.

셋째, 교황이 그리스도를 섬기는 일에 장사꾼들을 내세우고, 세속적인 삶에만 욕심부리는 것.

넷째, 교황이 구원이 필요한 영혼에 하느님의 말씀을 빼앗는 것."

_ 얀 후스

르네상스 시기, 성직자들의 부패는 날이 갈수록 심해졌다. 성직자들 간에 권력 싸움이 늘어나며 종교 본연의 의무를 저버린 것이다. 성직자들은 신자들에게 거둔 헌금이나 성직을 매매하여 얻은 돈 그리고 면죄부를 판 돈으로 계속해서 부를 축적했고, 심지어는 결혼해 낳은 자식에게 자신이 쌓은 부를 물려주기도 했다.* 이런 교회의 부패는 종교개혁의 불씨를 지필 수밖에 없었다.

끝을 모르는 교회의 타락에, 우리에게 잘 알려진 종교개혁의 대표주자 마르틴 루터 이전부터 많은 선구자의 순교가 있었다. 보헤미아의 신학자 얀 후스는 교회의 부패를 신랄하게 비판했다. 그는 교회의 주된 수입원이었던 면죄부 판매를 비판하고 교황의 말보다 성경이 더 중요하다고 주장했다. 결국 교황에게 파문당한 뒤 화형장에서 생을 마감했다. 네덜란드 출신의 성직자 데시데리위스 에라스뮈스는 부패한 북유럽의 기독교를 비판하며 초기 기독교 정신으로 돌아가자고 주장했다. 그는 1511년 출간한 『우신예찬』에서 철학자, 신학자, 성직자의 위선을 비판했으며 이는 종교개혁 운동에 지대한 영향을 미쳤다.

드디어 1517년 신성 로마 제국의 신학자 마르틴 루터는 비텐베르크 교회 정문에 「95개조 반박문」을 붙인다. 루터는 이 반박문에서 교황은 교회법이나 스스로 내린 벌 외에는 용서할 권리가 없고 진심으로 자기 죄를 뉘우치고 회개하면 누구나 면죄부 없이도 벌받지 않는다고 주장하면서 면죄부 판매상과 교황을 비난했

---

* 1139년 제2차 라테란 공의회에서 성직자들의 결혼을 금지한 이후로 성직자는 원칙적으로 결혼을 할 수 없었다.

다. 그리고 당시 발달한 인쇄술* 덕분에 루터의 주장이 유럽 전역에 퍼져나갔다. 루터의 반박문과 주장을 해설한 책이 불티나게 팔린 것이다. 「95개조 반박문」 이후 루터는 열정적으로 글을 썼고, 군중들은 인쇄소 앞에서 루터의 저서가 제본되기를 기다렸다가 얼른 사 들고 집으로 돌아갔다. 책을 사지 못한 사람들은 책을 구한 이들에게 큰 소리로 읽어달라고 해 여기저기에서 낭독회가 열렸다. 그렇게 루터의 책은 1517년부터 4년간 무려 30만 부 가까이 팔렸다. 베스트셀러가 된 셈이었다.

1521년 보다 못한 교황은 루터를 이단으로 규정해 파문하고 그의 모든 책을 태우라고 명령했다. 그러나 교황의 지시는 이행되기 힘든 상황이었다. 교황의 간섭을 피하고 싶었던 신성 로마 제국의 제후들이 루터를 지지하고 나선 것이다. 이에 신성 로마 제국 황제 카를 5세는 루터에게 보름스 의회 심문에서 이단 혐의를 해명할 기회를 주었지만 결국 추방령을 내렸다.

카를 5세의 추방령으로 루터의 신변이 위험해지자 루터의 지지자였던 작센 제후 프리드리히는 복면의 자객들을 보내 루터를 납치하는 것처럼 꾸몄다. 루터를 보호하기 위해서였다. 이후 루터는 프리드리히의 보호 아래 성경을 독일어로 번역했다. 1534년

---

* 1440년대에 요하네스 구텐베르크가 금속 활자 인쇄기를 발명했다.

루터는 구약 성서까지 독일어로 번역했고 그의 노력으로 일반 신자들도 성직자를 통하지 않고 교리를 이해할 수 있게 되었다.

1546년 루터의 지지자들이 늘어나면서 카를 5세(구교)와 루터파 제후(신교)들* 사이에 전쟁이 일어난다. 이 전쟁은 1555년까지 무려 10년 가까이 이어졌고, 카를 5세는 아우크스부르크 평화 협정으로 루터파를 인정했다. 이후 신성 로마 제국의 제후들은 구교와 신교 중에서 신앙을 선택할 수 있게 되었다.

다른 나라들은 어땠을까. 스위스의 종교개혁은 울리히 츠빙글리가 이끌었다. 그는 로마 교회의 부패와 면죄부 판매를 비판하면서 성경 중심의 신앙을 주장했지만, 반대파와의 전쟁에서 안타깝게 목숨을 잃는다. 프랑스 출신의 종교개혁가 장 칼뱅도 빠질 수 없는 인물이다. 그는 스위스 제네바에서 활동하였으며 저서 『기독교 강요』에서 예정설을 주장했다. 그 내용은 신은 구원할 사람과 파멸할 사람을 예정했다는 것이다. 그렇기에 교회에 헌금하고 성직자의 말만 따른다고 구원을 받는 것이 아니라는 주장이다. 신을 믿고 성실하게 살면 되는 것이지 굳이 교회와 성직자를 따를 필요가 없는 것이다. 칼뱅은 각자의 직업은 모두 신성하다는 '직업 소

---

* 루터파 제후들은 '프로테스탄트(Protestant, 항의하는 자)'로 불렸고, 그들의 그리스도교는 기존 가톨릭인 구교와의 구분을 위해 '신교'라고 불렸다.

명설'도 주장했는데, 많은 상인의 지지를 얻었다.

　유럽의 다른 나라와는 다르게 영국의 종교개혁은 왕에 의해 이루어졌다. 헨리 8세는 결혼을 여섯 번이나 했는데, 왕비와의 이혼 문제로 교회와 대립했다. 헨리 8세는 첫 왕비였던 에스파냐의 공주 캐서린 하워드가 아들을 낳지 못한다는 이유로 시녀 앤 불린을 두 번째 왕비로 맞았다. 하지만 교황 클레멘스 7세의 허락을 얻지 못하자 1534년 스스로 영국 교회의 수장임을 선포하고 캐서린과 이혼해 버렸다. 이때부터 영국의 교회는 영국 국교회(성공회)로 불리게 되었다.

　이렇게 유럽 곳곳에서 잇달아 종교개혁이 일어나자 위기감을 느낀 교회는 1545년 트리엔트 공의회를 통해 변화를 꾀했다. 공의회에서는 면죄부 판매, 성직자의 결혼, 성직 매매를 금지했다. 그러나 신교를 이단으로 규정하고 종교개혁가들의 책을 금서로 정하기도 했다. 종교 갈등의 불씨는 여전히 사라지지 않았던 거다.

　이후 에스파냐에서는 종교 재판으로 신교를 탄압했다. 프랑스에서는 신교인 위그노와 구교 간에 내전*이 일어났다. 영국에서는 헨리 8세의 딸 메리 1세가 여왕이 되면서 아버지가 만든 영국 국교회를 핍박했다. 어머니를 따라 구교를 믿던 메리 1세는 영국 국

---

*　신교도였던 앙리 4세가 구교로 개종한 뒤 1598년 낭트 칙령을 발표해 종교의 자유가 인정되었다.

교회 주교를 화형에 처하는 등 잔혹한 탄압을 이어나가 '피의 메리'라고 불렸다. 유럽 전역에서 종교를 둘러싼 갈등은 이렇듯 끝날 듯 끝나지 않으며 애를 끓였다.

34

역사

인간의 삶에 파고든 기계

- 산업혁명

　종교개혁의 엄숙한 분위기를 전환해 이번에는 우리와 더 친숙한 이른바 '기계' 이야기를 해보려 한다. 그러려면 신사의 나라, 영국 이야기부터 시작해야 한다. 우리는 영국을 으레 '신사의 나라'라고 부르는데, 대체 '신사'란 뭘까? 지금에서야 '교양 있고 예의 바른 인사'를 칭하는 말이 되었지만 본래 신사를 뜻하는 영어 단어 'Gentleman'은 '젠트리(gentry)'라는 계급을 칭하는 단어에서 유래되었다. 젠트리는 귀족은 아니지만 자기 가문의 휘장을 사용할 수 있었던 계층으로 주로 대지주, 상인, 정치인, 기업가, 전문직 등을 아우르는 상류층이었다. 이들은 16세기 이후 20세기 초까지 영국의 지배적인 계급이었으며 의회를 주도하면서 상인들을 보호했다. 이들 덕에 영국은 산업혁명이 시작된 역사적 나라가 될 수 있었다.

　젠트리 계층에 의해 상업이 보호되는 분위기 속에서 18세기 영국은 섬나라라는 지리적 환경까지도 안전한 상업 활동에 도움이 되었다. 또한 제2차 인클로저(enclosure) 운동*으로 인해 다수의 농민이 도시로 유입되면서 도시의 노동력도 풍부해졌다. 거기에 운하와 같은 운송수단의 발달과 풍부한 석탄, 철광석 자원 등 18세기 영국은 다양한 산업이 발달할 만한 충분한 조건을 갖추고 있었다.

산업혁명의 시작은 의외로 소박했다. 산업혁명은 영국인들이 모직물보다 면직물을 많이 찾으면서 시작되었다. 면직물은 목화솜에서 뽑은 실로 만든 천으로 양털 등 동물의 털로 만든 모직물에 비해 가볍고 실용적인 데다가 가격도 저렴했다. 영국 상인들은 늘어나는 면직물의 수요를 감당하기 위해 인도에서 목화를 수입해 대량으로 실을 뽑고(방적), 천을 짜는(방직) 기술이 필요했다. 이런 필요는 기어코 위대한 발명을 이끌었다.

1733년 영국의 존 케이가 방직기를 발명한다. 그런데 문제가 있었다. 방직기가 천을 짜내는 속도만큼 실을 뽑아내는 속도가 따라와 주지 않았던 거다. 이로부터 무려 30년 후, 한 번에 여덟 가닥의 실을 뽑아내는 제니 방적기가 개발되었지만, 이 기계도 마찬가지로 사람의 노동력이 필요했다. 반복되던 문제는 리처드 아크라이트가 수력 방적기를 발명해 내면서 해결된다. 이제 사람의 힘

---

 * 18세기 농업 기술 발전으로 대지주들이 대규모로 농사를 지으면서 소작농들을 내쫓은 과정으로 대다수 농민이 도시의 임금 노동자로 흡수되는 결과로 이어졌다.

을 이용하지 않고도 같은 속도로 꾸준히 실을 생산해 낼 수 있게 된 것이다. 수력 방적기는 산업혁명의 중요한 촉매가 되긴 했지만, 여전히 속도가 빠르지 않다는 단점이 있었다. 결국 1779년 제니 방적기와 수력 방적기의 장점을 결합한 뮬 방적기가 개발되었다. 이후 이 뮬 방적기는 성능이 개선되면서 200~300명의 일을 대신할 수 있게 되었고 1789년 에드먼드 카트라이트가 증기 기관으로 천을 만들어내는 역직기를 발명하면서 기술 발전은 최고점을 찍는다. 영국의 면직물 생산량은 기하급수적으로 증가했고 1760년 25만 파운드였던 면직물 수출액이 1800년경에는 무려 20배나 증가했다.

면직물 산업이 발달하면서 철강 산업과 석탄 산업도 함께 발전했다. 방직기를 만들기 위해서는 철이 필요했고, 철을 만들기 위해서는 용광로에 쓰이는 석탄이 필요했기 때문이다. 그 결과 영국은 19세기 중반에 전 세계 철강의 절반을 생산할 만큼 철강 산업이 발달하게 된다.

석탄 산업은 어땠을까. 석탄을 캐기 위해 땅을 파다 보면 필연적으로 만날 수밖에 없는 것이 바로 지하수다. 이 지하수를 퍼내야 탄광을 개발할 수 있는데, 깊은 땅속의 지하수를 퍼내기 위해 필요한 장치가 바로 산업혁명을 가속화한 주인공, 증기 기관이었다. 스코틀랜드의 과학자 제임스 와트는 이전에 발명된 증기 기관을 효율적으로 개량했다. 이후 증기 기관은 광산뿐 아니라 면직물 공장, 증기 기관차 등 다양한 분야에 활용되었다.

증기 기관은 공장 건설의 지리적인 제약을 해소해 주었다. 이전에는 수력을 활용하기 위해 공장을 물이 흐르는 곳에 지어야만 했지만 증기 기관을 사용한 후로는 어디에든 지을 수 있게 된 것이다. 증기 기관 개량 이후 맨체스터, 버밍엄, 셰필드, 글래스고 같은 영국의 공업 도시들이 급성장하기 시작했다. 1807년에는 미국의 로버트 풀턴이 최초의 증기선을 발명했고 1838년에는 증기선으로 대서양 횡단까지 할 수 있게 되었다.

1830년 '철도의 아버지'라고 불리는 조지 스티븐슨은 공업 도시인 맨체스터와 항구 도시 리버풀을 왕래할 수 있는 철도와 증기 기관차를 만들었다. 이제 맨체스터에서 생산된 면직물을 증기 기관차로 실어 리버풀로 나르면 리버풀에서 면직물을 전 세계로 수출할 수 있게 된 것이다. 나폴레옹의 몰락 후 대륙 봉쇄령이 풀린 유럽은 영국의 거대 시장이 되었으며 면화를 수출하던 인도가 오히려 영국의 면직물을 역으로 수입하는 지경이었다.

영국에는 20년 사이에 무려 1만 1000킬로미터의 철도가 부설되었다. 철도는 운송 수단계의 혁명이었고 이는 운송비 절약, 상품 가격 인하, 소비 증가, 대량 생산, 산업 발전 순으로 이어졌다.

이런 영국의 철도 열풍은 곧 유럽과 미국으로도 확산했다. 철도 산업 발전은 필연적으로 철강과 기계 산업의 발전을 이끌었고 많은 자금이 필요한 산업의 특성상 금융업도 함께 발달하게 되었다.

이렇게 면직물, 철강, 석탄, 증기, 철도, 기계 등 다양한 산업 분야가 서로 시너지 효과를 내며 사회의 큰 변화를 이끈 사건이 바로 '산업혁명'이다. 영국에 이어 벨기에, 프랑스, 독일, 미국 등이 산업혁명에 동참했다. 벨기에는 19세기 초, 철강·석탄·직물 산업을 발전시켰고 뒤늦게 산업화를 시작한 프랑스는 고급 섬유 산업을 주도했다. 독일은 루르 지역을 중심으로 철강 산업을 발전시켜 최고의 철강 생산국이 되었고 염료·비료·의약품 등 화학 산업을 선도했다. 미국은 산업화 초기에 섬유와 철강을 중심으로 성장하다가 19세기 후반 대량 생산을 체계화하고 석유와 자동차 산업을 중심으로 발전했다.

인간 속에 파고든 기계는 우리의 삶에 지대한 영향을 미쳤다. 먼저, 산업혁명으로 기아 문제가 해소되면서 인구가 급증했다. 산업혁명이 본격화되기 전인 18세기 초 유럽 인구는 1억 명 수준이었지만 1800년경 2억 500만 정도로 늘어났고, 1900년 무렵에는 4억 1400만 명에 이르렀다. 산업혁명의 중심 도시 런던에는 19세기 100년 동안에만 인구가 다섯 배 늘어났다.

인구 증가에 따라 소비도 늘어났고 산업은 계속 성장할 수 있었다. 이에 공장을 운영하는 기업가들은 많은 부를 축적할 수 있었는데, 이들은 '부르주아지(bourgeoisie)'*라는 새로운 계급을 형성했다. 이어 부르지아지의 눈높이에 맞는 화려한 고급 물건을 취급하는 백화점이 등장했고 도시에는 활기가 넘쳤다.

계속되는 기술 발전은 사람들의 자부심을 한껏 끌어 올렸다. 1851년 영국에서 시작된 만국 박람회는 19세기에만 열두 차례 개최되었으며 전화기, 축음기, 자동차 등 신기술을 선보이는 축제의 장이 되었다. 온갖 발명품 속에서 유럽인들의 삶은 풍족해졌고 사람들은 인류가 이대로 계속 발전하기만 할 것이라고 여겼다. 19세기 중후반에서 1910년대까지 유럽은 이처럼 지독한 낙관주의에 빠졌고, 우리는 이 시대를 '아름다운 시대'라는 뜻의 프랑스어 '벨 에포크(Belle Époque)'라고 부른다. 그러나 정말 그들의 앞날은 반짝이기만 했을까. 그럴 리가. 19세기 초반부터 기계에 일자리를 빼앗긴 사람들이 기계를 파괴하는 러다이트(Luddite) 운동을 전개하며 상황은 급변한다. 자본가와 노동자의 갈등이 고조되었

---

* '성안에 사는 사람'이라는 뜻의 프랑스어. 중세 시대에 가난한 농민과 달리 부유한 상공업자와 전문직 종사자들은 성안에 살았다. 성안에 사는 부유한 계층처럼 산업혁명 시대의 기업가들은 많은 부를 누렸다.

으며 아무리 일해도 가난한 노동자들의 권리 보호를 위한 사회적
인 움직임 또한 각지에서 격렬하게 일어났다.

35 모든 사람은 평등하게 태어났다

역사

- 미국의 독립

    역사적인 대혁명이었던 산업혁명을 이끈 영국에도 흑역사는 존재한다. 바로 영국의 식민지였던 미국과의 독립 전쟁이다. 17세기 초부터 영국인들은 종교의 자유를 찾아서 혹은 경제적인 이익을 얻기 위해서 본격적으로 북아메리카로 건너갔다.* 척박한 환경과 식량 부족, 전염병, 배타적인 원주민들과의 전쟁으로 많은 이들이 목숨을 잃었지만 18세기 초에 이르러 13개 식민지**가 건설되었다. 13개의 식민지는 각기 독립 정부와 의회가 따로 있었고 법률도 달라 같은 나라로 보기 힘들었지만, 외부의 적이 생기면서 힘을 합쳐야만 했다. 그 외부의 적이 바로 본토 영국이었다.

---

    *   1606년부터 1624년까지 18년간 5600여 명의 영국인이 북미 대륙으로 건너갔는데, 생존한 인원은 1000여 명에 불과했다.

  ** 뉴햄프셔, 매사추세츠, 로드아일랜드, 코네티컷, 뉴욕, 뉴저지, 펜실베이니아, 델라웨어, 메릴랜드, 버지니아, 노스캐롤라이나, 사우스캐롤라이나, 조지아.

18세기 후반, 영국은 프랑스와 7년 전쟁*을 치르면서 재정이 악화되었다. 영국은 재정 문제를 해결하기 위해 식민지에서 세금을 더 거두려 했고 1764년에 북아메리카 식민지에 설탕세를 부과했다. 원래 세금 부과에 대해서는 식민지 대표와 협의해야 했지만, 일방적으로 통보한 것이다. 이어서 1765년 인지 조례까지 제정해 이를 실행했다. 인지 조례에 따르면 면허증, 신문, 인쇄물, 책자, 각종 계약서 등 모든 문서에는 인지를 붙여야 했다. 느닷없이 세금 폭탄이 떨어진 것이다. 인지세는 북미 전체에 일방적으로 적용되었고 식민지 의회의 의사는 완전히 무시되었다.

식민지 주민들은 영국 의회에 자신들의 대표가 참석하지 않았다며 일방적 과세에 반발했다. 우리에게도 익숙한 슬로건인 '대표 없는 곳에 과세 없다!'가 당시 그들의 주장이었다. 그들은 지식인들을 중심으로 '자유의 아들들'이라는 단체까지 조직해 저항했다. 13개 식민지 곳곳에서 데모와 폭동이 일어났다. 영국은 다음 해에 인지 조례를 철회할 수밖에 없었다.

그러던 1773년 영국 의회는 다시 한번 동인도 회사가 직접 북아메리카로 차를 싣고 갈 권리와 영국으로부터 가져온 차의 면세 수출 권한을 승인하는 홍차 조례를 제정했다. 이에 식민지의

---

* 1756~1763년에 슐레지엔 영유를 둘러싸고 오스트리아와 프로이센을 중심으로 벌어진 전쟁.

밀수꾼들을 중심으로 보스턴 차 사건이 일어났다. 매사추세츠 식민지 주민들이 영국 본토로부터의 차 수입을 막기 위해 영국 동인도 회사 선박을 습격해 차 상자들을 바다에 던져버린 일이었다. 보스턴 차 사건 이후 식민지 대표들은 대륙 회의를 열어 영국에 대항하기로 한다.

1775년 우려하던 일이 터졌다. 영국과 식민지의 민병대가 정면충돌한 것이다. 식민지인들은 이 해의 전투에서 본인들이 영국보다 우위에 있음을 확인했음에도 독립을 주저하고 있었다. 이유는 영국 민주제에 대한 존경심과 식민지가 독립했을 때 경제적인 자립에 대한 불확실성 때문이었다.

1776년 미국의 작가 토머스 페인은 저서『상식론』에서 '미국의 독립은 상식'이라고 주장했다. 그는 세습군주제와 귀족의 존재로 볼 때 영국은 민주적이 아니며 식민지가 독립하더라도 충분히 경제적으로 자립할 수 있다고 분석했다. 당시 미국 식민지 인구가 300만 명이었는데 이 책은 3개월 만에 10만 부, 이후 대략 50만 부가 팔려나갔다. 이제 미국 식민지인들의 반영 투쟁은 대영 제국의 자유로운 자치주가 되기 위함이 아니라 독립 투쟁으로 방향을 바꾸게 되었다.

1776년 7월 4일, 마침내 북아메리카의 13개 주 식민지 대표들이 필라델피아에서 열린 제2차 대륙 회의에서 독립선언문을 발표했다. 독립선언문은 당대 미국 식민지 최고 지식인들이 모여 작성했다. 그렇게 조지 워싱턴을 총사령관으로 하는 대륙군과 영국군 사이에 본격적인 독립 전쟁이 시작되었다. 영국은 3만 명이 넘는 군대를 아메리카로 보냈고 초기에 대륙군은 뉴욕을 빼앗기며 패배를 거듭했다. 잇따른 패배로 1776년 겨울에 워싱턴의 병사는 1400명만 남을 정도로 수세에 몰리기도 했다.

그러나 1777년 새러토가 전투에서 대륙군이 영국군을 상대로 대승을 거둔다. 이 전투에서 대륙군은 영국군 6000명 이상을 포로로 잡았다. 새러토가 전투에서 대륙군이 승리한 후 대륙 회의는 프랑스와 협정*을 맺고 연합작전을 시작했다. 적이 많았던 영국은 프랑스뿐 아니라 이후 에스파냐와 네덜란드까지 상대하게 되었다.

1781년 10월, 영국군은 요크타운 전투에서 패배하면서 마지막 남은 북아메리카 거점까지 잃었다. 실질적으로 전쟁은 대륙군의 승리로 마무리되었다. 1783년 파리 조약으로 북아메리카의 13개 식민지는 영국으로부터 완전히 독립한다.

당시 영국은 세계 최강의 군사력을 보유한 국가였다. 군사력

---

* 이때 프랑스와의 협정을 위해 대륙 회의 대표로 벤저민 프랭클린이 프랑스의 루이 16세를 만났다.

만 봤을 때는 미국이 이길 수 있는 상대가 아니었다. 그러나 대륙군은 지리적인 이점을 지니고 있었다. 영국군은 먼 거리를 이동해야 했고, 보급과 전쟁 비용 문제로 골머리를 앓아야 했다. 반면에 아메리카의 기후와 지리를 잘 알고 있던 대륙군은 소수의 군대로 게릴라전을 벌이며 영국군을 괴롭혔다. 전쟁이 길어지면 길어질수록 대륙군에게 유리한 상황이었다.

또한 1778년부터 프랑스가 참전하면서 영국은 수세에 몰릴 수밖에 없었다. 영국은 강한 해군력으로 해상을 봉쇄해 북아메리카 식민지를 고립시켜 고사시키려고 했지만, 프랑스의 개입으로 북아메리카 식민지들이 유럽과 무역을 재개하면서 계획은 수포로 돌아갔다.

물론 영국과의 전쟁에서 이기긴 했지만 13개의 주는 여전히 힘이 약했다. 전쟁으로 경제는 무너지고 세금을 거두는 것도 녹록지 않았다. 13개 주의 대표는 연합 국가인 아메리카 합중국을 만들고 헌법*을 제정했다. 이어 독재 권력이 출현하지 않도록 입법부, 행정부, 사법부로 권력을 나누고, 연방의회를 상원과 하원으로

---

* 헌법의 골자는 연방 정부가 개개인의 자유와 권리를 보호하고, 투표로 선출된 의회와 대통령이 각각 법을 제정하고 나라를 다스린다는 것이었다. 모든 국민이 주인이 되는 민주 공화국의 출발이었다.

구성했다.* 세계 최초의 민주 공화국이 탄생한 것이다. 1789년에는 대륙군을 지휘하고 연방의회 의장을 역임한 조지 워싱턴이 미국 초대 대통령에 취임한다.

모든 사람은 평등하게 태어났다.

_ 미국 독립선언문

---

* 상원은 대외적인 정책을 결정하고, 하원은 민생 관련 정책을 결정하는 역할을 주로 수행했다. 상원은 주마다 두 명의 의원을 뽑았고, 하원은 인구에 비례하여 선발했다.

36 자유, 자유를 향하여

- 프랑스 혁명

"빵이 없으면 케이크를 먹으면 되지 않는가."

프랑스 혁명 당시 루이 16세의 왕비 마리 앙투아네트가 했다고 전해지는 말이지만 거짓이다. 합스부르크 왕가 출신으로 어릴 때부터 다방면의 교육을 받아 교양이 풍부했던 마리 앙투아네트는 빵이 없다는 시민들에게 케이크를 먹으라고 말할 정도의 바보는 아니었다. 그러나 프랑스인들은 적국에서 온 왕비를 의심했고 국가를 배반했다는 혐의로 왕과 왕비를 단두대에서 처형했다.

미국 독립 전쟁에 프랑스가 개입하면서 미국은 독립을 얻어냈지만 정작 프랑스는 빚더미에 나앉게 되었다. 이는 1789년에 일어난 프랑스 혁명의 한 원인이기도 하다. 인류 역사상 가장 유명한 혁명으로 알려진 프랑스 혁명은 어떻게 일어나게 되었을까? 프랑스 혁명의 원인은 다음 네 가지로 정리할 수 있다.

첫째, 신분 질서의 모순 때문이다. 혁명 전 프랑스에는 세 개의 신분이 있었다. 제1신분인 성직자, 제2신분인 귀족, 제3신분인 평민(상인, 수공업자, 전문직, 농민)이다. 그러나 전체 인구의 2퍼센트에 불과한 성직자와 귀족은 세금을 면제받으며 특권을 누렸던 반면 98퍼센트였던 평민은 세금은 세금대로 부담하면서 정치에는 참여하지도 못했다.

그러나 앞에서도 언급했듯이 18세기 프랑스에서는 평민 중 경제적으로 성공한 부르주아가 등장한다. 이들은 경제력을 바탕으로 귀족과 같은 호사스러운 생활을 즐겼고 심지어 돈으로 관직을 사서 귀족이 되기도 했다. 특히 프랑스 각지에 설치한 고등법원의 관직은 신흥 귀족들의 온상이 되었다. 이들 부르주아를 중심으로 기존 신분 질서의 모순에 의문을 제기하는 사람들이 늘어나기 시작한 것이다.

둘째, 계몽사상의 영향도 컸다. 혁명 전 볼테르 등 지식인들의 계몽사상이 프랑스 전역에 전파되기 시작했다. 볼테르는 많은 글을 남겨 성직자와 귀족의 특권을 비판했다. 또한 프랑스의 정치사상가 몽테스키외가 주장한 삼권 분립은 왕의 독점적인 권력에 대항하는 근거가 되기도 했다.

셋째, 심각한 프랑스의 재정 문제가 가장 직접적인 원인이었다. 프랑스 국고는 절대군주의 전형이었던 태양왕 루이 14세 시절부터 텅텅 비었다. 그는 72년간 프랑스를 통치하면서 국력을 키우고 왕권을 강화했지만 베르사유 궁전 건립 등 사치스러운 궁전 생활과 잦은 전쟁으로 프랑스의 재정을 파탄 냈다. 루이 14세를 이은 루이 15세는 무능했고, 7년 전쟁에서 패배해 프랑스의 많은 영토를 잃고 재정난을 초래하기도 했다. 결정적으로 루이 16세가 미국 독립 전쟁에 끼어들면서 프랑스는 엄청난 빚더미에 나앉았다. 프랑스는 1년 세금으로 궁전과 군대를 유지하고 이자를 갚는 것도 힘겨운 지경이 되어버렸다.

마지막으로, 파리의 자유로운 분위기도 혁명 발발에 한몫했다. 프랑스 혁명 당시 파리에는 정치 투쟁에 실패하고 유럽 각지에서 망명한 사람들이 모여 있었고, 커피의 대중화로 커피하우스에서 대중의 여론이 형성되었다. 그렇게 사람들의 분노가 표출되기 시작했다.

게다가 프랑스 혁명 전에는 유달리 홍수와 가뭄 등 자연재해가 잇따라 일어났고, 1788년에는 대흉년이 들기까지 했다. 돈이 필요했던 루이 16세는 그간 세금을 면제받아 온 성직자와 귀족에게도 세금을 거두려고 했는데, 당연히 귀족들은 반발했고 국왕에게 삼부회* 소집을 요청했다. 귀족들이 바로 세금을 내는 데 동의하지 않고 한 단계를 더 거치게 한 것이었다.

---

* 모든 신분의 회의라는 의미로 왕이 각 신분의 대표들을 소집해 의견을 듣는 회의.

1789년 5월, 베르사유 궁전에서 신분별 대표 1200명이 모인 삼부회가 개최되었다. 세금을 내라는 왕의 요청에 귀족들은 표결을 요청했는데, 여기서 문제가 생겼다. 평민 대표였던 부르주아들이 삼부회의 표결 방식*에 동의하지 않은 것이다. 신분 간 의견 대립으로 삼부회는 무산되고 평민 대표들은 독자적으로 프랑스 국민을 대표하는 '국민 의회'를 구성했다. 일부 성직자와 귀족도 이 국민 의회에 가담했다. 루이 16세는 물리력을 동원해 국민 의회를 해산하려 했지만 이에 분노한 시민들은 결국 혁명을 일으켰다.

1789년 7월 14일 시민들은 무기고에서 무기와 화약을 꺼내 들고 바스티유 감옥을 습격했다. 바스티유 감옥은 프랑스의 절대 왕정을 비판하던 사람들을 가둬두던 곳이었다.** 바스티유 감옥의 습격은 탄약을 확보하기 위한 실질적인 이유도 있었지만 이제 시민들이 기존 왕정 체제를 부정한다는 상징적인 의미도 있었다. 이후 외국의 군대가 루이 16세를 도와 농민들을 몰살할 것이라는 뜬소문에 프랑스 전역에서 농민들이 들고일어나 영주들의 성과 관공서를 마구잡이로 공격하는 폭동이 일어났다.

＊   삼부회 표결은 신분별 한 표씩으로 결정하는 방식이었다. 성직자와 귀족은 당연히 1, 2신분에 대한 과세에 반대할 것이었기에 부르주아들은 참석한 대표 1인당 1표씩 행사할 것을 요구했다. 당시 삼부회 참석자 1200명 중 평민 대표가 600명으로 가장 많았고 성직자와 귀족은 300명씩이었다.
＊＊   계몽사상을 전파한 볼테르도 한때 바스티유 감옥에 갇혔었다.

국민 의회는 농민들의 불만을 잠재우기 위해 귀족과 성직자의 특권을 모두 없애는 봉건제 폐지를 선언했다. 이제 프랑스에서 신분이 사라진 것이다. 국민 의회는 이어 개인의 자유와 평등을 보장하는 내용을 골자로 하는 프랑스 인권 선언문을 발표했다.

루이 16세가 베르사유 궁전에서 다시 군대를 동원해 국민 의회를 해산시키려는 계획을 세우고 있다는 소식에 파리 시민들은 베르사유 궁전으로 쳐들어갔다. 그들은 왕을 마차에 태워 파리로 끌고 왔고 국민 의회는 프랑스의 재정을 정상화하기 위해 교회의 부동산을 몰수하고 그것을 담보로 지폐를 발행했다.

1791년 국외로 도피하려던 루이 16세가 바렌이라는 마을에서 시민들에게 붙잡혔다. 루이 16세는 이 사건으로 완전히 시민들의 신임을 잃게 되었고, 국민 의회는 프랑스를 입헌 군주국으로 만드는 새로운 헌법을 공포했다. 이때까지는 온건파가 혁명 세력의 핵심이었지만 시민들의 혁명이 번지는 것을 두려워했던 프로이센과 프랑스 사이에 전쟁이 일어나면서 급진파인 자코뱅이 혁명 세력의 주도권을 잡았다.

1793년 루이 16세가 머물던 튈르리 궁전 벽장에서 왕이 혁명을 방해하기 위해 귀족, 성직자들과 주고받은 편지가 발견되었다. 위태위태하던 루이 16세의 운명이 정해지는 순간이었다. 시민들은 국가를 배반한 죄로 루이 16세를 단두대에서 처형해 버렸다. 9개월 뒤 오스트리아 출신 왕비 마리 앙투아네트도 왕의 뒤를 따랐다.

시민들이 들고일어나 국왕의 목을 날려버린 이 사건은 전 유럽을 긴장시켰다. 시민혁명이 들불처럼 번지면 곤란했기 때문이다. 영국, 프로이센, 오스트리아, 러시아와의 프랑스 혁명 전쟁이 계속되었고 프랑스 내부에서도 혁명파와 반혁명파의 갈등이 고조되었다.

이 혼란 속에 급진파 자코뱅의 지도자 로베스피에르가 권력을 잡고 공포정치를 펼쳤다. 자코뱅은 전쟁을 수행하기 위해 징병제를 실시하고 반대파를 무차별로 처형했다. 로베스피에르의 공포정치 시기에 1년 동안 무려 1만 7000명이 단두대의 희생양이 되었다. 그러나 이런 식의 공포정치는 오래갈 수 없었다. 1794년 테르미도르* 반동으로 로베스피에르 또한 단두대에서 최후를 맞이한다. 프랑스의 혼란스러운 상황은 우리에게 너무나 친숙한 그 이름, 전쟁 영웅 나폴레옹의 쿠데타로 이어졌고 1804년 나폴레옹은 국민투표로 황제가 된다.

프랑스 혁명은 여전히 시민혁명의 전형으로 불린다. 전 국민

* 프랑스 혁명 당시 집권한 혁명정부가 세운 공화력의 11월을 뜻하는 말.

이 자유로운 개인으로서 자신을 확립하고 평등한 권리를 보장받기 위해 일어선 혁명이라는 점에서 그 정신과 가치는 200년이 흐른 지금까지 무게감을 지니고 있다. 특히나 프랑스 혁명의 슬로건이었던 '자유, 평등, 박애'는 여전히 프랑스의 공식 이념으로 확고히 자리 잡고 있다.

37 철학   "필요할 때는 주저 없이 사악해져라" – 마키아벨리

루이 16세가 경외의 대상이었던 태양왕 루이 14세처럼 강력한 왕권을 가졌다면 프랑스 혁명이 일어났을까? 프랑스의 절대 왕정이 시민혁명으로 막을 내리는 모습을 보니 자연스럽게 떠오르는 인물이 있다. 비록 프랑스 혁명이 일어나기 300년도 전에 태어난 인물이긴 하지만, 군주가 지녀야 할 현실적인 덕목을 주장해 리더십을 논할 때 빠지지 않는 인물. 정치철학자 마키아벨리다. 『군주론』으로 유명한 마키아벨리는 르네상스 시기에 등장한 정치철학 분야 최고의 이론 철학자다. 그의 높은 명성과는 달리, 마키아벨리의 삶은 그리 평탄치 않았다. 그는 1498년 피렌체의 제2서기국 서기장*으로 임명되어 피렌체공화국의 유능한 정치인이자 외교관으로 활동했지만, 피렌체가 공화정에서 군주정, 군주

    마키아벨리가 서기장을 맡은 제2서기국은 피렌체의 내정과 전쟁 업무를 수행하는 부서였다. 그는 상관이 겸직하던 제1서기국의 외교장관 업무도 겸했다. 젊은 나이에 인구 9만 명의 작은 도시 피렌체의 요직을 얻은 것이다.

정에서 다시 공화정으로 바뀌는 혼란한 시기에 정치적으로 박해를 받았다.

동로마 제국까지 멸망한 상황에서 당시 이탈리아는 혼란스러웠다. 로마 교황과 신성 로마 제국 황제가 권력투쟁을 하고 있었고, 민족 중심의 근대국가가 형성되어 가던 유럽 다른 나라들과 달리 이탈리아는 여전히 도시 국가들로 분열되어 있었다. 통일된 국가가 없으니 프랑스, 에스파냐, 신성 로마 제국 등이 이탈리아에 지배력을 행사하려고 눈독을 들였다.

마키아벨리는 피렌체의 외교관으로서 교황, 이탈리아 도시 국가의 지도자, 용병 대장, 유럽 국가들의 사절 등과 교류했고 『군주론』의 모델이 되는 냉혹한 인물들을 다수 만나게 되었다. 그중 한 명이 체사레 보르자였다. 체사레 보르자는 교황 알렉산데르 6세의 사생아로 도덕적인 성품을 지니지는 않았지만, 권력을 획득하기 위한 정치 감각과 군사적 재능, 남을 속이는 연기력*까지 갖춘 빼어난 인물이었다. 마키아벨리는 젊은 군주의 교활함과 결단력에 혀를 내둘렀다. 마키아벨리가 감탄한 또 다른 인물은 놀랍게도

---

* 체사레 보르자는 자신에게 반란을 모의한 부하들과 귀족들을 속여서 연회에 초대한 다음, 한 번에 죽여버리기도 했다. 그는 이 연회 전에 시간을 벌기 위해 그들을 용서해 준다며 끌어안고 눈물 흘리는 연기까지 했다.

교황이었다. 일반적으로 '교황'이라고 하면 온화하고 성스러운 이미지가 떠오르지만, 교황 율리우스 2세는 '전사(戰士) 교황'이라는 별명이 있을 정도로 호전적이었다.* 교황이 갑옷을 입고 전쟁터를 누비면서 페루자, 볼로냐와 같은 도시를 함락시켰다. 세속 군주의 자리까지 넘본 야심 넘치는 교황이었다.

혼란한 시대의 흐름은 '강력한 통일국가의 수립'이었고, 만만치 않은 인물들을 많이도 만날 수밖에 없었던 마키아벨리 또한 이탈리아가 강력한 권력 아래 통일되어야 한다고 생각했다. 그에게는 국가의 성공이 가장 중요했다. 따라서 국가를 다스리는 사람이라면 국가의 성공을 위해 낡은 도덕관념 따위에 얽매여서는 안 된다고 주장했다. 이런 생각으로 마키아벨리는 『군주론』에서 이상적인 지도자가 갖추어야 할 덕목을 다양하게 제시하였다. 그가 가장 중요하게 생각한 혼란의 시대, 리더의 조건을 알아보자.

"과감한 결단력을 갖추어야 한다"

마키아벨리는 운명의 소용돌이에 휘말려 죽음의 위기에 처했

---

* 율리우스 2세는 기분이 안 좋으면 주변 사람을 두들겨 패기도 했다. 마키아벨리에게도 피렌체가 군비를 분담해야 한다고 고함을 질러댔다고 한다.

다. 그는 메디치 정권 교체기에 투옥되었다가 겨우 살아났다. 감옥에서 나왔지만, 어마어마한 벌금을 선고받고 15년간 실업자로 지내야 했다. 하지만 그는 운명에 무릎 꿇지 않고 고전을 읽고 연구하며 기어코 『군주론』을 펴냈다. 운명에 끌려다니지 않기 위해서는 과감한 결단과 운명을 때려잡는 힘이 필요하다. 마키아벨리는 그것을 '비르투(virtu)'*라고 했다. 이것은 '군주에게 필요한 모든 자질'로, 선한 덕성과 악한 덕성을 모두 포함한 것이다. 마키아벨리는 군주가 착하기만 해서는 운명을 잡을 수 없다고 보았다. 때로는 악한 비르투를 실행하는 지도자가 운명을 잡을 수 있다.

"때때로 목적을 위해 수단을 가리지 않아야 한다"

매사에 선을 내세우는 자는 그렇지 않은 자들 사이에서 몰락을 피하기 어렵다. 따라서 권력을 유지하려는 군주는 때로는 악하게 굴거나 악행을 저지르는 법을 배워야 한다. 군주는 가혹하다는 악평에 초연할 필요가 있다. 지나치게 인자한 나머지 다수를 죽이거나 약탈당하게 하는 것보다 소수를 처벌해 기강을 바로잡는 군주가

* '선'이나 '미덕'을 뜻하는 영어의 'virtue'와 어원이 같다. '남성'을 의미하는 라틴어 '비르(vir)'에서 파생된 말로 남성적인 힘, 용기나 결단과 같은 '미덕'을 상징한다.

훨씬 인자하기 때문이다.

_ 마키아벨리, 『군주론』, 제17장

마키아벨리는 도덕적인 것, 인자함을 좋은 것으로 인정했다. 가능하다면 그런 덕목을 갖춘 지도자가 되는 것이 바람직하다고 했다. 그러나 현실에서 권력을 유지하려면 그렇게만 해서는 안 된다. 사람 좋고 인자하기만 한 지도자는 그 자신이 조직을 망가뜨리는 원인이 될 수 있다. 물론 그렇다고 무작정 수단과 방법을 가리지 말라는 주장은 아니다. '네체시타(necessità)'*에 맞는 공익을 추구할 때 도덕적이지 않은 수단을 써도 된다. 시대적인 요구와 어긋나게, 단순히 권력을 얻고 유지하려고 사악한 수단을 쓰지는 말아야 한다. 마키아벨리에게는 어떤 수단을 써서라도 '이탈리아 통일국가 수립'이라는 네체시타를 따르는 것이 중요했다.

"어쩔 수 없는 인간의 본성을 직시해야 한다"

군주는 백성들에게 사랑받으면서 두려운 대상도 되는 게 가장 바

---

* '필요'를 뜻하는 영어 'necessity'와 어원이 같다. '필요', '시대적 요구', '시대정신'을 뜻한다.

람직하다. 하지만 하나를 포기해야 한다면 두려운 대상이 되는 게 훨씬 낫다.

_ 마키아벨리, 『군주론』, 17장

사람들은 권력을 가진 자를 따르면서도 자신의 이익을 위해 곤란함을 피하려고 등 돌리는 일이 비일비재하다. 지도자라면 이런 사람들의 나약하고 이기적인 본성을 꿰뚫어 보아야 한다. 때로는 사람들에게 두려움을 심어주어 감히 배신하지 못하게 해야 한다.

마키아벨리가 주장한 리더의 덕목을 21세기에도 적용해 볼 수 있을까? 그의 철학에 관한 현대의 시각이 궁금해지는 시점이다.

38

철학

"나는 생각한다, 고로 존재한다"

― 데카르트

"나는 생각한다, 고로 존재한다(Cogito, ergo sum)."

마키아벨리가 정치철학사에 한 획을 그어 지금껏 우리에게 지대한 영향력을 미치고 있다면, 근대 철학사에서 가장 유명한 문장을 탄생시켜 철학적 혁명을 일으킨 인물도 있다. 바로 그 유명한 '데카르트의 제1명제'를 만들어낸 르네 데카르트다. 그는 '근대 철학의 창시자'로 알려진 프랑스 합리론의 대표 철학자다. 데카르트는 기존의 철학적 방법론과 권위에 얽매이지 않고 수학과 같은 확실한 학문적 방법론을 철학에 접목했으며 합리적인 이성*을 바탕으로 지식을 얻으려 노력했다. 그는 철학자이자 해석기하학을 고안한 수학자이면서 과학자이기도 했다. 영국의 역사가 버트런드 러셀은 『서양철학사』에서 데카르트를 '고도의 철학적 능력을

---

* 데카르트가 살던 17세기는 과학 혁명의 시기였다. 데카르트는 과학적 지식을 통해 세상에 대한 이해와 지식을 확장할 수 있다고 생각했다.

갖춘 최초의 인물'이라고 평하기도 했다.

　그의 천재성에 관해 이야기하기 전, 조금 다른 이야기를 먼저 해볼까 한다. 철학사에 한 획을 그은 이 위대한 인물의 조금은 허망한 죽음에 관한 이야기다. 데카르트는 사망하기 5개월 전 스웨덴 크리스티나 여왕의 초청으로 스웨덴 궁정에 갔다가 폐렴으로 사망했다. 데카르트는 원래 정오 이전에 일어나는 일이 거의 없는 올빼미형 인간이었지만 여왕이 새벽 다섯 시에만 철학 수업을 들을 수 있어 그 시간을 맞추느라 무리한 데다가, 스웨덴의 추운 날씨도 건강에 악영향을 미쳤기 때문이었다고 하는데 참으로 안타까우면서도 황당한 이야기다.

　어찌 됐든 데카르트는 기존 철학의 기초에 의존하지 않고, 자기만의 새로운 철학 체계를 구축하기 위해 모든 것을 의심했다. 과연 확실한 것은 무엇일까? 그는 '능력이 뛰어난 악마가 우리를 속일 수 있다'라는 극단적인 가정하에 그렇다면 정말로 믿을 수 있는 것은 무엇인지 찾으려 했다. 그렇게 주변을 둘러보면 모든 것의 존재에 의심의 여지가 있다. 그는 감각으로 인지하는 것은 믿을 수 없다고 생각했다. 악마가 우리의 시각, 촉각, 미각, 후각, 청각 등을 조작하고 있다면 육체로 얻을 수 있는 정보 중에서 믿을 수 있는 것은 아무것도 없다. 개별 사물을 관찰함으로써 진리를 얻을 수 있다는 아리스토텔레스와는 정반대 입장인 거다.

내가 지금껏 참된 사실로 간주한 것은 모두 감각으로부터 알았거나, 혹은 감각을 통해 받아들인 것이었다. 하지만 이런 것들은 가끔 나를 속인다는 것을 알게 되었다.

_ 데카르트, 『제일철학에 관한 성찰』

가끔 자신을 속이는 것은 절대 철학 체계의 기초가 될 수 없다. 모든 것을 의심하던 데카르트가 얻은 단 하나의 원칙이 바로 '나는 생각한다, 고로 존재한다'다.* 이 원칙에는 악마의 개입이 없을까? 데카르트의 대답은 '이것은 자명하다'이다. 만약 데카르트가 실제로 존재하지 않는다면 의심하고 생각도 할 수 없다. 자신의 존재를 의심한다면 의심하는 그 존재는 실재하는 것이다. 즉 의심하고 있다면, 생각하고 있다면 존재한다. 이것만은 틀림없는 사실이다. 이렇게 확고한 '제1명제'를 찾은 덕분에 데카르트는 철학의 발판을 마련할 수 있었고 끝없는 의심과 회의론에서도 벗어날 수 있었다.

그러나 데카르트의 이 확고한 명제에도 반론이 있다. 생각하는 사람, 즉 그 '생각하는 단일한 의식이 존재한다'라는 사실은 도대체 어떻게 알 수 있는가? 무슨 근거로 생각을 넘어서는 존재를 확

---

* 이것은 『방법서설』에서 제시한 명제이고 『성찰』에서는 '나는 있다, 존재한다'라고 수정했다.

신할 수 있는가? 만약 '생각하는 사람 없는 생각'이 존재한다면 어쩔 것인가? 데카르트라면 이처럼 날 선 질문에 무어라 답했을까?

'생각하는 사람 없는 생각'이라는 개념은 생각을 연결해 추론할 수 없다는 데 문제가 있다. 여러 생각을 적절하게 서로 연결해야 추론이 가능한데, 그것을 연결해 주는 '존재'가 없다면 여러 생각은 각자 둥둥 떠다닐 뿐이다. 예를 들어 '타조는 날 수 없다'라는 생각과 '동물원 우리에 있는 저 새는 타조다'라는 생각을 연결해서 추론하는 존재가 부재하다면 두 생각은 '동물원 우리에 있는 저 새는 날 수 없다'라는 식으로 추론될 수 없다. 아무런 결론이 없는 것이다. 따라서 생각하는 존재, 즉 데카르트는 존재하는 것이 맞다.

'나는 존재한다'라는 데카르트의 이 명제에는 사실 아무 내용이 없다고 비판하는 사람들도 있다. 내가 존재하는 것으로 뭘 어쩌란 말인가? 유의미한 결론을 도출할 수 없는 명제라는 비판이다. 맞는 말이긴 하지만, 데카르트에게는 어쨌든 자아가 존재한다는 사실 자체가 중요했다. 그에게는 제1명제를 전제로 활용해 다른 지식을 끌어내는 것이 그리 중요하지 않았다.

데카르트를 향한 또 다른 비판도 있다. '생각하는 것이면 모두 존재하는가?' 하는 것이다. 소설이나 비극 속 허구의 인물이 생각한다고 해서 그가 존재하는 것은 아니기 때문이다. 이에 대한 데카르트의 반론은 간결하다. 허구의 인물이 생각하고 존재하는지는 확신할 수 없지만 나 자신이 생각하는 것만큼은 확신하지 않을 수 없다는 것. 나 이외의 다른 존재가 생각한다는 사실은 확신할 수 없다. 그러나 생각하는 나의 존재는 확신할 수 있다. 데카르트에게는 그것이 중요한 문제였다.

데카르트의 특이한 주장 하나도 덧붙여 알아보자. '데카르트의 이원론'이다. 정신은 무형의 실체, 육체는 유형의 실체로 둘이 별개의 실체라는 이론인데, 그는 그럼에도 둘은 상호작용할 수 있다고 주장했다. 데카르트는 동물은 마치 기계와 같이 오직 물리법칙의 철저한 지배를 받지만, 인간은 송과선(松果腺)*에 영혼이 있다고 주장했다. 또한 영혼이 송과선에서 생명혼과 접촉해 영혼과 육체 간 상호작용이 일어난다고 했다. 예를 들어, 정신이 오른손을 들어 올리려고 하면 그에 따라 육체가 오른손을 든다는 것이다.

데카르트의 또 다른 재미난 주장으로 '와동설(渦動說)'도 빠질 수 없다. 태양 주위에 물질로 가득 찬 거대한 소용돌이가 있어 행성들이 공전한다는 이론이다. 그러나 이 이론은 아이작 뉴턴의 중력 이론 등장 이후 지지하는 사람이 거의 없어졌다.

---

* 솔방울 모양을 닮아 솔방울샘 또는 송과체(松果體)라고도 불린다. 척추동물의 뇌에 위치하는 기관으로 멜라토닌을 생성해 수면에 영향을 준다.

대충 눈치챘겠지만, 데카르트는 다방면으로 실험적이고 독특한 연구를 많이 했다. 그러나 뭐니 뭐니 해도 철학사에 그가 남긴 가장 큰 업적은 이전의 권위와 전통에 의존하는 태도를 버린 점과 이성을 중심으로 엄격하게 생각하는 철학 방식일 것이다.

39 "세계가 곧 신이다"

철학   – 스피노자

> 스피노자는 위대한 철학자 중 고결한 품성을 갖춘 매력적인 인물
> 이다.
>
> _ 버트런드 러셀, 『서양철학사』

　바뤼흐 스피노자는 앞서 등장한 데카르트, 라이프니츠와 함께
17세기의 대표적인 합리주의 철학자로 손꼽힌다. 그는 종교 재판
을 피해 포르투갈에서 암스테르담으로 도망친 유대인 집안에서
태어났다. 어린 시절 유대인 공동체에서 교육받으면서 랍비로 성
장할 재목으로 기대받았지만, 고대 그리스 철학과 데카르트, 과학
과 수학 등을 깊이 탐구하면서 자기만의 철학을 정립했다. 그는
신의 인격성이나 영혼 불멸성 등을 부정하여 스물다섯 살이 되던
1656년에 암스테르담 유대인 공동체에서 파문당했다.

　그 뒤 스피노자의 삶은 그리 평탄하지 않았다. 그는 평생 독
신으로 가난하게 살았고 암살의 위협에 시달리기도 했다. 몇 차례

대학교수직을 제안받기도 했으나 종교적·지적 자유를 위해 거절했다고 전해진다. 그가 쓴 『신학정치론』*은 1674년 교회에서 금서로 묶였다. 스피노자는 개인적인 철학 수업이나 렌즈 깎는 일을 통해 생계를 유지하면서 자신의 철학 탐구를 이어갔다. 그는 마흔여섯이라는 비교적 젊은 나이에 폐결핵으로 사망했다.

첫머리에 인용한 버트런드 러셀은 스피노자의 초상화를 간직하고 있었다고 한다. 스피노자의 철학뿐 아니라 겸손함과 도덕성 그리고 부와 명예를 멀리한 철학자로서의 태도에 대한 존경의 표시였다.

"스피노자는 인간이 모든 것을 이성으로 이해할 수 있다는 믿음을 가진 최초의 인물 중 하나였다. 스피노자 철학 외에 진정한 철학은 없었다."

_ 고트홀트 에프라임 레싱

스피노자는 이성과 과학을 통해 합리적으로 세상을 이해하려 노력했으며 형이상학·윤리학·정치 이론 등 다양한 분야에 영향을 주었다. 그에게 영향을 받은 철학자로 라이프니츠, 헤겔, 니체 등

* 1670년에 발간하였다. 교회와 국가의 분리, 사상의 자유를 주장했고 전통적인 종교적 견해와 종교 기관의 권위를 비판하였다.

이 있다. 그는 계몽주의와 독일 관념론, 사회주의에도 영향을 미쳤는데, 독일 계몽주의 극작가 고트홀트 에프라임 레싱은 스피노자가 『신학정치론』에서 자연과 신을 이해하는 데 이성을 가장 중요한 도구라고 강조한 점을 극찬했다. 스피노자의 『에티카』를 통해 그의 대표적인 주장을 몇 가지 살펴보자.

"만물은 '하나의 실체'의 변형이다"

스피노자는 '자명하며 본질만 알면 이해할 수 있는 것'을 '실체'라고 정의한다. 실체가 아닌 것들은 다른 것과의 관계를 통해서만 이해될 수 있는데, 실체는 그 본질로 바로 이해되는 것이다. 예를 들어 구름은 '수증기', '햇빛', '응결' 같은 다른 개념과의 관계를 통해서 이해가 가능하기에 실체라고 할 수 없다. 그렇다면 실체는 오직 하나만 존재할 수 있다. 여러 개라면 그 여러 실체 사이의 관계를 또 이해해야 하기에 진정한 실체가 될 수 없다. 이것이 '실체 일원론'이다. 실체는 오직 하나밖에 없으며 만물은 그 실체가 여러 가지 형태로 변형된 것이다.

"실체는 신이고 세계는 신의 변형이다"

그렇다면 '하나의 실체'란 대체 무엇일까. 스피노자는 그것이 결국 신이고 자연이라고 설명한다. 실체는 여러 속성을 드러내며 변형하는데, 우리는 실체의 연장성(물질성)과 사유성(정신성)이라는 두 가지 속성을 인지할 수 있다. 예를 들어 실체가 사람으로 드러난다면 물질적인 육체와 정신적인 정신이라는 속성을 가진다. 이 생각을 확장하면 바위나 나무, 돌덩이도 '하나의 실체'의 변형이기 때문에 물질적인 면과 정신적인 면을 가진다. 신이 곧 세계이고 세계가 곧 신이다. 만물이 신이다. 스피노자에 따르면 자연 밖에 있는 신은 존재하지 않는다. 이것이 바로 스피노자의 '범신론(汎神論)'이다. 이 주장은 전통적인 교회에서 믿어 온 '인격적인 신'이라는 관념과 정면으로 배치된다. 이렇게 모든 존재가 신이 변형이라는 생각에 이르면, 모든 존재를 사랑할 수 있다.

"모든 존재와 사건은 필연적이다"

우주의 그 무엇에도 우연은 없다.

_ 스피노자, 『에티카』

스피노자에 의하면 우주의 모든 일은 인과율을 따른다. 모든 존재와 사건은 필연적이고 선행하는 원인에 의해 발생한다. 우리의 생각, 행동 그리고 일어나는 사건은 모두 자연법칙으로 결정되어 일어나는 것이다. 원인이 있으면 결과가 따르기 마련이다. 일어날 일은 일어난다. 그러니 미래는 과거와 마찬가지로 어차피 바꿀 수 없다.

사실이 그렇다면 여기에 인간의 자유의지가 끼어들 틈은 없다. 이어서 이 생각을 받아들인다면 미래에 대해 희망하거나 두려움을 갖는 것 역시 아무런 의미가 없다. 미래에 대한 희망과 공포는 미래가 이미 결정되어 있다는 사실을 알지 못하는 무지에서 비롯된 것이다. 스피노자는 이런 자신의 철학을 그대로 실천했다. 죽음이라는 미래까지 두려워하지 않고 담담하게 받아들인 것이다.

"자유로운 인간은 죽음을 아무렇지 않게 생각하며, 죽음이 아닌 삶에 대한 명상을 통해 지혜를 얻는다."

_ 스피노자

어떤가. 스피노자의 모습에서 스토아 철학이 보이지 않는가?

40 위대한 철학자의 등장

철학

– 칸트

　이제 앞서 등장한 데카르트와 스피노자의 철학을 비판하고 종합한 가장 위대한 철학자가 등장할 차례다. 그가 바로 이마누엘 칸트다. 그는 인식론 연구를 통해 데카르트, 스피노자, 라이프니츠 등의 합리론과 프랜시스 베이컨, 토머스 홉스, 존 로크의 경험론을 격렬하게 비판하고 완벽하게 종합해 냈다. 특히, 그의 『순수이성비판』은 근세 철학사에서 가장 중요한 책 중 하나로 평가되고 있다. 칸트는 전통적인 형이상학의 오류를 밝히고 철학적 탐구의 새로운 방향을 제시한 철학자이다.

　칸트는 1724년 동프로이센의 수도였던 발트해 연안의 항구 도시 쾨니히스베르크에서 마구(馬具) 제작자의 아들로 태어났다. 그리 풍족한 형편은 아니었지만, 큰 사건 없이 쾨니히스베르크 대학교 교수로서 조용한 삶을 살았다. 그는 평생 독신으로 살면서 고향을 떠나지 않았지만, 생전에 유명한 철학자가 되었다. 그는 아주 규칙적으로 생활했는데, 동네 사람들이 칸트가 자기 집 문

앞을 지나갈 때 시계를 맞출 정도였다고 한다.

칸트의 저서로는 비판 철학의 정수를 보여준 『순수이성비판』(인식론), 『실천이성비판』(윤리학), 『판단력비판』(미학)을 비롯해 『윤리형이상학 정초』, 『자연과학의 형이상학적 기초원리』, 『계몽이란 무엇인가』 등이 있다. 그중에서도 1781년에 출간된 『순수이성비판』은 '인간이 어떻게 지식을 창출하고 사물을 인식할 수 있는지'를 다루었다. 이 책에서 칸트는 인간의 지식이 경험을 완전히 초월하지는 못하지만, 일부는 선험적이라는 점, 이 선험적인 지식은 경험에서 도출되지 않는다는 점을 밝혔다. 『순수이성비판』을 중심으로 칸트의 주장을 살펴보자.

"개념과 직관이 결합해야 인식이 일어날 수 있다"

내용(직관) 없는 사유(개념)는 공허하고, 개념 없는 직관은 맹목적이다.

_ 칸트, 『순수이성비판』

인간의 경험은 '감성'과 '오성'이라는 두 가지 요소를 지닌다. 감성은 시간과 공간 속의 어떤 사물을 인식하는 능력이다. 쉽게 말해 육체적인 오감으로 볼 수 있다. 칸트는 이런 직접적인 인식을 '직관'이라고 한다. 눈앞의 책을 보고 그 책의 존재를 인식하는 능력이 바로 직관이다. 감성은 '시간, 공간이란 어떤 것이다'라는 직관과도 관련되어 있다.

오성은 개념을 통해 인식하는 능력이다. 직관으로 인지한 책이 '책'이라고 알게 되는 것은 인식의 주체가 '책이라는 개념'을 갖고 있어야 가능한 것이다. '책이라는 개념'이 없다면 직관의 대상이 책이라는 것을 인식하지 못한다. 원시 부족 출신 사람은 책을 보더라도 그에 대한 개념이 없기에 '책'이라고 인식하지 못할 것이다. 따라서 오성은 '실체에 대한 개념'과 관련이 있다.

예를 들어, 아이가 공을 가지고 논다고 생각해 보자. 아이는 감성, 직관을 통해 공의 둥근 모양과 색깔을 본다. 그리고 '물체'라는 개념을 통해 공을 인식한다. 공을 찼을 때 앞으로 굴러가면 힘을 받아 공이 이동한다는 '인과성'을 적용한다. 즉, 인간이 경험으로 무언가를 인식하기 위해서는 감각(직관)만이 아니라 이를 종합하는 개념이 필요하다. 개념과 직관이 상호 작용해야 비로소 인식이 가능한 것이다. 칸트의 주장대로라면 우리는 이성으로 감각적 경험을 종합해 일정한 개념과 법칙을 적용하며, 이를 통해 세계를 이해할 수 있다.

"선험적인 지식이 존재한다"

'책'에 대한 개념은 경험적이다. 살면서 여러 차례 책을 접하면서 책이 어떤 것인지를 경험적으로 알기 때문에 우리는 비로소 책을 인식할 수 있다. 그러나 시간과 공간에 대한 직관은 경험과 무관하다. 선험적, 즉 시간과 공간은 우리의 인식 구조가 부여하는 것이다. 우리의 모든 경험은 선험적인 시간과 공간을 통해 이루어진다.

예를 들어 우리는 책을 볼 때 자연스럽게 그 책이 책상 위에 있는지, 서재의 책꽂이에 꽂혀 있는지, 자동차 조수석 위에 놓여 있는지 책이 존재하는 공간을 인식한다. 그리고 그 책이 언제부터 그 공간에 놓여 있었는지를 인식한다. 그런데 책은 본래 시간과 공간을 지니고 있지 않다. 책을 보는 우리가 시간과 공간이라는 틀 안에서 책을 인식하기 때문에 이런 방법으로 책을 인식할 뿐이다. 이 시간과 공간은 선험적이고 직관적인 지식이다. 마치 파란색안경을 쓰면 세상이 파랗게 보이는 것처럼 우리는 시간과 공간을 통해 사물을 인식한다.

칸트는 생각이 이루어지는 기본 방식, 생각의 구조와 같은 선험적 지식을 '범주'라 불렀다. 겉으로 보이는 모든 현상계는 범주의 틀을 통해 드러난다. 이것이 칸트의 혁명적 관점이다. 우리가 있는 그대로의 세계인 '물자체(物自體)'를 온전히 인식하는 게 아니라 경험의 틀에 따라 세상을 인식한다는 주장이다.

"이성의 한계를 인식하라"

이성이 그 자체로 순수한 개념을 통해 무엇인가를 주장할 때, 반드시 환상에 빠질 수밖에 없다.

_ 칸트, 『순수이성비판』

칸트는 시간과 공간 같은, 우리가 경험하는 현상계에 대한 지식으로는 경험과 무관해 보이는 세계인 실재계를 완전히 이해할 수 없다고 주장한다. 즉, 우리의 이성으로 경험을 넘어선 세상을 이해하려고 애쓸 때 어쩔 수 없이 오류에 빠질 수밖에 없다는 것이다. 칸트는 이를 '이율배반(이성으로 초월적 세계를 이해할 때 빠지는 모순)'이라고 했다.

'우주에 끝이 있는가?'라는 질문에 우리가 지닌 이성으로 답을 해보자. 만약 '우주의 끝이 있다'라고 답한다면 '우주의 끝 너머에는 무엇이 존재하는가?'라는 질문에 대답하기 곤란하다. '우주의 끝이 없다'라고 답한다면 '무한한 공간이라는 것이 존재하는

가?'라는 문제에 봉착한다. 우리의 이성은 경험할 수 없는 이런 종류의 문제에 확답을 내릴 수 없다. 이성에는 한계가 있다는 것이다. 칸트로부터 시작된 독일 관념론*은 이후 그의 철학을 비판적으로 계승한 헤겔에 의해 완성되었다.

* 정신 · 이성 · 이념을 본질적인 것으로 보고, 이것으로 물질적 현상을 밝히려는 이론.

41 정반합의 아버지

철학

- 헤겔

헤겔은 칸트 철학의 계승자이자 비판자로 독일 관념론을 완성했다. 그는 19세기 초 독일에서 가장 높은 명성을 누린 철학자였는데, 명성이 정점에 이르렀을 때 콜레라로 세상을 떠났다. 헤겔은 '만물이 하나의 실체의 여러 양태'라고 주장했다는 점에서 일원론자이고, '현실은 단순한 물질이 아닌 어떤 것이다'라고 생각했다는 점에서 관념론자이다.

헤겔이 칸트 철학의 계승자이자 비판자였다는 이야기부터 시작해 보자. 먼저 헤겔은 칸트가 말하는 '물자체'라는 개념이 무의미하다고 비판했다. 칸트는 물자체를 인간이 인식할 수 없다고 했는데, 헤겔은 이성을 통해 변증법적으로 인식할 수 있다고 보았다. 인식할 수 없다고 단정 짓지 말고 끊임없이 생각을 발전시키다 보면 물자체를 인식할 수 있다는 것이다.

또한 헤겔은 경험의 세계와 초월적 세계를 분리하는 칸트 철학의 이원론적 사고를 비판했다. 헤겔은 칸트가 말한 이율배반을 변증법으로 극복할 수 있다고 보았다. 모순은 인간 역사와 사유의 발전 과정에서 필연적으로 발생하는 결과물일 뿐이다. 헤겔은 칸트의 고정적인 이원론적 구분을 역사적·변증법적 발전 과정으로 재구성했다.

헤겔은 칸트의 '범주' 개념도 비판했다. 우리가 세계를 인식하는 '인과성'과 같은 선험적 범주는 고정된 것이 아니라 변증법적으로 발전한다는 것이다. 칸트의 고정되고 딱딱한 범주는 현실의 변화를 수용할 수 없다. 헤겔이 보기엔 경험론적인 세상과의 연결이 더 필요했던 거다.

그렇다면 자신이 계승한 철학자를 향해 날카로운 비판의 화살을 겨눈 줏대 있는 철학자 헤겔은 어떤 철학을 풀어냈을까. 핵심은 크게 두 가지 정의를 통해 파악할 수 있다. '변증법(辨證法)'과 '절대정신'이다. 변증법은 원래 '대화의 기술'로 서로 다른 견해를 가진 사람들의 대화, 문답을 통해 진리에 도달하는 방법이다. 하여 변증법을 헤겔 고유의 철학 방법이라고 할 수는 없다.*

헤겔은 변증법으로 역사와 사유의 발전 과정을 설명했다. 모

---

* 소크라테스는 여러 생각을 지닌 사람들과 문답을 통해 진리를 찾으려 했고, 플라톤은 이데아에 접근하기 위해 보편적인 개념을 탐구하는 방법으로 변증법을 활용했다. 칸트는 변증법으로 이성이 스스로 빠지는 모순인 이율배반을 발견했다.

든 개념(正, These)은 모순되는 개념(反, Antithese)을 갖고 있다. 이 정(正)과 반(反)의 대립에서 합(合, Synthese)이 나타난다. 새로운 개념(合)이 나타남에 따라 정과 반 사이의 갈등은 해소된다. 예를 들어보자. 클래식 음악을 좋아하는 사람이 있다. 이 사람은 클래식 외의 모든 음악은 들을 만한 가치가 없다고 생각한다. 이 사람에게 클래식 음악은 '정'이다. 그런데 어느 날 우연히 록 페스티벌에 가게 되었다. 거기서 록 음악만의 강한 에너지와 열정을 느낀다. 클래식과는 다른 에너지다. 이것이 '반'이다. 이제 이 사람의 음악 취향은 크로스 오버 음악으로 확장된다. 이것이 '합'이다.

또 다른 예로 도토리를 심었다고 생각해 보자. 도토리는 '정'이다. 이 도토리가 부서지면서 싹이 나고 거대한 참나무로 자란다. '반'이다. 크게 자란 참나무에서 다시 도토리 열매가 열린다. '합'이다. 이 과정이 무수히 반복되면서 도토리는 계속 진화한다. '정'과 '반'의 대립에서 나타난 '합'은 그 자체가 새로운 '정'이 된다. 이에 대해 다시 '반'이 존재하고, 또 다른 '합'의 탄생으로 이어진다. 역사는 이런 끊임없는 변증법적 과정이다.

"현실은 완전체다. 완전체란 발전을 거치며 완벽해지는 실체다."

_ 헤겔

헤겔은 의식과 역사가 변증법적으로 발전하는 데 특별한 방향성이 있다고 본다. 그 방향을 이끄는 것, 종착점이 바로 절대정신이다. 헤겔의 절대정신은 역사를 이끄는 하나의 거대한 정신으로, 처음부터 완벽한 것이 아니다. 정반합의 변증법을 통해 발전하는 것이다. 이 발전 과정에서 소외되었던 정신은 다시 자신을 되찾고 이해한다. 정신은 절대정신의 단계에 이를 때까지 변증을 계속하면서 자신을 개선한다. 역사란 정신이 절대적 조화 상태로 나아가는 진보의 과정인 것이다.

나는 말을 타고 도시를 가로지르는 황제(이 세계의 정신)를 보았습니다. 한 점을 응시하며 말 위에서 세상을 지배하는 그런 인물을 본다는 것은 진정 경이로운 느낌이었습니다.

_ 헤겔의 편지

헤겔에 따르면 특정한 시기에는 절대정신이 사람으로 나타난다. 나폴레옹이 대표적인 사례다. 나폴레옹은 자유와 평등을 외친 '프랑스 혁명(정)'과 '왕정복고(반)' 사이의 긴장을 '자유로우면서도 강한 제국의 수립(합)'으로 종합했다. 그는 역사를 다음 단계로 움직였다.

헤겔 철학은 18세기 합리주의적 계몽사상의 한계를 인식하고 역사의 의미를 통찰했다는 점에서 의미가 있다. 계몽주의 시대에는 이상을 현실로 실현하는 것에 집중했지, 역사에 대해 크게 고려하지 않았다. 헤겔은 사람이 마음대로 현실을 바꿀 수 있는 게 아니라 필연적인 역사의 법칙이 정해져 있다고 생각했다. 따라서 인간이 중요하게 생각하는 이상이 역사의 법칙에 들어맞지 않는다면 그 이상은 이루어지기 힘든 것이다.

그렇다면 역사의 흐름은 어떻게 결정되는가. 헤겔은 절대정신이 자유를 실현해 가는 과정이 역사라고 생각했다. 절대정신은 이성이고, 그 본질은 자유다. 그렇다면 역사는 자유의 확장 과정이다. 실제로 고대 전제군주 시대에는 단 한 사람만 자유로웠지만 이후 참정권을 가진 소수의 시민이 자유로웠던 시기가 있었고 결국 모든 사람이 자유로워지는 시대가 열렸다. 헤겔은 이성이 최고의 발전 단계에 다다르면 더 변화할 필요가 없는 상태가 되는데, 이것을 '역사의 종말'* 이라고 명명했다.

철학을 고정된 것이 아니라 역사적이고 동적인 과정으로 이해한 헤겔은 현대 철학에 큰 영향을 주었다. 그러나 지나치게 추상

적인 점, 역사를 필연적으로 결정된 무언가로 본 점, 현실 역사의 국가 권력을 지나치게 미화하고 강조한 점 등은 여전히 비판받고 있다.

42 철학 | **"삶은 고통이다"**
- 쇼펜하우어

"인간은 자기 시야의 한계를 세계의 한계로 믿는다."

_ 아르투르 쇼펜하우어

    헤겔과 비슷한 시기에 살았던 염세주의 철학자 쇼펜하우어는 헤겔의 딱딱하고 건조한 문체와 낙관적인 철학을 혐오했다. 쇼펜하우어는 헤겔에게 이상하리만치 경쟁심을 가졌는데, 베를린 대학에서 헤겔과 같은 시간대에 강의를 개설했다가 수강생을 모으지 못해 강의를 곧 그만두기도 했다고 전해진다. 일련의 사건들이 그의 질투심과 경쟁심에 끊임없이 불을 지폈던 것 아닐까.

    그는 현재 폴란드의 그단스크인 단치히에서 1788년 태어났고 철학자로서는 특이하게 상인 집안 출신이었다. 쇼펜하우어는 칸트 철학, 인도의 우파니샤드*, 불교 등의 영향을 받았는데, 그

---

   *   고대 인도의 철학서.

래서였는지 그의 연구실에는 칸트의 흉상과 부처의 청동상이 함께 있었다고 전해진다. 쇼펜하우어는 칸트의 철학을 독특한 방식으로 발전시켰고, 니체에게 큰 영향을 주기도 했다. 쇼펜하우어 철학의 핵심을 세 가지로 살펴보자.

"세계는 나의 표상이다"

쇼펜하우어는 칸트의 인식론을 받아들였다. 칸트가 각자의 틀, 범주로 세계를 이해한다고 한다고 주장했듯이 쇼펜하우어는 각자가 아는 세계는 인식 주체에 의해 구성된 '표상(representation)'일 뿐이라고 주장했다. 즉 '표상의 세계'란 왜곡된 가상에 불과하다고 본 것이다.

여기서 칸트와 쇼펜하우어의 중요한 차이점은 쇼펜하우어에게 현상계와 본체계(물자체)가 이원론적으로 구분되는 것이 아니라는 점이다. 현상계가 '표상(대상)'이라면 본체계는 '의지(내부)'다. 경험에서 차이가 날 뿐 둘은 같은 세계다. 예를 들어 '고개를 드는 행위'는 표상이지만 '고개를 들고 싶다'라는 의지의 작용이 있다. 의지와 표상은 별개의 두 세계가 아니라 다른 방식으로 경험되는 같은 사건이다. 하나는 내부에서 경험되는 것이고 다른 하나는 외부에서 관찰되는 데 차이가 있을 뿐이다.

"삶은 고통이다"

쇼펜하우어는 칸트가 알 수 없다고 선을 그은 물자체를 '의지'라고 정의했다. 의지는 생명과 세계의 근원이다. 그런데 이 의지가 그렇게 선하거나 아름답지는 않다. 의지는 사악하고, 우리가 겪는 모든 고통의 원인이다. 의지는 욕망이기 때문이다. 욕망은 맹목적이고, 끝이 없다. 욕망을 지닌 주체가 욕망을 충족할 수 없으면 고통스러운 건 당연하다.

문제는 욕망을 충족해도 지루함과 싫증에 빠진다는 것이다. 하나의 욕망을 충족하면 곧 새로운 욕망이 생기기 때문이다. 이렇게 보면 삶은 그 자체로 고통이다. 쇼펜하우어에게 행복이라는 것은 존재하지 않는다. 쇼펜하우어의 말대로 '인생은 고통과 지루함 사이를 오가는 진자 운동'인 것이다.

"고통에서 벗어나려면 의지를 초월해야 한다"

고통의 원인이 의지라는 것을 알았다. 그렇다면 고통에서 벗어나는 길은 무엇인가? 그 방법은 의지를 초월하는 것이다. 쇼펜하우어는 세 가지 방법을 제시했다.

먼저, 예술이다. 예술은 의지에서 벗어나는 통로다. 회화, 비극, 문학 등은 우리를 욕망에서 벗어날 수 있게 해준다. 특히 음악은 '의지 자체의 언어'로 인간의 고통을 잊게 해준다. 실연으로 슬픔에 잠겨 있을 때 음악을 들으며 마음의 평안을 느낀 경험이 모두 있을 것이다. 음악을 듣는 순간 잠시나마 상대를 소유하려는 욕망과 집착으로부터 자유로워지기 때문이다. 의지의 소멸을 경험하는 순간이다.

다음으로 연민, 자비로움이다. 나의 욕망은 타인의 고통을 이해하고 공감하면서 초월할 수 있다. 우리는 자신과 타인 그리고 세계가 별개라고 생각하지만, 개인의 의지와 우주의 의지가 동일하다는 점에 비추어 그것이 오해라는 사실을 깨달으면 타인과 사물에 공감할 수 있다. 그리고 타인의 고통에 연민을 느끼는 순간 욕망을 초월할 수 있다.

마지막으로 금욕이다. 쇼펜하우어는 욕망을 애초에 끊어버리는 것이 고통에서 벗어나는 길이라고 생각했다. 고통은 의지가 강할수록 더 커지기 때문이다. 의지를 덜 발휘해야 고통을 덜 받을 수 있다.

구구절절 납득할 수 있는 이야기들이다. 그러나 놀랍게도 쇼펜하우어는 다면적인 인물이었다. 자신의 철학에서 결론지은 연민과 자비로움, 금욕과 같은 미덕을 정작 자신은 그렇게 열심히 실천하지 않았다. 그는 사치스러운 식사를 즐겼고 진지하지 않은 연애에 몰두했다. 다른 사람과 논쟁을 일삼거나 시끄럽다는 이유로 한 여자 재봉사를 아래층으로 밀어 크게 다치게 하기도 했다. 그야말로 언행 불일치의 대표 격이라고 할 수 있다.

쇼펜하우어는 그야말로 과민한 성향, 괴팍한 성격으로 유명했다. 사람을 향한 의심이 많았고 결벽증도 심했다. 외식하러 나갈 때도 다른 사람들이 쓰던 잔으로 무언가를 마시고 싶지 않아 자신의 전용 잔을 챙겼고, 재산 관련 계산서나 수표 하나에도 절대 독일어를 쓰지 않았다. 물론 쇼펜하우어는 이런 자신의 독특한 성향을 인정하고 자주 절망했다.

거칠 것 없고 눈치 볼 것 없이 직선적이고 당당하게만 보였던 쇼펜하우어. '삶은 고통'이라며 냉소적인 비관주의자의 모습을 해온 그 자신이 고질적인 성향에 가장 상처받고 고통받던 인물이었던 건 아닐까. 그가 의지의 세계이자 내면의 힘을 본질이라 여겼던 이유도 여기서 찾을 수 있을 것이다. 인생이란 어떻게든 끝마쳐야 하는 힘든 과제라며 '나는 인생을 견뎌냈다'라고 표현했던 그의 마음이 조금은 헤아려지는 대목이다.

43

문학

"죽느냐 사느냐 그것이 문제로다"

- 셰익스피어의 『햄릿』

"영국은 언젠가 인도를 잃을 것이다. 그러나 셰익스피어는 절대 사라지지 않을 것이다."

영국의 비평가이자 역사가인 토머스 칼라일은 이렇게 말했다. 그가 이토록 치켜세운 셰익스피어는 영국 르네상스 시대의 극작가이자 시인이다. 생전 자신이 쓴 많은 작품이 찬사를 받는 영광을 누렸고, 사후에는 세계 문학사에서 가장 위대한 작가 중 한 명으로 평가받고 있다. 그가 떠나고 다섯 세기가 흐른 지금까지도 그를 향한 관심은 타의 추종을 불허한다.

셰익스피어의 작품으로는 39편의 희곡, 154편의 소네트*, 그리고 몇 편의 시가 있다. 여기에 4대 비극인 『햄릿』, 『오셀로』, 『리어 왕』, 『맥베스』가 포함되는데, 모두 주옥같은 명작들이다. 그

＊   유럽의 정형시 중 하나로 단어 자체는 '작은 노래'를 의미한다.

의 작품은 인간의 본성과 삶의 복잡다단함을 심오하게 표현하고 있어 문학, 철학, 심리학 등에 많은 영향을 미쳤다. 또한 그는 작품에서 새로운 단어와 표현을 창조해 내고 새로운 문장구조와 문체를 만들어 현대 영어의 형성과 발전에도 크게 기여했다. 한 명의 작가가 언어의 형성과 발전에까지 발자취를 남기다니 이 대목에서 그의 천재성에 절로 고개를 끄덕이게 된다. 이런 셰익스피어의 수많은 걸작 중에서도 손꼽히는 대표작 『햄릿』을 통해 그가 그린 인간의 모습을 살펴보자.

『햄릿』은 그야말로 고뇌하는 인간, 햄릿의 굵고 짧은 인생사라 할 수 있다. 앞서 등장한 쇼펜하우어의 '삶은 고통'이라는 주장에 부합하는 인물이 바로 햄릿이 아닐까. 이 소설의 배경은 12세기, 덴마크 왕국 수도의 엘시노어 성이다. 햄릿의 아버지인 덴마크의 왕이 갑자기 사망하고, 왕의 동생 클로디우스가 왕위를 계승하며 이야기는 시작된다. 어이없게도 선왕이 죽은 지 얼마 지나지도 않았는데 클로디우스는 햄릿의 어머니이자 왕비인 거트루드와 재혼한다. 일련의 사건을 향한 의심과 어머니를 향한 원망에 잠못 이루던 햄릿은 어느 날 밤, 아버지의 유령을 만나고 동생이 자신을 독살했다는 믿을 수 없는 말을 듣게 된다. 이에 햄릿은 미친 척 연기하며 왕의 반응을 살핀다. 일부러 배우들을 초청해 숙부가 아버지를 독살하는 장면을 연극으로 공연하기도 하는데, 이때 안색이 파리해져 자리를 뜨는 왕의 모습을 본 햄릿은 의심을 확신으로 바꾸게 되고 복수를 계획한다.

햄릿은 이후 실수로 애인 오필리아의 아버지이자 재상이었던 폴로니우스를 칼로 찔러 죽이게 되는데, 이에 큰 충격을 받은 오필리아는 강에 몸을 던져 죽는다. 오필리아의 오빠이자 죽은 폴로니우스의 아들인 레어티스는 아버지의 복수를 위해 햄릿과 결투를 치르고, 클로디우스는 그를 위해 독이 든 술잔과 독을 묻힌 칼을 준비해 준다. 그러나 클로디우스의 계획과 달리 결투 도중 거트루드 왕비가 독이 든 술을 마시고 죽음을 맞이하고, 클로디우스도 햄릿의 칼에 찔려 죽는다. 비극은 여기서 끝나지 않는다. 햄릿은 복수에 성공했지만, 자신도 칼에 찔려 비극적 죽음을 맞이하기 때문이다. 파국의 끝, 햄릿은 눈을 감으며 친구 호레이쇼에게 자신의 이야기를 사람들에게 전해달라고 말하고 숨을 거둔다.

여기까지 듣고는 죽고 죽이다가 끝나는 이 이야기가 어째서 세기의 명작인지 의문스러운 사람도 분명 있을 것이다. 그러나 『햄릿』은 단순히 복수의 화신이 된 주인공의 이야기가 아니다. 햄릿이 양심의 가책으로 기도하는 클로디우스를 뒤쫓아 간 대목을 유심히 살펴보자. 그는 분명 클로디우스를 죽일 수 있었지만, 복수를 망설인다. 무방비 상태에서 기도하는 클로디우스를 죽일 기회가 있었는데도 망설이는 그는 내면적으로 깊은 갈등과 고뇌를 겪는 인물이다. 근대 이전의 문학에 등장하는 전통적인 영웅들이 질투심, 증오, 분노와 같은 감정에 휩싸여 더 고민하지 않고 행동하는 것과 대비된다. 햄릿은 행동하기 전에 생각한다. 그는 복수를 준비하면서 인간이라는 존재의 의미를 물으며 방황하기도 한다. 이렇게 평면적이지 않은 복합적인 인물 묘사는 근대 문학의 심리적 갈등을 보여주는 인물의 원형이라고 할 수 있다.

"사느냐 죽느냐, 그것이 문제로다." 햄릿은 인간 존재의 의미를 깨닫기 위해 속속들이 파고들어 깊게 연구하고 삶과 죽음 사이에서 고뇌한다. 아버지의 갑작스러운 죽음, 숙부의 아버지 살해, 어머니의 배신 등 살면서 겪은 큰 고통에 괴로워하면서도 죽음 이후 미지의 세계에 대한 불안으로 두려워한다. 어딘가 익숙한 모습이지 않은가. 『햄릿』은 처음 읽었을 때 단순한 복수극이라는 인상을 짙게 풍기지만, 자세히 살펴보면 방황하는 젊은이의 초상이라고도 볼 수 있다.

다시 셰익스피어가 살던 시대로 돌아와 보자. 셰익스피어가 살던 시대에 영국은 문예 부흥, 종교개혁의 한가운데에 있었다. 봉건 체제가 무너지고 엘리자베스 여왕의 통치하에 영국이 근대

국가로 발돋움하는 시기였다. 당시 영국은 르네상스를 거치며 신의 뜻에 따르는 공동체 중심에서 '자아'라는 개념이 자라난 인간 중심으로 변모하고 있었다. 그러나 『햄릿』에서 클로어디스와 어머니 거트루드는 거듭 햄릿에게 종교개혁이 시작된 도시 비텐베르크로 돌아가지 말라는 대사를 반복한다. 이는 구시대와의 결별을 선언한 장소로 향하지 말고 기존 질서 안에 머물라는 명령과도 같다. 새 시대를 보고 오라고 자신을 비텐베르크로 보냈던 아버지는 살해당했고, 그의 동생은 왕좌를 차지해 자신의 어머니와 결혼했다. 그러나 누구도 이 기괴한 상황에 이의를 제시하지는 않는다. 모두가 기존 질서의 부조리함을 보지 않으려 하며 새로운 시대로 향하는 사람은 철저히 외면당한다. 청년 햄릿에게는 그야말로 혼란스러운 시기였을 것이다. 이런 상황에서 햄릿은 자연스럽게 '생각하는 사람'이 된다.

혼란스러운 시대의 변화를 체감했을 셰익스피어의 『햄릿』이 어떻게 이토록 오랜 시간 사랑받았는지 납득할 만한 서사다. 『햄릿』에는 당시 실제 햄릿의 고뇌를 경험한 수많은 동시대의 청년들이 있다. 그가 그린 인물들은 근대적 인간의 모습을 보여주며 중세의 억압, 속박과 르네상스의 해방, 자유로움 사이의 갈등을 누구보다 잘 나타낸다. 물론 시간이 흘러도 그 방황은 멈추지 않았다. 거대한 변화 속에서 속절없이 흔들리는 젊은이. 젊어봤던 사람이라면 누구라도 공감할 내용이 아닌가.

44

문학

알고 보면 위험한 풍자소설

— 조너선 스위프트의 『걸리버 여행기』

　사느냐 죽느냐의 고뇌에서 분위기를 바꿔 조금은 발랄하게 느껴지는 조너선 스위프트의 『걸리버 여행기』 이야기를 해보자. 이 작품이 쓰인 17~18세기 근대 영국은 그야말로 변화의 소용돌이 중심에 있었다. 조너선 스위프트가 스물한 살 때 가톨릭과 국교회의 충돌로 명예혁명*이 일어났고, 가톨릭 군주 시대가 막을 내린 뒤에는 토리당과 휘그당이 대립하면서 정치적으로 혼란스러웠다.

　조너선 스위프트는 오늘날 보수당의 전신인 토리당이었는데, 휘그당이 정권을 잡은 뒤 고향인 아일랜드로 피신했다. 그 덕분에 스위프트는 영국의 아일랜드에 대한 수탈을 직접 체험했고, 런던에서만 살던 사람과는 다른 관점을 지닐 수 있었다. 식민 지배, 젊은 시절 당파 정치, 동시대의 흐름이었던 과학주의와 같은 변화를 몸소 겪으면서 자신이 겪는 상황을 비판적으로 해석하게

---

* 왕권 강화를 위해 영국 국교회를 탄압한 제임스 2세를 무력 충돌 없이 왕위에서 물러나게 한 사건.

된 것이다.

『걸리버 여행기』는 그가 현실이 올바른 것인지 의문을 제기하면서 풍자한 내용으로 가득한 책이며 총 네 개의 부로 구성되어 있다. 동화로 아는 사람이 많지만 사실 『걸리버 여행기』의 원본은 혼란한 현실을 풍자하는 신랄한 성인용 우화다. 긴 설명보다, 줄거리를 살펴보자.

1편. 소인국 릴리퍼트 여행기

의사 걸리버가 세계를 돌아다니기 시작하며 첫 번째로 방문하게 된 나라는 소인국이었다. 그러나 걸리버가 소인국에서 만난 소인들은 인간보다 크기만 작을 뿐 인간과 하는 행동은 거의 비슷하다. 그래서였을까. 걸리버는 그들에게서 익숙한 영국인들의 부조리를 발견한다. 소인국에서는 줄타기 능력이 뛰어나야 높은 관직에 오를 수 있는데, 줄타기 재주로 황제를 즐겁게 해주는 사람이 높은 자리를 꿰차는 식이다. 능력이나 도덕성이 아니라 아첨으로 높은 관직에 오르는 당시 영국의 모습을 해학적으로 보여준 내용이라 할 수 있다. 소인들은 전쟁도 황당한 이유로 벌인다. 릴리퍼트는 원래는 같은 나라였던 이웃 소인국 블레푸스쿠와 오랜 기간 전쟁을 이어가고 있었는데, 그 이유가 정말 어처구니없다.

> 황제의 할아버지가 어릴 때 달걀을 먹기 위해 넓적한 부분을 깨
> 다가 손가락 하나를 베였다. 그러자 칙령을 내려 모든 백성이 달
> 걀을 뾰족한 쪽으로 깨도록 했고, 이에 따르지 않으면 벌을 주었
> 다. 백성들은 이 법에 분노했고, 이 때문에 여섯 차례의 반란이 일
> 어났다.
>
> _ 조너선 스위프트, 『걸리버 여행기』

고작 달걀 깨 먹는 방법 때문에 반란이 일어나 나라가 쪼개지
고, 긴 시간 전쟁하는 소인국의 모습을 보면 실소가 터져 나온다.
조너선 스위프트가 이런 이야기를 통해 비난하고 싶었던 건 뭐였
을까? 영국 내 토리당과 휘그당의 갈등, 구교와 신교의 갈등이 아
니었을까 싶다. 아마 소인국 간의 전쟁보다 우스꽝스러운 모습이
지 않았을까?

2편. 대인국 브로브딩내그 여행기

나는 하루에 열두 번 볼거리로 관중 앞에 나섰으며, 바보 같은 짓

을 똑같이 반복했다. 공연이 끝날 즈음에는 피로와 분노로 반쯤
죽는 줄 알았다.

_ 조너선 스위프트, 『걸리버 여행기』

다음으로 방문하게 된 거인국에서 걸리버는 서커스단 원숭이
같은 존재다. 거인국 사람들은 걸리버를 인간으로 취급하지 않는
다. 걸리버는 영국에서 자신이 외과 의사였고 나름대로 지성인이
라는 점을 거인들에게 어필하지만, 거인들은 크게 관심을 두지 않
는다. 그들에게 걸리버는 작고 귀여운 노리개일 뿐이다. 그래도
점잖은 거인국의 왕은 걸리버의 이야기에 어느 정도 귀 기울이는
데, 역시나 걸리버가 전한 '문명국' 영국의 이야기를 듣고는 이렇
게 말한다.

"애초에 꽤 괜찮은 제도들이 자네 나라에 있었음을 알겠네만,
그중 절반은 사라지고 나머지 절반은 타락하여 완전히 사라져 버
렸군."

스위프트는 거인국 왕의 입을 통해 영국의 사회 제도가 좋은
취지를 잃고 타락했다는 걸 신랄하게 비판한 것이다.

3편. 하늘을 떠다니는 섬 라퓨타 여행기

걸리버가 세 번째로 방문한 섬은 천연 자석의 힘으로 하늘을 날아다니는 라퓨타다. 라퓨타에 사는 사람들은 수학과 천문학에 관심이 많았지만, 일상생활을 제대로 꾸리지는 못했다. 생각에 잠겨 기둥에 머리를 부딪치거나 하수구에 빠지는 식이었다. 수학·과학·천문학에 능통한 사람들의 어딘가 나사 빠진 듯한 모습을 통해 스위프트는 지나친 과학주의와 개인주의를 비판했다. 라퓨타 사람들은 다른 이의 고통에도 무심한데, 신비로운 섬의 이름과는 달리 잔인하게도 섬 아래 영토 발니바비를 식민지로 지배하고 착취한다. 이 또한 영국의 식민주의에 대한 신랄한 비판이다.

4편. 말의 나라 휴이넘 여행기

걸리버가 마지막으로 방문하는 나라는 말(馬)과 사람의 위치가 뒤바뀐 휴이넘이다. 이성을 지닌 말들이 인간을 지배하는 곳이다. 휴이넘은 완벽한 이성을 지닌 존재로 묘사되는데, 그들은 소모적인 논쟁 없이 사물의 본질을 직관적으로 파악한다. 불완전한 이성을 지닌 인간들의 영국보다 훨씬 더 합리적으로 그들의 나라를 다스린다. 휴이넘에게는 '악'이나 '병'이라는 개념 자체가 없고, 그들은 불필요한 욕망에 빠지지도 않았다. 매번 각 나라에서 완벽하게 적응했던 걸리버는 언제나 그랬듯이 휴이넘을 떠나 인간 세상으로 돌아와서도 한동안 후유증에 시달리는데, 이번에는 정신 착란을 일으킨다. 걸리버의 정신 착란은 완전한 이성적 존재들의 세상에서 다시 불완전한 이성의 세상, 영국으로 돌아왔기 때문이 아니었을까?

45 베르테르 효과에 관하여

문학
- 괴테의 『젊은 베르테르의 슬픔』

영국의 조너선 스위프트가 사망하고 4년이 지난 1749년 독일에서는 또 한 명의 걸출한 천재가 태어난다. 근대 문학을 논하면서 이 사람을 빼먹을 수는 없다. 바로 요한 볼프강 폰 괴테, 독일의 위대한 문호다. 그는 법률, 정치, 과학, 시, 소설, 예술, 철학 등 다양한 분야에서 두각을 나타낸 천재적 인물이었는데, '괴테 시대'라는 말이 있을 정도로 독일 문학에서 괴테가 차지하는 위상은 절대적이다.

괴테는 프랑크푸르트의 유복한 가정에서 태어나 어릴 때부터 다양한 학문을 접할 수 있었다. 그는 전공인 법학보다 문학과 예술에 관심을 기울였다. 그리고 1774년 스물다섯에 쓴 첫 소설 『젊은 베르테르의 슬픔』으로 전 유럽에서 엄청난 반향을 일으켰다. 이 작품은 낭만주의에 불을 지폈고, 당시 젊은이들이 작품의 분위기에 심취해 주인공 베르테르의 푸른 연미복과 노란 조끼 차림을 따라 하거나 권총 자살이 유행하기도 했다. 이를 '베르테르

효과'*라고 한다. 이 때문에 일부 지역에서는 『젊은 베르테르의 슬픔』을 금서로 지정하기도 했다. 나폴레옹은 이 소설에 감명받아 무려 열네 번이나 읽었다고 전해진다.

놀랍게도 시대의 걸작 『젊은 베르테르의 슬픔』은 3개월 만에 완성된 것으로 알려져 있다. 이 소설은 괴테가 친구의 약혼녀인 샤를로테 폰 슈타인을 사랑했던 경험을 바탕으로 쓰였는데, 독일 낭만주의 문학의 시초가 된 이 소설의 숨은 주인공 샤를로테 폰 슈타인에 대해 괴테는 이렇게 묘사했다.

그녀는 사람들에게 호감을 주는 여인이었다. 보기 좋은 경쾌한 몸매, 티 없이 명랑한 천성과 쾌활한 생활력, 일상적으로 필요한 것을 자연스럽게 다루는 능력, 이 모든 것을 골고루 갖추고 있었다. (…) 나는 그런 특성을 가진 사람들과 어울리고 싶었다.

안타깝게도 괴테는 하노버의 공사관 서기관이었던 샤를로테 폰 슈타인의 약혼자와 자주 어울리며 친하게 지냈다. 약혼자가 있었음에도 괴테는 샤를로테에 대한 감정을 숨기기 힘들었고, 결국 친구에게 이런 쪽지를 남기고 떠났다.

* 소설 속 인물이나 유명인의 자살을 모방하는 자살이 증가하는 현상을 의미한다. 소설 『젊은 베르테르의 슬픔』에서 유래했다.

당신들 곁에 더 머무른다면, 나로서는 더 견디지 못할 것입니다. 이제 나는 혼자입니다. 내일 이곳을 떠나겠습니다. 머리가 터질 것 같습니다.

괴테는 자신의 이루어지지 못한 사랑의 경험과 동료의 부인을 사랑하다가 절망해 권총으로 자살한 친구의 이야기를 하나로 엮어, 온 유럽을 들썩이게 한 작품 『젊은 베르테르의 슬픔』을 썼다. 이 작품은 베르테르가 친구 빌헬름에게 쓰는 편지 형식이다.

감성적인 예술가 기질이 있던 베르테르는 발하임이라는 시골 마을에서 자연의 아름다움을 즐기고, 시골의 순박한 사람들과 교류하며 지낸다. 하루는 무도회에서 약혼자가 있는 '로테'라는 이름의 여인을 만나게 되는데, 로테는 어머니가 돌아가신 뒤 어린 동생들을 돌보며 살아가는 마음씨 착한 여인이다. 베르테르는 첫눈에 그녀에게 강한 끌림을 느끼지만, 그녀의 약혼자 알베르트 때문에 갈등한다.

로테와 함께할 때 큰 행복감을 맛보는 만큼 그녀가 자신과 맺어질 수 없다는 현실을 확인할 때마다 베르테르는 어마어마한 고통을 느낀다. 로테의 가족을 도우면서 그녀 곁을 맴돌아 봐도 그녀는 결국 알베르트와 결혼할 운명이었다. 얼마 지나지 않아 알베르트와 로테는 결혼하고 베르테르는 현실을 더욱 견디기 힘들어한다. 점점 더 큰 절망 속에 빠져들며 그는 감정을 통제하지 못한다. 그를 위로해 주었던 아름다운 자연은 오히려 그를 더 깊은 절망의 끝으로 밀어버리고 그는 삶의 의미를 잃어간다.

> "오, 사랑하는 이여! 당신의 남편을, 당신을, 나를 죽이고 싶다는 생각이 갈가리 찢긴 마음속에서 종종 사납게 날뛰었다오! 그러니 내가 죽어야 하지 않겠소!"
>
> _ 괴테,『젊은 베르테르의 슬픔』

베르테르는 로테에 대한 감정을 제어하지 못하고 우울감에 빠져 일상생활과 인간관계에서도 방황한다. 결국 로테가 자신을 절대 받아들일 수 없다는 현실을 인정한 그는 자신이 세상을 떠나기로 결심한다. 베르테르는 얄궂게도 알베르트에게서 권총을 빌리고 마지막으로 로테를 찾아가 입맞춤하지만, 로테는 안타까워하면서도 그를 받아들이지 않는다. 베르테르는 권총으로 머리를 쏘아 자살하는데, 불행히도 바로 죽음에 이르지 않고 고통 속에서 신음하며 서서히 죽어간다.

베르테르는 이루어질 수 없는 사랑에 어쩔 줄 몰라 하는 감정적인 인간인 데 비해 로테와 알베르트 그리고 마을 사람들은 현실적이고 합리적이다. 계몽주의의 이성에 감성적인 개인이 짓눌리는 모습과 닮아 있다. 베르테르의 감성은 자연과 조화를 이루지만 절망 또한 자연 속에서 커져 극단적인 선택을 한다. 소설의 결말은 유럽인들에게 큰 충격을 남긴다.

충격을 받은 건 유럽인들뿐만이 아니었다. 연애소설로 대표되는 『젊은 베르테르의 슬픔』이 동아시아에 처음 소개되었을 때, 막 근대화의 물결을 지나고 있던 이들은 가문의 판단이 아닌 개인의 선택으로 결혼이나 연애와 같은 문제를 결정할 수 있다는 사실에 엄청난 충격을 받았다고 한다. 이후 자유연애가 이른바 '모던보이', '모던 걸'의 상징으로 통하며 유행하게 되는 데 연애소설이 미친 영향력은 그야말로 지대했다.

아름다운 문체와 감수성 짙은 전개로 신드롬을 일으켰던 『젊은 베르테르의 슬픔』. 이 작품은 계몽주의의 '이성'에서 낭만주의의 '감성'으로 한 시대가 넘어가는 신호탄과 같았다.

46 대중의 환상이 담긴 이야기

문학

– 제인 오스틴의 『오만과 편견』

　여기 괴테의 『젊은 베르테르의 슬픔』을 읽으며 소설가의 꿈을 키웠던 영국 소녀가 있다. 바로 『오만과 편견』의 작가 제인 오스틴이다. 그의 소설은 주로 영국의 중상류층 여성들의 삶과 사랑 이야기였다. 영국의 상업 발달과 산업혁명을 이끈 사회 변혁의 핵심 세력이었던 이른바 젠트리 계층의 여성들 이야기다.

　제인 오스틴은 열네 살 때에 이미 소설 습작을 시작했고, 당시 여성으로는 드물게 가족들의 지지를 받으면서 소설가로 성장했다. 그의 작품은 당대에는 크게 주목받지 못했지만, 이후 큰 관심을 받기 시작해 그녀는 영국에서 무려 셰익스피어와 함께 최고의 문학가로 손꼽히는 작가가 되었다. 주요 작품으로는 영화로도 많은 사랑을 받은 『오만과 편견』, 『이성과 감성』을 비롯해 『맨스필드 파크』, 『설득』, 『에마』 등이 있다.

　많은 재산을 가진 독신 남자에게 반드시 아내가 필요하다는 것은 누구나 인정하는 진리다.

_ 제인 오스틴, 『오만과 편견』

『오만과 편견』은 많은 재산을 가진 상류층의 신사와 중류층 젠트리 집안의 숙녀가 서로에 대한 편견과 오만을 극복하고 결혼하게 되는 이야기다. 한마디로 요즘 로맨틱 코미디물의 정석적 흐름이라고도 할 수 있는데, 재수 없는 신사와 진취적인 숙녀가 오해를 딛고 진정한 마음을 확인하는 과정이다. 당시 결혼은 가문과 가문의 결합이었고, 물려받을 재산이 별로 없는 여성들은 결혼을 잘하는 것이 안정적인 생활을 위한 유일한 길이었다. 그러므로 당시의 결혼에는 감정보다 중요한 요소가 많았다. 계급이나 재산, 사회적인 지위와 같은 조건들이었다.

그러나 『오만과 편견』의 주인공 엘리자베스는 독립적인 성격으로 자신의 감정을 따르고 상대와의 상호 존중을 놓치지 않으면서도 결혼을 통해 사회적 지위와 재산까지 얻는다. 엘리자베스의 사랑 이야기는 곧 대중이 가장 이상적으로 생각하는 '결혼'이라는 환상을 충족시켜 대리 만족을 느끼게 해주었고, 『오만과 편견』은 로맨스 소설계의 클리셰가 되었다. 이 소설에서 제인 오스틴은 19세기 초 영국 사회의 사회적인 계급과 결혼, 여성의 역할 등을 보여주며 주인공 엘리자베스를 통해 이상적인 대안을 제시하였다. 조금 뻔한 그 시절 연애 이야기를 풀어내 보자.

　　지방의 변변찮은 젠트리 베넷 씨에게는 다섯 딸이 있다. 집안에 남자 후계자가 없어 베넷이 사망하면 재산은 먼 친척인 목사 콜린스에게 넘어가는 상황인지라 베넷 부인은 딸들의 결혼에 필사적일 수밖에 없었다. 어느 날 근처에 영국 북부의 부자 청년 빙리가 이사 온다. 베넷 부인은 빙리에게 자신의 딸 중 한 명을 꼭 시집보내고 싶어 한다. 그러던 중 빙리는 첫째 제인에게 관심을 보이고 빙리의 친구 다시는 제인과 엘리자베스 모두에게 크게 관심을 보이지 않는다.

　　"엘리자베스는 견딜 만하지만, 나를 유혹할 정도로 예쁘진 않아."

　　엘리자베스는 첫 만남에서 자신을 '견딜 만한(tolerable)' 정도라고 평가한 다시를 '오만하다'고 생각한다. 다시는 엘리자베스와의 만남에서 엘리자베스 집안의 사회적 계급과 그녀의 외모에 대해 '편견'을 가진다. 그러나 시간이 흐르면서 다시는 지적이고 독립적인 성격의 엘리자베스에게 점점 끌린다. 사회적인 압박이나 편견에 맞서 솔직하게 자기 생각을 표현하는 엘리자베스는 그간 다시가 경험하지 못한 여성이었다. 다시는 그녀를 통해 자신의 오만과 편견을 깨닫는다.

"내 감정을 억누르려 헛되이 투쟁했지만, 불가능했습니다. 더는 내 감정을 억누를 수 없군요. 내가 당신을 얼마나 열렬히 존경하고 사랑하는지 말하도록 허락해 주십시오."

다시는 엘리자베스에게 고백하지만 안타깝게도 '당신의 낮은 사회적 계층과 가문에도 불구하고 자신이 고백한다'라는 점을 강조한다. 여전히 자부심과 오만이 묻어 있는 고백. 엘리자베스는 그의 오만함과 무례함에 대한 분노로 고백을 거절한다. 이후 다시는 사회적 계급에 대한 오만과 편견을 깊이 반성하고 변화한다. 그는 더 이상 자신의 사회적 지위와 재산을 내세우지 않으며 오로지 진심만을 엘리자베스에게 보여준다. 엘리자베스도 다시가 변하고 있으며 사실은 자상하고 사려 깊은 사람이라는 사실을 알게 된다.

"당신은 너무 관대해서 나를 하찮게 여기지 않지요. 당신의 감정이 지난 4월 첫 고백 때와 같다면, 그렇다고 말해 주십시오. 나의 애정과 바람은 변하지 않았지만, 당신이 거절한다면 앞으로 영원히 침묵하겠습니다."

다시의 두 번째 고백은 엘리자베스의 마음을 움직인다. 엘리자베스는 그의 변화를 받아들이고, 둘은 마침내 결혼한다. 오만과 편견은 그들의 사랑을 방해하는 것이었지만, 결국 각자의 성장과 서로 간의 이해를 통해 그것을 극복함으로써 진정한 사랑이 이루어진다.

소설 속 엘리자베스와 다시는 당시 사회에서는 보기 드문 인물들이다. 중류층 집안의 엘리자베스가 당시 기준으로 훌륭한 남편감인 다시를 오만하다는 이유로 거부하고, 사회에서 요구하는 가치를 거절하는 과정은 가히 충격적이다. 훌륭한 가문, 재산, 외모 등 모든 것을 가진 다시가 사랑하는 여성의 비판을 온전히 받아들이고 성장하는 모습도 이채롭다. 단순히 부자와 시골 처녀의 사랑 이야기가 아니라 두 주인공이 서로에게 영향을 주며 함께 성장하는 과정이 『오만과 편견』을 끌어가는 진정한 즐거움이라고 할 수 있다. 로맨스와 성장 소설의 교묘한 줄타기 속에서 제인 오스틴은 특유의 통찰력과 진취적인 도전정신을 보여준다. 이것이 범람하는 콘텐츠의 시대에 여전히 원조의 품격을 지킬 수 있는 이유가 아닐까. 사실상 우리가 『오만과 편견』의 흐름이 뻔하고 전형적이라 여기는 것도 이 소설 이후 몇백 년간 등장한 수많은 아류작에 압도되었기 때문이니 말이다.

4장

죽음, 사랑, 인간이라는 학문

폐허 속에서 길어 올린 인문학

4대 문명 페르시아제국 페르시아 전쟁 로마제국
에피쿠로스 소크라테스 플라톤 아리스토텔레스
서로마제국 스토아 철학 공자 맹자 장자 탐가메시 서사시
오디세이아 그리스 신화 사기 삼국지
프랑크왕국 당나라 몽고 카노사의 굴욕 십자군 전쟁
몽골 제국과 칭기즈 칸 흑사병 동로마 제국의 멸망
아우구스티누스 보에티우스 니벨룽의 노래 신곡 토마스 아퀴나스 르네상스의 대항해 르네상스 종교개혁
산업혁명 미국의 독립 프랑스 혁명 마키아벨리
데카르트 스피노자 칸트 쇼펜하우어 햄릿
걸리버 여행기 젊은 베르테르의 슬픔 오만과 편견
아편전쟁 미국 남북전쟁 제2차 세계대전 냉전
마르크스 니체 비트겐슈타인 사르트르
데미안 노인과 바다 한나 아렌트
헤겔 변신 인간 실격 프리드리히대왕

47 종이호랑이로 전락한 청나라
역사 | - 아편 전쟁

15톤, 900톤, 6500톤 그리고 1350만 명.

영국령 인도에서 생산한 아편의 청나라 수입량 변화와 19세기 말, 청나라에서 아편에 중독된 성인 남성의 숫자다. 현대사를 시작하자마자 아편 중독자 1300만 시대라니. 어쩌다 이런 일이 벌어지게 된 것일까. 세계 곳곳에 식민지를 건설한 영국은 면직물 수출과 식민지 특산물 수입으로 막대한 이익을 챙겼지만 유독 청나라에서만큼은 재미를 보지 못했다. 청나라에서는 자체 생산한 면직물이 더 저렴했기 때문에 영국산 면직물의 수요가 없었고, 오히려 영국에서 중국산 차와 도자기의 수요가 폭발적으로 증가했기 때문이다. 차와 도자기를 수입하기 위해 당시 국제 화폐였던 은으로 값을 치르다 보니 유럽에는 은이 부족해져 은값마저 폭등하는 지경이었다.

영국은 이런 상황을 타개하기 위해서 인도에서 만든 아편을 청나라에 팔기 시작했다. 이때 아편 수입의 중심지가 광저우였다. 기존에 비싼 약으로 쓰던 아편이 저렴하게 공급되자 청나라 사람들은 너도나도 아편에 중독되었다. 민간인뿐 아니라 궁중 고위 관리, 군인들도 중독되었다. 한번 중독된 아편은 끊기 힘들었고 청나라에서 아편값으로 치른 많은 양의 은이 다시 영국으로 흘러들어 갔다. 1830년대 후반에는 500만 냥 이상의 은이 영국으로 유출되었다고 하니 실상은 더 엄청났으리라. 청나라는 아편 때문에 골병이 들고, 세금조차 거두기 힘든 상황이 되었다.[*]

> 3일 안에 청나라 관리에게 아편을 인도하고, 이후 다시는 아편을 반입하지 않겠다는 서약서를 제출하면 지난날 밀수의 죄를 묻지 않겠다.
>
> _ 임칙서가 외국 상인들에게 내린 포고령

청나라에서는 황제의 명으로 임칙서를 광저우로 파견해 2만여 상자, 1400톤에 이르는 아편을 폐기하는 등 강도 높은 아편 수입 금지 정책을 실행했다. 자국 상인들의 사유재산을 빼앗긴 영국 정부에서 청나라 정부에 항의했지만, 청나라는 꿈쩍도 하지 않

---

[*] 당시 청나라에서는 농민들이 곡식과 교환한 은으로 세금을 거두었는데, 나라 안의 은이 영국으로 모조리 빠져나가자 은값이 오르고 농민들은 세금을 내기가 힘들었다.

았다. 영국은 결국 의회에서 청나라와의 전쟁을 결의했다.

1840년 영국은 내부의 반대 목소리*에도 불구하고 제1차 아편 전쟁을 일으켰다. 군함과 무기 면에서 우세했던 영국은 해전에서 청나라를 제압했다. 놀란 청나라는 임칙서를 파면하고 영국과 협상했지만, 홍콩을 내놓으라는 영국의 요구를 거절했다가 광저우, 상하이, 난징을 공격당하면서 마침내 항복했다. 2년 후인 1842년에 청나라는 결국 불리한 조건으로 영국과 난징 조약을 체결한다. 난징 조약의 주요 내용은 아래와 같다.

첫째, 홍콩을 영국에 할양한다.

둘째, 광저우, 샤먼, 푸저우, 닝보, 상하이 등 다섯 개 항을 개항하고 영사를 설치한다.

셋째, 전쟁배상금으로 1200만 달러, 몰수당한 아편 보상금으로 600만 달러를 배상한다.

넷째, 행상(行商) 즉 공행(公行)과 같은 독점 상인을 폐지한다.

다섯째, 수출입 상품에 대한 관세를 제한한다.

여섯째, 청나라와 영국 두 나라 관리는 대등하게 교섭한다.

---

* 1840년 4월에 영국 의회에서 진행한 최종 투표 결과 전쟁 찬성이 271표, 반대가 262표 나왔다.

완전한 불평등 조약이었지만 어쩐 일인지 난징 조약 이후로도 영국은 원하는 만큼 이익을 얻지 못했다. 영국산 면직물은 중국산보다 비싸고 품질이 떨어져서 여전히 팔리지 않았기 때문이다. 반면에 영국으로 수입되는 청나라 차는 더 늘어났다. 한 번의 전쟁으로 영국의 대청 무역적자가 개선되지는 않았던 것이다.

그러던 차에 1856년 애로호 사건이 일어난다. 애로호는 홍콩과 광저우를 왕래하면서 밀수를 일삼던 해적선이었는데, 선주는 영국인이었고 선원들이 청나라 사람이었다. 영국은 청나라 관리가 선원 12명을 체포하는 과정에서 영국 깃발을 끌어 내렸다는 것을 빌미로 전쟁을 일으켰다. 의회에서는 전쟁을 반대했지만, 경제적인 이익을 위해서 영국 정부가 전쟁을 밀어붙였다. 거기에 프랑스 선교사가 청나라에서 처형된 사건을 빌미로 아시아 식민지 확대를 노리던 프랑스까지 가세했다.

영국과 프랑스 연합군은 제2차 아편 전쟁 기간에 광저우와 해안 주요 도시를 점령했다. 나중에는 러시아와 미국까지 가세해 1858년 청나라는 영국, 프랑스, 러시아, 미국과 톈진 조약을 맺게 된다. 청나라에 너무나 불리한 톈진 조약으로 내부적인 반발이 컸지만, 전쟁은 계속되었고 연합군은 수도 베이징을 함락해 버렸다. 청나라는 연합군에 항복하고 결국 베이징 조약까지 맺었다. 베이징 조약과 영국, 러시아와 별도로 맺은 조약의 주요 내용은 아래와 같다.

첫째, 전쟁 비용을 배상하고 텐진 및 열 개 항구를 개방한다.

둘째, 외교 사절의 베이징 주재를 허용하고 외국인의 중국 여행과 무역을 자유롭게 보장한다.

셋째, 포교의 자유와 선교사의 신변 보호를 보장한다.

넷째, 기독교 박해로 몰수한 재산은 프랑스 공관을 통해 반환한다.

다섯째, 청나라에 의한 자국민의 해외 이주 금지 정책을 철폐하고 이민을 승인한다.

여섯째, 홍콩 맞은편 주룽을 영국에 조차한다.

일곱째, 러시아 제국에 아무르강 이북 지역과 연해주 지역을 할양한다.

아편 전쟁의 본질은 청나라와의 무역적자를 힘으로 해결하려고 한 서구 제국주의의 지질함과 욕심이었다. 이들의 욕심에 청나라는 이제 거의 반식민지와 다름없는 신세가 되었고, 그야말로 종이호랑이로 전락해 버렸다.

48 더 이상의 노예는 없다

역사   - 미국 남북전쟁

종이호랑이로 전락해 버린 청나라와 달리 독립 전쟁 이후 발전을 이어가던 미국은 19세기 중반, 내부 갈등으로 큰 위기를 맞이한다. 1861년부터 4년간 남북전쟁이라는 내전의 소용돌이에 휘말린 것이다. 4년간의 전쟁으로 대략 39만 명이 전쟁터에서 사망하고 63만 명의 미국인이 목숨을 잃었다.

남북전쟁의 원인은 여타의 전쟁들과 마찬가지로 경제적인 문제였다. 당시 미국 북부는 농사보다는 상업과 철강, 기계 등 공업이 발달했고 남부는 목화 생산을 위한 대규모 농사가 발달한 상황이었다. 공산품을 많이 생산하는 북부에서는 자국민들이 유럽의 물건보다 미국의 물건을 쓰기 바랐고, 유럽에서 수입되는 물품에 높은 관세를 매기기를 원했다. 그러나 남부는 사정이 달랐다. 남부에는 생필품이 필요했다. 남부는 면직물의 원료인 목화를 대량 생산해 유럽에 수출하고 생필품을 수입해야 했는데, 관세를 올리면 생활이 불편할 수밖에 없었던 거다.

흑인 노예제를 향한 엇갈린 입장도 문제였다. 남부가 대농장을 유지하기 위해 흑인 노예가 꼭 필요했던 데 비해, 북부는 그렇지 않았다. 흑인 노예가 필요하지 않았던 북부의 흑인 인구는 1퍼센트 수준이었지만 남부는 50퍼센트 이상이 흑인이었다. 노예의 노동력은 남부의 농장을 운영하는 데 필수적이었다.

15세기 중반부터 시작된 아프리카 흑인 노예무역은 18세기까지 유럽 여러 나라의 돈벌이 수단이었다. 그러나 계몽사상의 영향으로 노예무역이 점차 금지되는 추세였다. 1807년 영국은 노예무역을 금지했고 미국에서도 1808년에 노예무역을 금지했다. 1830년대 이후 미국 북부에서는 노예제 자체를 폐지하자는 주장이 있었지만, 남부 농장주들의 반발로 실행되지는 못했다.

1852년 미국의 흑인 노예들의 삶을 다룬 해리엇 비처 스토의 소설 『톰 아저씨의 오두막집』이 출간되고 1853년에는 자유민이었다가 납치되어 노예 생활을 했던 솔로몬 노섭의 『노예 12년』이 출간되었다. 노예들의 끔찍한 실상이 세상에 알려지면서 노예 제도 폐지를 찬성하는 움직임이 더욱 활발해졌다.

그리고 1861년 16대 대통령에 노예 제도에 반대하는 에이브러햄 링컨이 당선되었다. 이에 위기를 느낀 조지아, 사우스캐롤라이나, 텍사스, 루이지애나 등 남부 일곱 개 주는 1861년 연방 탈퇴를 선언했다. 남부는 '아메리카 연합국'이라고 나라 이름을 정하고 제퍼슨 데이비스를 대통령으로 내세우며 별도의 정부를 구성했다.

남북의 긴장감이 고조되던 1861년 4월, 사우스캐롤라이나의 섬터 요새의 연방군에게 남부군이 포격을 가하면서 남북전쟁이 시작되었다. 전쟁 발발 후 네 개 주*가 추가로 연방을 탈퇴해 북부와 남부 사이에 본격적인 전쟁이 시작되었다.** 당시 남부는 북부에 비해 병력이 절반 정도였고 군수품이나 이송 수단 등이 훨씬 부족했다. 그러나 전쟁 초반, 남부 연합의 총사령관인 로버트 에드워드 리의 지휘에 따라 남부 연합은 연방군을 압도했다. 남부 병사들은 연방의 간섭에서 독립해야 한다는 의식이 강했고 정신력도 뛰어났다. 그러나 결국 전쟁이 길어지면 정신력보다 경제력이 중요해진다. 북부군의 봉쇄 작전으로 무역을 할 수 없게 되자 남부는 경제가 마비되어 전쟁 수행이 힘들어졌다.

"삶에서 내가 옳은 일을 한다는 확신을, 여기 서명하는 지금 이 순간만큼 느껴본 적이 없다."

_ 링컨

* 버지니아, 아칸소, 노스캐롤라이나, 테네시.
** 북부 23개 주의 인구는 2300만, 남부 11개 주의 인구는 900만 정도였다.

1863년 1월, 링컨은 노예 해방 선언을 발표했다. 남부의 모든 노예를 해방하겠다는 이 선언으로 링컨은 명분과 실리를 모두 얻을 수 있었다. 노예 해방 선언으로 영국과 프랑스는 남부를 지원할 수 없게 되었다. 이들은 미국 남부 목화의 최대 수입국이라서 전쟁으로 큰 손해를 보았지만, 남부를 지원했다가는 노예제에 찬성한다고 전 세계의 비난을 받을 것이 분명했기 때문이다. 반대로 북부인들에게는 이 전쟁에 목숨을 바쳐야 하는 명확한 명분이 주어졌다. 영국으로부터의 독립 전쟁을 치르며 자유와 평등이라는 이념으로 미합중국을 건설했던 심정을 다시 한번 북돋우며 북부군은 전쟁에 임할 수 있었다. 거기에다가 남부에서 탈출한 흑인들이 북부군에 가담함으로써 북부군의 병력을 보충할 수도 있었다.

"시민의, 시민에 의한, 시민을 위한 정부는 이 땅에서 사라지지 않을 것입니다."

_ 링컨의 게티즈버그 연설

궁지에 몰린 남부군은 1863년 최후의 결전을 벌이기로 했다. 그해 7월 펜실베니아 남부 게티즈버그에서 벌어진 사흘간의 처절한 전투에서 북부군과 남부군을 합쳐 5만 명 이상의 사상자가 발생했고, 무려 5000여 마리의 말이 죽었다. 게티즈버그 전투 4개월 뒤, 링컨은 자유를 지키기 위해 헛되이 죽어간 병사는 없다며 추모 연설을 했다.

게티즈버그 전투 후 남부군은 몰락했지만, 끔찍한 전쟁은 몇 년 더 이어졌다. 1865년 남부의 수도 리치먼드가 함락되었고 마침내 1865년 4월 9일, 내전이 종결되었다. 불행하게도 링컨은 전쟁이 끝나고 불과 5일 뒤 암살당한다.*

남북전쟁으로 미국 남부는 잿더미가 되어버렸지만, 북부의 도움으로 빠르게 재건될 수 있었다. 남북전쟁 후 노예제는 폐지되었으나 불행히도 흑인들에 대한 차별은 1950년대까지도 이어졌다. 그러나 미국은 이후 더 단단하게 결속된 하나의 나라로 거듭나게 되었다. 1869년 미국의 동부와 서부를 잇는 대륙 횡단 철도 개통으로 서부 개척 시대가 열렸다. 서부로 이주한 미국인들은 광활한 평원에서 수백만 마리의 소를 방목하고 농사를 지었다. 서부에서의 안정적인 식량 공급과 급속도로 진행된 산업화로 미국은 초강대국으로 발전할 수 있는 기틀을 닦았다. 그야말로 피로 쓰인 역사였다.

---

* 1865년 4월 14일, 포드 극장의 대통령 지정석에서 남부의 지지자였던 배우 출신 존 윌크스 부스에 의해 암살당했다.

49 인간은 어디까지 잔인해질 수 있는가

역사

– 제2차 세계대전

　2024년 개봉한 「존 오브 인터레스트」라는 영화는 어느 평범한 가족이 평화롭게 살아가는 모습을 그린 영화처럼 보이지만, 사실 아니다. 유대인들을 강제 노역시키고 대량으로 학살하는 일을 하는 사람들이 시도 때도 없이 들려오는 사람들의 비명과 도망자들을 사살하는 총소리에도 아랑곳하지 않고 정원을 가꾸고 생일을 축하하며 살아가는 모습이 그야말로 소름 돋게 끔찍한 영화다.

　1939년부터 1945년까지 이어진 제2차 세계대전은 인류 역사상 가장 많은 인명, 재산 피해를 낳은 대규모 전쟁이다. 전 세계적으로 군인 약 2100만 명, 민간인 약 4200만 명 등 6000만 명이 넘는 인명 피해가 있었다. 이 전쟁에서는 독일, 이탈리아, 일본을 중심으로 한 추축국*과 영국, 미국, 소련 등 연합군이 1억 명

　＊　1936년 나치 독일과 파시스트 이탈리아의 우호 협정에서 시작된 표현. 베니토 무솔리니가 독일과 이탈리아가 유럽과 세계의 국제 관계에 큰 변화를 일으킬 추축(樞軸, 중심축)이 될 것이라 선언한 것에서 비롯되었다.

이상의 군인을 투입해 싸웠다.

　제1차 세계대전에 패배한 독일은 베르사유 조약을 통해 책정된 배상금의 늪에 빠지지만 1924년 이후 미국 자본의 도입으로 기적적으로 다시 일어날 수 있었다. 물론 1929년에 시작된 대공황으로 미국의 단기 신용자금이 빠져나가면서 다시 큰 타격을 받게 되지만 말이다.

　히틀러는 이런 독일의 분위기를 잘 이용했다. 1933년 국가사회주의 독일 노동자당(나치당)의 지도자로 정권을 잡아 총리가 된 그는 위대한 독일을 만들기 위해서는 순수한 게르만인의 국가를 만들어야 한다고 주장했다. 그는 베르사유 조약에 대한 독일인들의 복수심과 증오심을 잘 알고 있었고, 이를 적절하게 이용했다.

　1933년 10월 히틀러는 독일이 불평등한 취급을 받는다는 구실로 국제연맹과 군축회의에서 탈퇴를 선언했다. 1935년에는 문제의 베르사유 조약 파기를 선언하기에 이른다. 징병제를 부활하고 독일군을 약 50만까지 늘리겠다는 계획도 발표했다.

　1936년 독일은 프랑스와의 국경 지역 라인란트에 독일군을 주둔시켰다. 평화 조약을 완전히 위반하는 행동이었다. 히틀러는 점점 대담하게 행동했다. 나치 독일의 최종 목표는 사회주의의 수장인 소련을 무너뜨리고 순수한 게르만인의 나라를 세우는 것이었다. 즉, 소련 합병이 목표였다. 독일인이 사는 주변 국가를 복속시키고 프랑스와 영국을 제압한 뒤에는 소련으로 진군할 계획이었다.

1938년 4월, 나치 독일은 히틀러의 고향이기도 한 오스트리아를 합병했다. 같은 해 9월에는 체코슬로바키아 주데텐란트를 합병하고 1939년에는 체코슬로바키아까지 집어삼켰다. 이때까지 영국과 프랑스를 비롯한 유럽 각국 수뇌부들은 제1차 세계대전과 같은 전쟁이 발발하지 않도록 독일의 요구를 어느 정도 수용해 주었다. 그들에게는 오히려 이오시프 스탈린의 등장으로 사회주의 혁명을 주창하던 소련이 오히려 더 부담스러운 존재였다.

이런 틈을 타 나치당은 본격적인 소련 침공 전에 먼저 폴란드를 병합하고 프랑스와 영국을 제압하려 했다. 1939년 8월, 독일은 소련과 불가침조약을 체결해 소련과 폴란드를 분할 점령하기로 하고 폴란드를 서쪽에서 침공했다. 폴란드 동쪽에서는 소련이 공격해 들어갔다. 폴란드 내 우크라이나인과 러시아인의 권익 보호가 명분이었다. 결국 영국과 프랑스는 나치 독일에 선전 포고를 했다. 그렇게 피하려 했던 제2차 세계대전이 시작된 것이다.

소련은 지리적으로 가까이에 있는 핀란드, 발트해 연안을 공격하고 독일은 영국의 해군을 의식해 덴마크와 노르웨이를 공격했다. 해안선이 긴 두 나라를 얻어 바다를 봉쇄당하지 않기 위해서였다.

마침내 1940년 5월, 독일이 프랑스를 침공한다. 프랑스는 독일과의 국경 지역에 마지노선을 만들고 제1차 세계대전 때 독일이 넘어왔던 벨기에 국경 지역에 전력을 집중시켰다. 그러나 독일은 벨기에 쪽을 공격하는 척하면서 방비가 허술했던 아르덴 지방의 숲을 통과했다. 곧이어 벨기에 쪽으로 진군했던 프랑스군을 포위하고 프랑스의 항복을 얻어냈다. 개전 초기에 강대국 프랑스가 어이없이 무너진 것이다.

독일은 프랑스를 둘로 나누었다. 파리를 중심으로 해안가는 직접 통치하고 남부에는 임시 수도 비시를 중심으로 괴뢰정부를 세웠다. 당시 비시 정부의 총리는 필리프 페탱이었는데, 그는 제1차 세계대전에서 독일군을 막아낸 전쟁 영웅이었다. 페탱은 프랑스인의 희생을 막기 위해 항복하고 프랑스를 보전했지만, 독일의 전쟁 수행에 협력할 수밖에 없었다.

프랑스는 무너졌지만, 연합군의 한 축을 담당한 영국은 건재했다. 히틀러는 프랑스 점령 후, 영국을 협상 테이블로 끌어내 강화를 맺고 러시아를 공격하려 했다. 하지만 영국의 윈스턴 처칠은 상황을 냉철하게 분석했다. 영국은 전쟁을 수행하기로 했다. 영국은 프랑스 됭케르크 해안에 포위되었던 영국군 34만 명을 구출했다. 독일은 영국 본토에 약 3개월간 폭격을 퍼부었지만, 영국 공군의 저항으로 영국의 항복을 받아내지 못했고 그들을 협상 테이블에 끌고 나오지도 못했다.

한편 이탈리아는 프랑스와 이집트, 그리스를 공격했지만, 매번 패하기만 했다. 히틀러는 어쩔 수 없이 이탈리아를 지원해 주었다. 독일군은 북아프리카와 발칸반도까지 세력을 넓혔다. 영국이 미국의 물자 지원으로 악착같이 독일의 공격을 막아내자 히틀러는 소련으로 눈을 돌렸다. 독일은 소련을 공격하기 위해 일본과 동맹을 맺고 1941년 6월에 소련으로 진군했다.

이때 투입한 독일군은 전체 육군의 75퍼센트에 이르는 300만 명, 전차 3500여 대, 항공기 2700여 기에 달했다. 영국이 버티고 있는 상황에서 독일이 자신들을 침공할 거라고는 생각하지 못했던 소련은 전쟁 초반 후퇴를 거듭했다. 히틀러는 슬라브인을 말살하라고 했다. 민간인까지 학살당하는 상황에서 소련도 총력전을 펼쳤다. 독일과 소련의 전쟁은 무려 4년간 이어졌고, 결국 소련이 승리했지만 이미 너무 많은 사람이 죽은 후였다. 소련의 민간인 2000만 명을 포함해 4000만 명에 이르는 사람들이 이 기간에 사망했다.*

---

* 레닌그라드에서만 450만 명의 사상자가 나왔고 스탈린그라드에서도 6개월간 200만 명이 사망했다.

이와 별개로 히틀러는 1941년 여름부터 민족 청소를 시작했다. 나치 독일은 유럽 곳곳에 강제 수용소를 만들고 유대인들을 잡아 와 강제 노역을 시키다가 더 이상 노동을 할 수 없게 되면 살해했다. 4년 동안 600만 명의 유대인이 사망했고 아우슈비츠 수용소에서만 200만 명이 사망했다.

1941년 12월 일본의 진주만 공습*으로 미국이 참전했다. 1942년 1월 영국, 미국, 소련은 동맹을 맺고 대대적인 공격을 시작한다. 1942년 11월에는 연합군이 북아프리카에 상륙해 독일과 이탈리아군을 몰아냈다. 거듭 전쟁에서 패배한 무솔리니는 실각하고 이탈리아는 연합국에 항복했다. 1943년 2월, 소련이 스탈린그라드 전투에서 독일에 승리했고 1944년 6월에는 연합군이 프랑스 북부 노르망디 상륙에 성공했다. 15만의 상륙 부대 뒤로 160만 명의 연합군 부대가 도착했다. 그렇게 프랑스는 나치 독일의 지배에서 해방되었다. 이제 나치 독일은 동쪽에서는 러시아, 서쪽에서는 노르망디에서 상륙한 연합군의 공격을 받게 되었다.

1945년 5월, 소련이 베를린을 점령하고 나치 독일은 연합군

＊ 미국의 경제제재에 대한 일본의 복수였다. 일본군은 선전포고 없이 하와이 진주만의 미 해군 태평양 함대를 공격했다. 12척의 미군 함선이 피해를 입었고 2334명의 군인과 103명의 민간인이 사망했다.

에 항복했다. 어이없게도 히틀러는 이미 지하 벙커에서 권총으로 자살한 뒤였다. 추축국 중에서 이제 일본만이 남아 저항했지만, 히로시마와 나가사키에 미국이 투하한 원자탄에 전의를 상실하고 1945년 8월 15일 무조건 항복을 선언한다. 그렇게 악몽 같았던 제2차 세계대전이 드디어 종식되었다.

세계 평화를 위해 연합국은 1945년 10월 24일에 유엔(UN)을 출범시켰고 1948년에는 세계 인권 선언을 채택했다. 그러나 완전한 평화가 찾아오지는 않았다. 자본주의와 사회주의 간에 이념 전쟁이 그 막을 열었기 때문이다.

50

역사

자본주의 vs. 사회주의
– 냉전

　　제2차 세계대전은 끝났지만 차가운 전쟁*의 불씨는 조금씩 타오르기 시작했다. 전쟁 후 미국을 중심으로 한 자본주의와 소련을 중심으로 한 사회주의의 대립이 본격화되었다. 냉전 기간 중 두 세력은 핵무기 생산, 재래식 군대와 무기의 전략적 배치, 군사동맹, 첩보전, 대리전, 우주 기술 개발 경쟁 등 다양한 분야에서 서로 대립하였다.

　　냉전은 기본적으로 이념대립이었지만 헤게모니(hegemony) 쟁탈전, 각국의 생존을 위한 몸부림이기도 했다. 냉전의 원인은 소련과 미국 양측에 모두 있었다고 보는 것이 일반적인 시각이다. 소련은 세계 최초의 사회주의 국가로 끊임없이 외부의 위협에 노출되었다. 러시아 혁명 후 유럽의 간섭을 받았고 나치 독일의 손에 수천만 명의 민간인이 학살되었다. 그래서 소련은 사회주의 국

* '냉전(冷戰)'은 직접 무력을 사용하는 '열전(熱戰)'에 반대되는 말로 경제나 외교, 정보 등을 수단으로 하는 국제적인 대립 상태를 말한다.

가를 많이 만들어 세력을 키우려 했다. 또한 마르크스-레닌주의에 기반을 둔 정책은 기본적으로 공격적일 수밖에 없었다. 사회주의 본래의 목표인 세계혁명을 위해 되도록 많은 나라를 공산화하는 것, 팽창하는 것이 정책의 기본 방향이었다.

미국은 소련의 힘을 두려워했다. 농업 국가였던 소련은 제2차 세계대전 직전에 급속도로 발전해 세계 2위의 경제 대국이 되었다. 제2차 세계대전 때는 독일의 동쪽 전선을 책임지고 베를린까지 접수해 버린 군사 강국이었다. 게다가 전쟁 후에 소련은 동유럽을 공산화했는데 이것이 미국에 큰 위협이 되었다. 미국은 새로운 판매처와 원료 공급 시장을 찾는 게 중요했고 이런 미국의 정치·경제 구조도 냉전의 한 원인이 되었다.

두 진영 간의 경제적인 대립은 미국이 1947년 발표한 '마셜 플랜'으로 본격화되었다. 미국은 서유럽과 북유럽 국가들의 사회 인프라 재건에 천문학적인 자금과 기술을 지원했다. 유럽에서 공산권 세력이 더 이상 확장하지 못하게 하기 위함이었다. 전범 국가였던 독일*과 이탈리아를 포함해 영국, 프랑스, 오스트리아, 스위스, 스웨덴, 아일랜드, 포르투갈 등이 자유민주주의 국가 진영에 섰다. 이에 소련은 '몰로토프 플랜'으로 코메콘(COMECON)이라는

---

* 소련이 점유한 동독 지역은 제외되었다.

경제 협력 기구를 설립해 대응했다.

군사적으로는 1949년 미국이 '북대서양 조약 기구'*라는 군사 기구를 만들어 소련을 압박했다. 소련이 가만히 있었을까? 1955년 소련은 동구권 일곱 개 나라와 바르샤바 조약 기구를 만들었다. 이제 소련은 위성국에 군대를 주둔할 수 있게 되었다.

소련은 중국의 공산화에도 적극적으로 개입했다. 중국에서 공산당과 국민당이 내전을 벌이고 있을 때 소련은 일본 관동군을 몰아내고 얻은 만주 지역을 공산당에게 주었다. 관동군의 무기와 물자를 손쉽게 얻은 공산당은 국민당을 타이완섬으로 몰아내고 1949년 중화인민공화국을 수립했다.

중국이 공산화되는 과정을 유심히 지켜본 북한의 김일성은 스탈린에 지원을 요청해 한국 전쟁을 일으켰다. 중국 내전에 미국이 개입하지 않는 것을 보고 남한을 기습 공격하면 승산이 있겠다고 판단한 것이다. 그러나 1950년 북한의 남침으로 시작된 한국 전쟁에는 미국도 가만히 있지 않고 참전했다. 유엔군과 중공군 참전으로 대규모 전쟁의 양상을 보였던 한국 전쟁은 1953년 휴전 협정으로 마무리되었지만, 남북한 사상자만 520만 명 이상이 나온 처참한 전쟁이었다.

---

* NATO(North Atlantic Treaty Organization). 유럽과 북아메리카 지역 국가들의 정치 및 군사 동맹이다.

핵무기를 먼저 개발한 미국은 소련에 비해 한동안 군사적인 우위를 점하고 있었다. 그러나 1949년에 소련도 원자탄을 보유하고 1953년에는 수소폭탄까지 만들었다. 1957년에는 소련에서 대륙간 탄도 미사일을 개발하고 핵 추진 잠수함이 등장하면서 핵무기 보유 개수나 군인의 숫자는 별다른 의미가 없어졌다. 언제든 미국과 소련이 상대의 대도시와 핵심 시설에 핵 공격을 할 수 있게 되었기 때문이다.

냉전 시기에 전쟁 직전의 위기 상황까지 갔던 사건이 바로 쿠바 미사일 위기다. 에스파냐의 식민지였던 쿠바는 1902년에 독립했지만 미국의 영향 아래 있었다. 그런데 1959년 피델 카스트로와 체 게바라가 사회주의 혁명을 일으켜 친미 정권을 몰아냈다. 미국의 바로 턱밑에 사회주의 국가가 들어선 모양새가 된 것이다. 약소국인 쿠바는 소련에 군사적 지원을 요청했다.

1962년 10월, 소련이 쿠바에 미사일 기지를 짓는다는 정보를 입수한 미국은 소련을 공개 비난하고 미사일 기지 철거를 요구했다. 그리고 모든 해군력을 동원해 쿠바의 바닷길을 봉쇄했다. 미 해군이 '소련 선박이 검문을 거부하면 격침하라'라는 명령까지 내린 상태에서 소련은 미사일을 실은 함정을 쿠바로 보냈다. 일촉즉발의 상황. 다행히 소련이 합의안을 제시했다. 쿠바의 안전을 보장하고 튀르키예에 설치한 미군 미사일 기지를 철수하면 쿠바에 미사일 기지를 건설하지 않겠다는 것이었다. 미국과 소련 두 나라 사이에 조금이라도 오해가 발생했다면 큰 전쟁이 일어날 뻔한 상황이었다.

쿠바 미사일 위기 이후 미국과 소련 사이에 핫라인이 설치되었다. 이로써 두 나라 정상이 바로 통화할 수 있게 되었고 인류를 대규모 전쟁의 위험에서 어느 정도 구해냈다. 그러나 여전히 미국과 소련은 경쟁적으로 수만 발의 핵무기를 생산해 내고 있었다. 냉전은 더 이상 군사적으로 해결할 수 있는 문제가 아니었다. 손 쓸 수 없는 정도로 발달한 무기들을 사용한 전쟁이 일어나면 공멸할 것이 불 보듯 뻔했기 때문이다.

냉전은 결국 경제력으로 승패가 갈렸다. 미국은 세계 경제를 이끄는 초강대국이 되었고 미국이 지원한 서독, 영국, 프랑스 등 서유럽의 경제는 눈부시게 성장했다. 반면 소련과 동유럽 등 사회주의 국가들은 사회주의 자체의 한계에 맞닥뜨렸다. 국가 주도로 중공업에만 치중하다가 생필품의 공급이 부족했고 기술도 한참 뒤떨어졌다. 모든 재산을 국가가 소유하기 때문에 경쟁을 통한 발전이 제한적이어서 변화가 필요했다.

1953년 소련에서 스탈린의 뒤를 이은 니키타 흐루쇼프는 미국, 서유럽과의 교류를 확대하고 서민들을 위해 주택을 공급하는 등 경제개혁을 이끌었지만, 황무지 개간 사업 등의 실패로 11년 만에 권좌에서 물러나야만 했다.

1958년 중국에서는 마오쩌둥이 농업과 철강 산업을 중심으로 '대약진 운동'이라는 경제 발전 운동을 시작했다. 그러나 기술 부족과 전략의 부재로 대약진 운동은 크게 실패했고 2000만 명 이상이 굶어 죽는 비극이 생겼을 뿐이다. 이후 정권을 잡은 덩샤오핑과 류사오치는 자본주의적인 요소를 받아들이기 시작했지만, 실권을 되찾으려는 마오쩌둥이 홍위병을 앞세워 문화 대혁명*을 일으켜 중국은 다시 퇴보하고 말았다.

헝가리의 바르샤바 조약 기구 탈퇴 및 헝가리 혁명, 체코슬로바키아의 개혁과 프라하의 봄 등 소련의 영향력에서 벗어나려는 동유럽 국가들의 몸부림은 자본주의 사회로 전환하고자 하는 경제적인 이유가 컸다. 냉전은 1991년 소련이 해체될 때까지 46년간 지속되었다.

---

* 1966년부터 1976년까지 10년 동안 중국에서 일어난 대규모 파괴 운동, 친위 쿠데타, 내란. 대약진 운동의 실패로 권력이 약화된 마오쩌둥의 사욕으로 벌어진 사태다.

51

철학

모두가 잘 살 수는 없을까?

- 마르크스

"마르크스는 인간 해방의 철학자였다."

_ 에리히 프롬

　냉전의 시대, 자본주의의 반대편에서 한 축을 담당했던 공산주의 이론으로 세계 정치와 사상사에 어마어마한 영향을 미친 이 인물을 빼놓을 수는 없다. 바로 카를 마르크스다. 그는 독일의 공산주의 혁명가, 정치철학자, 경제학자로 역사상 가장 영향력 있는 사상가 중 한 명이며 19세기 가장 유명한 혁명사상가다. 대표 저서인 『자본론』과 프리드리히 엥겔스와 함께 쓴 『공산당 선언』은 사회주의와 공산주의 운동의 이론적 기초가 되었다. 러시아 혁명, 중국 공산혁명, 쿠바 혁명 등 세기의 공산주의 운동은 모두 마르크스주의를 사상적 토대로 삼았다.

　1848년 마르크스는 프로이센 정부의 부패, 언론 탄압과 봉건제 등을 비판하고 프롤레타리아 혁명을 선동하다가 독일에서 추방당한다. 그는 파리로 도피했지만, 프랑스 정부도 그를 추방한다. 이후 가족들과 함께 영국 런던으로 망명하는데, 그곳에서 병으로 아이들이 죽어갈 때 의사를 부르지 못할 정도로 극심한 생활고에 시달렸다.* 친구 프리드리히 엥겔스의 경제적 지원이 없었다면 『자본론』은 세상의 빛을 보지 못했을지도 모른다. 마르크스는 영국박물관의 도서관에 출근하다시피 하여 수천 권의 책을 읽으며 『자본론』을 준비했다. 그가 도서관에서 주로 앉았던 자리는 '마르크스 전용석'이라고 불렸을 정도다. 세계를 뒤흔든 마르크스의 주요 주장은 다음과 같다.

"역사는 계급투쟁의 역사다"

지금까지 모든 사회의 역사는 계급투쟁의 역사다.

_ 마르크스, 엥겔스, 『공산당 선언』

마르크스는 복잡해 보이는 인류의 역사를 꿰뚫는 단 하나의

---

* 마르크스는 프리드리히 엥겔스에게 보낸 편지에서 '밤에 글을 쓰다가 초가 다해 불이 꺼지면 어둠 속에서 생각만 한다네'라고 쓰기도 했다. 그는 가난의 체험으로 자본주의의 모순에 대한 비판 의식과 노동자 계급에 대한 공감을 강화할 수 있었다.

원리를 발견할 수 있다고 믿었고, 그것이 바로 지배계급과 피지배계급 간 투쟁의 결과라고 생각했다. 이 투쟁의 역사로 세계에 변화가 일고 세계가 발전할 수 있다고 주장했다. 고대의 주인과 하인, 중세의 영주와 농노, 근대의 고용인과 피고용인 사이의 집단 갈등이 역사에서 혁신적인 변화를 일으킨다는 것이다. 정치 지도자나 종교, 사상 등의 역할을 강조한 기존의 역사 해석과는 전혀 다른 관점이었다. 마르크스는 재산의 소유 형태에 따라 인류 역사에 네 가지 단계가 존재했다는 흥미로운 분석을 내놓았다.

> 1단계: 원시 공유재산 체제
> 2단계: 고대 공동체와 국가의 소유권 체제(노예제·사유재산제 시작)
> 3단계: 봉건 체제(사유지 체제)
> 4단계: 근대 자본주의 생산 체제(자본가의 토지, 장비, 공장 등 생산수단 소유)

헤겔은 시간의 흐름에 따라 발전하는 절대정신이 시대정신을 규정한다고 했지만, 마르크스는 사회적·경제적 관계가 시대정신을 규정짓는다고 생각했다. 그리고 전쟁이나 혁명처럼 지배계급이 교체되는 급진적인 정치적 사건을 통해 각 단계의 변화가 일어난다고 보았다.

마르크스가 살던 시대에는 자본주의의 두 계급(부르주아와 프롤레타리아*) 간 갈등이 고조되고 있었다. 자본주의에서는 생산수단을 소유한 부유한 소수와 노동력만 지닌 빈곤한 다수로 사회가 분열될 것이었다. 마르크스는 자본주의의 모순 속에서 계급 갈등이 심화하면서 노동자 혁명을 통해 새로운 사회가 탄생할 것이라고 보았다.

"자본주의의 모순은 잉여가치의 착취와 주기적인 경제위기다"

노동은 부를 창출하지만, 그 부는 노동자가 아닌 자본가에게 돌아간다.

_ 마르크스, 『자본론』

마르크스는 자본주의의 핵심적 모순 중 하나를 '잉여가치의 착취'로 보았다. 예를 들어보자. 공장에서 8시간 동안 일해 100달러의 가치를 창출해 낸 노동자가 받는 임금은 고작 50달러다. 나머지 50달러의 잉여가치는 공장주인 자본가가 가져가는 것이다.

---

 * 마르크스는 『공산당 선언』에서 '자기 생산 수단을 갖고 있지 않아서 살기 위해 노동력을 판매해야 하는 현대 임금 노동자'를 프롤레타리아라고 정의했다.

마르크스는 이것이 착취이고, 머지않아 프롤레타리아 계급의 반발을 부를 것이라고 했다.

또한 그는 자본주의가 주기적인 경제 위기를 맞이할 것이라 예상했다. 호황기에 자본가는 이윤 극대화를 위해 생산을 과도하게 늘리지만, 착취당하는 노동자는 충분한 수입이 없어 생산되는 모든 상품을 소비할 수 없다. 수요에 비해 공급이 많아진 것이다. 이렇게 되면 물건의 재고가 쌓여갈 것이고 기업은 도산하게 된다. 대량 해고가 진행되면 경제는 공황 상태에 빠진다. 이렇듯 자본주의가 스스로 몰락할 씨앗을 지니고 있다는 마르크스의 주장은 1917년 러시아 혁명으로 불거진 노동자 계급의 반란과 1929년에 시작된 세계 경제 대공황 등 실제 역사로 충분히 증명된다.

"공산주의 사회가 도래할 것이다"

모든 사유재산을 폐지하라.

_ 마르크스, 엥겔스, 『공산당 선언』

위에서 말한 자본주의의 모순은 필연적으로 프롤레타리아 혁명으로 이어지고 공산주의 사회가 도래한다는 것이 마르크스의 주장이다. 헤겔은 역사가 정신의 절대적인 조화 상태로 진보한다고 믿었지만, 마르크스가 생각한 역사의 종착점은 사유재산도, 착취도 없이 모든 이가 조화롭게 일하며 전체의 이익을 추구하는 공산사회이다.

물론 소련의 붕괴나 공산권 국가들의 경제 실패, 독재 정치의 모습을 보면 역사적으로 마르크스주의의 실험은 보기 좋게 실패한 것으로 보인다. 그러나 오늘날 자본주의도 노동 착취, 부의 불평등, 인간 소외, 경제 공황 등의 문제가 차고 넘친다. 또한 이를 분석할 때 여전히 마르크스의 철학이 가장 유용하게 쓰이고 있다는 사실만은 부정할 수 없다.

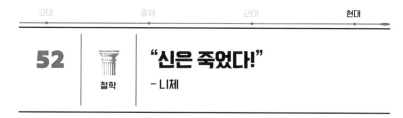

52

철학

"신은 죽었다!"
– 니체

"내가 죽고 50년이 지난 뒤에 나는 하나의 신화가 될 것이며, 서유럽이 암흑 속에 가려질 때 내 별은 창공에 반짝이리라."

'망치를 든 철학자' 니체의 말이다. 19세기를 뒤흔든 혁명적 사상가라 하면 마르크스 다음으로 니체를 들 수 있다. 위의 말에서부터 그 기개를 느낄 수 있지 않은가. 그렇다면 그를 왜 망치를 든 철학자라고 부를까. 니체는 망치를 들고 기존의 질서와 철학, 우상을 모두 파괴하려 들었기 때문이다. 그는 그 위에 완전히 새로운 질서를 세우려 했다. 이쯤 되니 궁금해진다. 그가 새로이 던진 사상의 정체는 무엇이었을까? 니체는 19세기 당시 유럽인들이 받아들이고 있던 교회, 신, 자본주의, 국가주의, 이성 중심의 세계관 등의 가치관을 거부하고 니힐리즘(Nihilism, 허무주의), 위버멘쉬(Übermensch, 넘어선 사람), 아모르 파티(Amor Fati, 운명애), 영원회귀 등의 새로운 화두를 던졌다.

니체는 독일 작센주 뢰켄에서 2남 1녀의 장남으로 태어났다. 아버지와 남동생이 일찍 세상을 떠나 어머니, 할머니, 여동생, 고모 등 여성에 둘러싸여 자랐는데, 어머니와 여동생이 니체에게 굉장히 집착했다고 전해진다.* 니체는 목사 집안 출신이었지만 신앙에 회의를 느끼고 청소년기에 괴테, 셰익스피어 등의 작품을 읽으며 성장했다. 그러다 대학 시절 쇼펜하우어의 『의지와 표상으로서의 세계』를 만나 빠져들었다. 그리하여 쇼펜하우어의 '의지' 개념에 영향을 받았지만, 비관주의는 끝내 받아들이지 않았고 삶을 긍정하는 철학을 정립했다.

니체는 스물다섯 살이 되던 1869년 스위스 바젤 대학의 고전문헌학 교수로 임용되었지만 서른다섯 살에 병 때문에 교수직을 사임하고 유럽 각지에서 요양하면서 집필에 몰두했다. 이 시기에 루 안드레아스 살로메를 만나 사랑에 빠졌지만, 안타깝게 청혼을 거절당하고 정신적 고통에 시달리기도 했다. 니체의 대표작 『차라투스트라는 이렇게 말했다』가 바로 이 시기에 탄생했다. 방대하고 자유분방한 니체 철학의 핵심은 『차라투스트라는 이렇게 말했다』를 중심으로 세 가지 주제로 정리해 볼 수 있다.

---

* 니체는 『이 사람을 보라』에서 '어머니가 인정하는 남자는 오직 나 한 사람뿐이었으며, 그로 인해 우리 집은 어린 나에게 감옥 아닌 감옥이 되어버렸다'라고 밝혔다.

"신은 죽었다!"

니체는 유럽을 지배하고 있는 우상을 부수려 했다. 니체가 볼 때 유럽인들은 '신', '이성', '이데아'와 같은 관념에 속박되어 있었다. 천민자본주의, 국가주의도 부숴버려야 할 우상이었다. 니체는 『비극의 탄생』에서 아폴론*의 이성에만 매몰되지 말고 디오니소스**의 감정까지 모두 긍정해야 한다고 주장했다. 그리하여 그는 그 유명한 명언을 남긴다. 신은 죽었다고.

신은 죽었다! 신은 죽었고, 우리가 그를 죽였다!

_ 니체, 『즐거운 학문』

니체에게 '신이 존재하는가, 그렇지 않은가?'의 문제는 중요하지 않았다. 이미 왜곡되어 존재가치를 상실해 버린 신, 인간이 우상화해 버린 신이 문제였다. 그는 우상화된 신에게 사망 선고를 내렸다. 인간의 정신을 구속해 온 모든 우상을 부수고 난 뒤에는 허무주의 상태가 된다. 니체는 이런 허무주의를 극복할 대안도 제시했다. 그것이 바로 '위버멘쉬'와 '아모르 파티'다.

* 그리스 신화에서 태양, 예언, 음악 등의 신으로 이성을 상징한다.
** 그리스 신화에서 술의 신. 감정, 도취, 황홀경 등을 상징한다.

"힘을 향한 의지를 불태워 위버멘쉬로 향하자"

니체가 말한 '위버멘쉬'는 '새로운 가치를 창조해 가는 자', '자유로운 정신을 가진 자'다. 허무주의를 극복하는 자다. 원래 뜻은 '건너가는 자', '넘어가는 자'로 이미 완성된 존재라기보다는 계속 움직이고 변신하는 자다. 완성되어 버린, 절대적인 존재가 아니라 자신을 극복하고 잠재력을 최대한으로 끌어올려 예술의 경지에서 삶을 제대로 살아가는 자다. 늘 새로움을 추구하고 삶을 창조하는 자가 바로 위버멘쉬다.

위버멘쉬가 걷는 길은 생명력이 넘치는 길이다. 한마디로 '힘을 향한 의지'로 가득하다. 힘없이 늘어져 있는 모습이 아니라 술 한잔 걸친 디오니소스처럼 생명력과 에너지가 가득한 상태다. 니체는 '이 세계는 힘을 향한 의지이며 그 외에 아무것도 아니다'라고 말한다. 그 의지란 것은 좀 더 강해져 무언가를 지배하려는 의지다. 인간이 행하는 모든 행위의 동인이다. 모든 생명의 존재 의지이자 가장 내적인 본능이다. 니체는 자신을 극복한 인간, 힘을 향한 의지를 발현하는 인간, 위버멘쉬로 향하는 인간을 지향했다.

"주어진 운명을 사랑하라"

'영원회귀'라는 말을 한 번쯤은 들어봤을 것이다. 영원회귀란 '세계는 동일한 것의 무한한 순환이고, 회귀'라는 뜻이다. 내가 살아온 삶이 무한하게 반복된다고 가정해 보자. 희로애락도, 만나는 사람도 그대로다. 끔찍하다고 생각할 수도 있지만 '힘을 향한 의지'가 충만하며 그 의지를 실현할 수 있는 존재라면 자신을 초극하는 그 삶을 부정하지 않을 것이다. 그래서 운명은 사랑해야 할 대상이다. 이것이 바로 아모르 파티다. 자신의 삶을 위버멘쉬로 향하게 하는 자라면 운명을 사랑하고, 이 삶의 영원한 반복을 환영할 것이다. 허무주의는 이렇게 극복된다.

53

철학

"말할 수 없는 것에는 침묵하라"
- 비트겐슈타인

　　마르크스가 공산주의의 아버지, 니체가 망치를 든 철학자라면 지금 소개하려는 루트비히 비트겐슈타인은 언어철학, 논리학 등 다양한 분야에 지대한 영향을 미친, 이른바 '언어적 철학의 대표자'로 오스트리아 출신의 영국 철학자다. 그의 아버지는 제철업으로 부를 쌓은 재력가로 요하네스 브람스, 리하르트 슈트라우스, 구스타프 말러와 같은 예술가들을 후원했다. 덕분에 비트겐슈타인은 어릴 때부터 지적이고 예술적인 분위기에서 성장할 수 있었다. 아버지가 죽은 뒤 많은 유산을 상속받았지만, 그는 유산의 대부분을 오스트리아의 예술가와 작가들을 후원하는 데 썼다.

　　비트겐슈타인은 스승인 버트런드 러셀에게 '가장 완벽한 천재'라는 찬사를 듣고 케임브리지 대학교에서 러셀과 교류했지만, 자신이 대학과는 맞지 않는 인물이라는 생각에 곧 세상을 등지고 칩거했다. 그러다 제1차 세계대전에 참전해 이탈리아군의 포로가 되었다. 그는 이 시기에 『논리철학논고』를 완성했는데, 철학적 탐구를 다 끝냈다고 판단하고 전후에는 산골 초등학교에서 아이들을 가르쳤다. 그러나 마흔한 살이 되던 1929년 비트겐슈타인은 케임브리지 대학교에 복귀해 철학박사 학위를 받고 철학 교수가 되었다. 그의 강의는 지식 전달을 목적으로 하기보다 자신의 독창적인 생각을 힘겹게 정리하는 과정이었다. 그는 평생 완벽한 인간이 되기를 갈망했지만 그렇게 될 수 없음에 갈등했고, 여러 차례 자살 충동을 느꼈다고 전해진다.[*]

일생을 바쳐 자신의 철학을 완성하고자 했던 비트겐슈타인의 철학은 크게 두 시기로 나눌 수 있다. 초기의 저서 『논리철학논고』에서는 논리와 언어의 한계를 밝히려 했고, 사후에 출간된 『철학적 탐구』에서는 일상언어의 사용을 강조했다. 비트슈타인 철학의 핵심을 몇 가지로 살펴보자.

"내 언어의 한계는 내 세계의 한계를 의미한다"

비트겐슈타인은 언어를 세계를 표현하는 도구로 보았다. 여기서 비트겐슈타인이 말하는 '언어'는 일상적인 언어가 아니다. 비

---

[*] 비트겐슈타인의 형 세 명이 자살했다.

트겐슈타인에게는 오직 참인지 거짓인지 판단할 수 있는 명제로만 구성된 것이 언어다. 예를 들어 '저 할머니는 화났다'라는 말은 언어이지만 '할머니'는 언어가 아니다. '할머니' 자체만으로는 참과 거짓을 판단할 수 없기 때문이다. 비트겐슈타인에게 '세계'는 사물이 아닌 사실의 총체다. 앞의 예와 비슷하다. '가방이 방 안에 있다'라는 것은 사실이고 세계이지만 '가방' 자체는 사물일 뿐 세계는 아니다.

우리가 언어로 표현할 수 없는 것은 생각할 수도 없다. 인간의 언어는 경험을 반영한다. 따라서 경험하지 못한 것은 이해할 수 없다. 태어날 때부터 앞을 못 보는 사람에게 무지개를 이해시킬 수 없고, 청력이 없이 태어난 사람에게 폭포수가 떨어지는 소리를 인식시킬 수 없는 것과 마찬가지다.

"말할 수 없는 것에 대해서는 침묵해야 한다"

비트겐슈타인은 철학이 다룰 수 있는 영역과 그렇지 않은 영역을 구분해야 한다고 주장했다. 그는 기존 철학이 말할 수 없는 것에 침묵하지 않아 문제를 일으키고 있다고 보았다. 앞에서 살펴보았듯 인간의 언어는 경험을 완전히 벗어날 수 없다. 따라서 비트겐슈타인에게 종교적인 논쟁이나 윤리적인 가치에 대한 논의는 무의미하다. 그런 논쟁의 대상은 이 세계의 한계를 벗어나 있기 때문이다.

그는 언어가 세계를 '그린다'라고 표현했다. 언어는 논리적인 규칙으로 실재를 묘사하는 실재에 대한 논리적인 그림이다. 예를 들어, 어떤 교향곡의 악보, 연주, 그 소리를 녹음한 축음기판의 홈은 모두 같은 논리적 형식을 갖듯이 언어는 실재에 대어진 자와 같이 실재를 그린다. 그러나 기존의 형이상학이나 윤리학에서 다루던 신, 자아, 도덕과 같은 개념은 실제 그 개념이 나타내고자 하는 실체가 없기에 그에 대해 논하는 것은 무의미한 것이다. 예를 들어, 신의 존재 여부와 같은 논쟁은 의미가 없으니 침묵해야 한다는 것이다. 반면 자연과학은 실제 세계를 설명하는 것이기 때문에 의미 있다고 보았다.

그렇다고 비트겐슈타인이 철학이 다루기 힘든 것, 말할 수 없는 것을 중요하지 않다고 생각한 것은 아니었다. 말할 수 없는 것 자체가 무의미한 것이 아니라 굳이 말하려고 해서 가치를 떨어뜨리지 말아야 한다는 생각이다. 너무 중요하지만, 언어로 표현될 수 없기에 그것을 철학의 대상으로 삼으면 안 된다는 주장이다.

"언어의 의미는 맥락으로 결정된다"

비트겐슈타인의 후기 철학은 자신의 기존 철학을 맹렬히 비판하면서 성립되었다. 그는 엄격한 언어보다 일상언어에 집중했는데, 언어의 의미가 그것이 사용되는 맥락에 따라 달라진다고 보았고, 일상생활 속 언어의 의미는 결코 한 가지로 고착되지 않는다고 주장했다. 예를 들어, 한국 문화에서 "어디 가?"는 가벼운 인사이지만 프라이버시를 중요하게 생각하는 서양인에게 이런 말을 건네면 의아해할 수 있다. '당신이 왜 내가 어디에 가는지 궁금해하는 거냐'라며 무례하다고 여길 수도 있다. 같은 언어라도 의미가 고정된 것이 아니며 상황과 맥락에 따라 다르게 사용될 수 있다고 본 것이다.

역시나 비트겐슈타인의 철학은 '언어'가 핵심 주제였다. 그는 언어와 세계의 관계, 언어의 한계를 밝히고 언어가 실제로 사용되는 방식을 분석해 철학적 문제를 해결하려 했다. 그는 철학이 사물이나 현상에 대한 학문이 아니라 사용되는 언어를 연구하는 학문이라 생각했다. 그의 철학은 철학의 역할을 형이상학적 논의를 벗어난 개념의 명확화로 재정의했고 분석철학과 실용주의, 포스트모더니즘에 영향을 미쳤다.

54 | 철학 | "존재는 본질에 앞선다"
－ 사르트르

비트겐슈타인이 독특하게도 언어와 철학을 결합한 사상을 보여줬다면, 여기 다시 한번 독특하게도 소설가이자 철학가라는 이력을 들고 등장하는 인물이 있다. 그가 바로 장 폴 사르트르다. 그는 20세기 실존주의 철학의 대표적인 사상가로 평가되며 인간의 자유와 책임, 실존적 불안 등을 탐구했다. 에드문트 후설의 현상학, 마르틴 하이데거의 실존철학, 니체와 쇠렌 키르케고르의 '신'에 대한 개념, 마르크스주의 등에 영향받았으며 20세기 가장 영향력 있는 철학자 중의 한 사람으로 이후의 철학자들에게도 많은 영향을 주었다. 앞서 소개했듯이 사르트르는 문학과 연극을 통해 실존주의 철학의 대중화를 위해서도 애썼다.

사르트르의 대표작으로 소설『구토』, 실존주의 핵심 철학서인『존재와 무』, 대중 강연을 바탕으로 쓴 책『실존주의는 휴머니즘이다』등이 있다. 그는 정치적으로 활발히 활동했으며 생전에 동시대인들에게 많은 영향을 준 철학자로 1980년 4월에 치러진 그의 장례식에는 무려 5만 명의 시민이 참여했다. 사르트르와 시몬 드 보부아르의 계약 결혼* 이야기 또한 매우 유명한데, 유명한 페미니스트인 보부아르와는 (계약) 부부이면서 학문적인 동반자로 평생 관계를 유지했다고 전해진다. 그는 인간의 자유와 책임을 강조하는 철학을 발전시켰고 자기 철학을 삶에서 그대로 실천하였다. 사르트르 실존주의 철학의 핵심적인 주장들을 함께 살펴보자.

"존재는 본질에 앞선다"

고대로부터 철학자들은 인간이라는 존재에 어떤 보편적인 본질(목적)이 있다고 가정했다. 하지만 사르트르는 이런 가정을 거부했다. 인간 존재가 특정한 목적이 있다면 인간에게 가장 중요한 '자유'를 잃을 수 있다고 생각했기 때문이다. 어떤 장인이 페이퍼 나이프를 만든다고 가정해 보자. 그는 봉투를 잘 열기 위한 '목적'을 가지고 페이퍼 나이프를 만든다. 목적을 달성하기 위해서는 페이퍼 나이프를 금속과 같은 단단한 물질로 날카롭게 만들어야만 한다. 페이퍼 나이프라는 존재는 존재하기도 전에 이미 어떤 목적

---

* 그들은 사람과 사람 사이의 이상적인 의사소통 실현의 방편으로 계약 결혼을 선택했다. 필연적인 그들의 사랑을 유지하면서도 우연적인 사랑의 권리를 서로에게 허용하였다.

(본질)이 있다. 그러나 인간은 누군가가 특정한 목적으로 만든 것이 아니다.* 사르트르에게 인간은 태어날 때부터 본질이 정해진 존재가 아니다. 따라서 여타 사물과는 달리 인간이라는 존재는 본질(목적)에 앞선다.

아무도 그 목적을 정해주지 않았기 때문에 인간은 각자의 본질(목적)을 스스로 선택해야 한다. 그리고 선택한 자기 존재에 가까워지도록 자신을 가꾸어 가야 한다. 여기서 인간의 자유가 중요하다. 인간은 스스로 자유롭게 선택한 행위를 통해 본질(목적)을 창조한다. 인간은 자기 행동을 통해 스스로 무엇이 될지 결정한다. 인간은 바위나 고양이처럼 정해진 존재가 아니라 장차 자신이 선택한 어떤 존재로든 변해갈 수 있다. 사르트르는 인간은 언제나 기존의 본질에서 벗어나 자유롭게 자신을 규정할 수 있다고 보았다.

이런 맥락에서 사르트르는 1964년 노벨 문학상 수상을 거부하기도 했다. 사회의 시스템과 체제가 개인의 본질을 규정하는 것을 부정한 것이다. 그는 자신이 노벨상을 받음으로써 하나의 제도나 체계 안에 갇히는 것을 꺼렸다. 비슷한 이유로 프랑스 정부가 수여하는 레지옹 도뇌르 훈장도 거부했다. 인간에게 자기 삶을 스

---

* 사르트르는 신이 존재하지 않는다고 생각했다.

스로 꾸려갈 자유가 있다는 사르트르의 생각은 프랑스 68혁명*
에도 큰 영향을 주었다.

"우리는 자유롭도록 저주받았다"

완전한 자유를 가진 인간은 자기 선택에 전적으로 책임져야
한다. 인간은 자기 행동의 책임을 외부로 돌릴 수 없다. 사르트르
는 사람들이 완전한 자유를 부정하고, 신이나 운명 따위의 외부
요인에 의존하면서 책임을 회피한다고 비판했다. 그는 이런 모습
을 '자기기만'이라고 했다. 다른 말로 '핑계'다. 인간은 언제든 자
유롭게 변할 수 있지만, 외부 요인을 탓하면서 자신을 속이며 변
화를 거부한다.

레스토랑에서 일하는 웨이터를 생각해 보자. 그는 대학에 가
서 공부를 더 할 수도 있고 사업을 시작하거나 레스토랑을 운영할
수도 있다. 무엇이든 될 수 있는 자유가 있는 것이다. 그런데 그는
'완벽한 웨이터'로서만 행동한다. 그는 자기 역할을 훌륭하게 수

---

* 1968년 드골 정부의 실정과 사회모순에 대항해 학생과 노동자를 중심으로 번진 혁명적 운
동. 사회 변혁을 요구하며 전국적 파업과 정치적 위기를 초래했다. 이 혁명으로 프랑스 보수
주의 정권이 물러나고 자유로운 분위기가 확산되었다. '프랑스 5월 혁명'이라고도 불린다.

행하는 것처럼 보이지만 '나는 웨이터일 뿐'이라며 자기를 기만하고 진정한 자유를 회피한다.

유명한 웹툰이자 동명의 드라마로도 제작돼 많은 사랑을 받은 「타인은 지옥이다」. 지금껏 회자되는 이 표현은 사르트르가 원조다. 그 외에도 '나는 존재한다. 그게 전부이고, 그래서 구역질이 난다', '인생은 B(Birth, 탄생)와 D(Death, 죽음) 사이의 C(Choice, 선택)이다' 등 그가 쏟아낸 주옥같은 어록들은 우리를 사르트르의 철학에 빠져들게 한다. 물론 보부아르와의 계약 결혼, 알베르 카뮈와의 우정으로 짐작할 수 있는 인싸 재질 인간관계는 사르트르의 일생을 탐구하는 또 다른 재미다.

55 | 철학 | **악의 평범성**
— 한나 아렌트

　사르트르와 비슷한 시기 활동했던 철학자 한나 아렌트 또한 사르트르처럼 철학자이면서 작가였다. 독일 출신 유대인 정치사상가인 한나 아렌트는 제2차 세계대전 당시 홀로코스트의 생존자이기도 하다. 나치의 탄압을 직접 경험하고 전체주의의 본질을 분석한 사상가였던 아렌트는 마르부르크 대학에서 하이데거에게서 실존철학을 공부했는데, 둘은 사제지간이자 불륜 관계이기도 했다. 그러나 아렌트는 하이데거가 나치에 협력하는 모습에 실망해 그와 결별하고 카를 야스퍼스의 지도를 받았다.

　히틀러 집권 이후 반나치 활동을 하던 아렌트는 체포되었고 이후 프랑스로 건너갔지만 1940년에 독일이 프랑스를 침공한 이후 귀르스 유대인 수용소에 갇히게 되었다. 그러나 곧 수용소에서 탈출해 미국으로 망명하여 뉴욕에 정착했다. 아렌트는 『전체주의의 기원』을 통해 명성을 얻기 시작했고, 1961년에는 예루살렘에서 열린 전범 재판에서 아돌프 아이히만*의 재판을 참관하고 이 경험을 바탕으로 대표작『예루살렘의 아이히만』을 출간했다.

아이히만의 재판 과정을 지켜본 아렌트는 아이히만이 유대인에 대해 증오감을 가졌거나 남을 괴롭히면서 쾌감을 얻는 특이 취향의 인물이 아니라는 사실을 깨달았다. 아이히만은 카페나 거리에서 흔히 볼 법한 평범한 사람이었다. 그는 인종 청소에 혈안이 된 살인마가 아니라 단순히 상부의 지시를 따르는 관료였다. 물론 아렌트가 주장한 것이 이게 다는 아니었지만, 이런 관점은 유대인 사회에 큰 논란이 되었다. 유대인으로서 마치 아이히만을 두둔하는 것처럼 보였기 때문이다. 초기에 의도와 달리 왜곡되어 오해를 불러일으켰던『예루살렘의 아이히만』을 중심으로 한나 아렌트의 주장을 조금 더 면밀하게 살펴보자.

"누구라도 악의 평범성에 빠질 수 있다"

아이히만은 이아고도 맥베스도 아니었고, 또한 리처드 3세처럼

＊ 나치 친위대 중령 출신으로 수백만 명의 유대인을 수용소로 강제 추방하는 임무를 수행하면서 수만 명의 유대인을 죽였다. 1960년에 부에노스아이레스 인근에서 이스라엘 비밀경찰 무사드에 의해 체포되었고, 1961년부터 전범 재판을 받아 1962년에 교수형에 처해졌다.

'악인임을 입증하기로' 결심하는 것은 그의 심정과는 동떨어진 것이었다. (…) 그는 결코 유대인 혐오자가 아니었고, 인류의 살인자가 되기를 바라지 않았다. 그의 죄는 복종에서 나왔다.

_ 한나 아렌트, 『예루살렘의 아이히만』

『예루살렘의 아이히만』의 부제는 '악의 평범성에 대한 보고서'이다. '악'이란 무엇인가? 아우구스티누스는 악에 대해 '악은 무력이 아니며 선의의 부족에서 비롯된다'라고 말했고, 토마스 아퀴나스는 '악은 어떠한 실체라기보다 무언가의 결여'라고 했다. 아렌트는 악이 평범한 모습을 하고 있으며 인간이 '생각 없이' 행동할 때 일상적으로 발생하는 것으로 보았다.

아렌트가 보기에 '악의 평범성'의 상징이 아이히만이었다. 아이히만은 자기 내부의 정치적·도덕적 동기 없이 관료제 체제에서 명령을 이행한 인물이었다. 죽음의 수용소에 유대인을 보내는 일을 기계적으로 처리했고, 평상시라면 상상할 수도 없는 악을 저지르면서도 어떤 감정적 반응도 보이지 않았다. 그는 그저 명령을 따랐고 자기 행동을 비판적으로 판단하지 않았다.

이렇게 평범한 악은 의도된 악보다 오히려 더 공포스럽다. 거대한 조직에서 톱니바퀴처럼 자기 역할에 따라 잔인하게 행동하는 인간, 그를 악한으로 치부하기 쉽지 않기에 누구라도 평범한 악의 함정에 빠질 수 있는 것이다.

"가장 중요한 것은 비판적 사유다"

아이히만이 그 시대의 엄청난 범죄자들 가운데 하나가 된 이유는
순전한 사유의 부재 때문이었다.

_ 한나 아렌트, 『예루살렘의 아이히만』

실존주의에서는 행동에 대한 책임을 강조한다. 하이데거의 영
향을 받았던 아렌트는 자유롭고 책임감 있는 인간이라면 스스로
판단할 수 있어야 한다고 주장했다. 인간이 비판적인 사고를 통해
자기 행동을 객관적으로 바라보는 능력이 없다면 그저 명령에 따
르는 기계에 불과할 뿐이다. 전체주의는 이런 비판적 사유 능력을
상실한 개인의 무능함을 파고들어 악에 가담하게 만들 수 있다.

아렌트는 인간의 도덕적 책임을 강조했다. 도덕적 책임은 법
이나 명령을 넘어 인간 본래의 윤리적 의무다. 상부의 지시에 따
른 행동이 모두 도덕적으로 옳다고 할 수 없고 법이나 명령 자체
가 비윤리적인 경우, 개인은 자신의 도덕적 판단에 따라 거부할
수 있어야 한다. 명령에 대한 도덕적 판단을 배제하고 자기 행동

의 결과를 제대로 판단하지 않은 아이히만의 무비판적인 복종은 분명히 죄다. 아렌트는 우리가 속한 정치체제가 언제든 실패할 수 있고, 그로 인해 자신의 사고와 판단에도 오류가 있을 수 있음을 늘 경계해야 한다고 주장했다.

한나 아렌트는 『예루살렘의 아이히만』 외에도 여러 권의 책을 집필했는데, 『전체주의의 기원』에서는 스탈린주의와 나치주의의 근원을 연구하였다. 아렌트는 이 책에서 전체주의가 정치적 상대 편이 아니라 대중을 제압하기 위해 폭력과 테러를 일삼았다고 지적했다. 또한 전체주의는 전통적인 독재와는 달리 인간의 이성을 파괴하고 거짓 선동으로 현실을 왜곡하는 체제라고 비판했다.

『예루살렘의 아이히만』을 직접 읽은 독자들은 그야말로 뻔뻔하기 그지없는 아이히만과 나치 히틀러 추종자들의 행태에 혀를 내두른다. 그만큼 세계대전이 인류사에 남긴 상흔은 그야말로 엄청났다. 그리고 여기, 20세기 인류의 어긋난 심리를 있는 그대로 담은 소설이 한 편 있다.

56 우리를 가치 있게 만들어주는 것에 관해

문학

– 카프카의 『변신』

소설의 저자 프란츠 카프카는 오스트리아 헝가리 제국의 유대인 가정에서 1883년 태어났다. 그는 노동자 재해 보험국 관리로 일하면서 낮에는 손해배상 문제를 처리하는 직장인으로, 밤에는 작가로 살았다. 역시 직장인이어서였을까. 그는 불안, 소외, 관료제의 억압 등을 주제로 꾸준히 소설을 썼다. 그리하여 인간이라는 존재의 부조리함을 파헤쳐 인간의 주체성을 강조하는 실존주의 문학의 선구자로 『변신』, 『아메리카』, 『성』, 『소송』 등의 여러 대표작을 남겼다.

그가 쓴 소설들의 분위기와는 달리 실제 카프카는 매우 따뜻한 마음을 지닌 사람이었다고 전해진다. 한번은 이런 일도 있었다. 그가 공원에서 인형을 잃어버려 울고 있는 소녀를 만난 것이다. 그 모습을 본 그는 소녀를 그냥 지나치지 못하고 소녀를 달래기 위해 자신이 잃어버린 인형에게서 편지를 받았다고 이야기를 꾸며낸다. 이후, 며칠 동안이나 소녀에게 인형이 보냈다는 편지를 써주고 새 인형을 사주기까지 했다는 그의 일화는 인간의 부조리함을 깊이 파헤친 작가 카프카와는 어쩐지 괴리가 있다.

놀랍게도 카프카는 벌레도 싫어했다. 실제로 그가 벌레로 변하는 끔찍한 꿈을 꾼 경험이 대표작『변신』의 모티브가 되었다고 한다. 반전의 면모를 지녔던 카프카는 반대로 현실주의적이고 독선적이었던 아버지와의 갈등으로 내면에 불안정함과 외로움을 품고 있었는데, 이런 특징이 작품 곳곳에서 드러난다.『변신』에서도 아버지와 주인공은 처음부터 끝까지 대립하는 관계로 설정되어 있으며 소설의 주인공 그레고르는 결과적으로 아버지가 던진 사과에 치명상을 입고 죽게 된다.

> 그레고르 잠자는 어느 날 아침 불안한 꿈을 꾸다 잠에서 깨어났을 때, 자신이 침대에서 무서운 벌레로 변해버린 것을 발견했다.
>
> _ 카프카,『변신』

『변신』속 주인공 그레고르는 외판원이다. 그는 어느 날 잠에서 깨어나 자신이 거대한 벌레로 변해버린 믿지 못할 현실을 마주한다. 가족들은 처음에 그가 벌레로 변했다는 사실을 알지 못한다. 그레고르는 흉측하게 변해버린 자신의 모습을 가족들에게 차마 보일 수 없어, 방 안에 갇혀 가족들이 주는 먹이를 받아먹으며 비참하게 지낸다.

그레고르는 집에서 유일하게 돈을 버는 가장이었다. 그러나 벌레가 되어버린 그레고르는 더 이상 돈을 벌 수 없었고, 그런 의미로 그레고르의 변신은 가족에게 비극이었다. 작품 내내 가족들은 그레고르가 벌레로 변한 사실 자체보다 그가 더 이상 돈을 벌지 못한다는 사실에 더 난감해한다. 집안 형편은 점점 더 어려워지고, 가족들은 돈을 벌기 위해 어쩔 수 없이 집을 여관으로 꾸미고 돈벌이를 한다. 그레고르의 여동생은 여관 손님들을 위해 저녁 식사 때 바이올린을 연주하기도 한다.

이제 더욱 안타까운 일이 벌어진다. 돈을 벌 수 있게 된 가족들에게 그레고르가 더 이상 필요하지 않은 존재가 되어버린 것이다. 벌레로 변한 그레고르는 돈을 벌어주기는커녕 방안에서 밥만 축내는 기이한 모습의 짐짝으로 전락한 것이다. 그레고르는 가족들의 싸늘한 시선을 느끼기 시작하는데, 특히 그를 물심양면으로 도왔던 여동생 그레테가 점점 그레고르의 모습에 혐오감을 느끼며 외면하게 되는 과정은 읽는 것만으로도 우리를 힘겹게 만든다. 그러나 그레고르는 이런 상황에서 아무것도 할 수 없다. 기본적인 의사소통도 할 수 없는 상황이기 때문이다.

그레고르는 방 밖으로 나가려고 시도하다가 놀란 아버지가 던진 사과에 맞는다. 사과에 맞은 등 부위의 상처가 악화된 그레고르는 결국 어둠 속에서 홀로 죽음을 맞이한다. 벌레로 변한 뒤 가족들의 사랑과 관심을 받지 못한 그레고르는 죽어서도 존중받지 못한다. 가족들은 그레고르의 장례를 치러주기는커녕 일하는 가사 도우미를 통해 벌레의 사체를 마치 쓰레기처럼 내다 버린다. 그레고르의 죽음을 가족 중 누구도 진심으로 애도하지 않는다. 오히려 골칫덩이였던 그레고르가 사라지자 밝아진 모습이다. 그들이 새로운 삶을 꿈꾸며 희망 가득한 모습으로 이사를 떠나는 모습으로 이야기는 마무리된다.

카프카의 소설은 일반적으로 실존소설로 분류되는데, 앞서 소개한 사르트르가 말하는 실존과는 상당히 다른 양상을 보인다. 사르트르의 작품 속 주인공이 실존하는 이유는 주인공과 사회가 대립하는 다소 모던한 이유 때문이지만 카프카는 아예 주인공을 벌레 따위로 '변신'시켜 일방적인 비난과 멸시의 대상이 되게끔 한다. 다른 실존주의 작가들과 달리 아예 주인공이 이의를 제기할 수도, 이 상황을 타개할 어떤 선택을 할 수도 없게끔 가혹한 상황을 만들어낸 것이다. 그래서 실존주의라는 다소 어려운 말로 이 소설을 형용하기보다는 카프카가 소설을 통해 전하고자 한 직관적 메시지 자체에 집중하는 편이 작품을 해석하기에는 더 흥미로울 것이다.

카프카는 『변신』이라는 독특한 소재의 이야기를 통해 인간 소외와 조건부 사랑을 다룬다. 인간 소외란 말 그대로 인간성이 상실되어 인간다운 삶을 잃어버리는 것이다. 산업화와 문명의 발달, 거대해지는 사회 조직 안에서 인간은 인간성을 잃는다. 제 기능을 다 해야 대우받고, 그러지 못하면 인간으로서 대접받지 못한다. 그레고르가 더 이상 돈을 벌어 오지 못하자 가족 구성원으로 인정받지 못하는 것처럼 말이다. 그가 그 기능을 상실하면서 가족들은 그를 멀리한다. 존재 자체가 아닌 기능만이 의미 있는 삶이다. 자본주의 사회에서 생산성과 경제적 가치를 잃은 인간이 소외되고 인간성마저 파괴되는 현상을 정확히 직시한 작품인 것이다.

그레고르는 벌레로 변신한 뒤에도 자신을 인간이라고 인식한다. 모습은 변했지만, 내면은 그대로다. 그러나 가족들이 하나둘 그를 외면하고, 소통도 할 수 없는 상황에서 점점 자아를 잃어간다. 벌레로 변해 방 안에서 그 누구와도 소통할 수 없는 고립된 상황은 현대인의 소외와 정체성 혼란을 상징한다.

카프카 작품의 이런 독특한 분위기는 '부조리하고 억압적이며 탈출할 수 없는 혼란스러운 상황'을 뜻하는 '카프카적(Kafkaesque)'이라는 단어를 만들어냈다. 이 단어는 현대 사회의 부조리함, 관료제의 억압, 소외와 고립 등을 한꺼번에 묘사하는 말이다. 그러

니 우리가 이유 없이 억압받고 이해할 수 없는 상황에 갇힌 채 소
외감을 느끼는 모든 순간을 '카프카적'이라고 할 수 있겠다.

57

문학

깨어진 세계와 새로운 세계
– 헤르만 헤세의 『데미안』

카프카와 마찬가지로 21세기에 헤르만 헤세를 모르는 이는 거의 없을 것이다. 『데미안』이라는 독보적 걸작을 남겼으며 1946년 『유리알 유희』로 노벨 문학상까지 받은 인물. 그가 바로 스위스의 대문호 헤르만 헤세다. 그에 관해 조금 더 알아보자.

목사인 아버지와 선교사 집안의 딸이었던 어머니, 인도에서 선교사로 활동했던 외할아버지 덕에 어릴 때부터 기독교 신앙과 동양 문화의 영향을 많이 받았던 헤르만 헤세는 괴테, 프리드리히 실러, 노발리스와 같은 독일 낭만주의 시인들을 접하며 곧 시 쓰는 삶을 자신의 운명처럼 생각했다. 시계 부품 공장 수습공으로 일하면서 스물두 살의 나이에 헤르만 헤세가 시집을 내기도 했다는 사실을 아는 이는 아마 많지 않을 것이다.

그러던 그가 어떻게 소설가의 길에 들어서게 된 것일까. 『데미안』을 출간하기 전 발발한 제1차 세계대전으로 당시 전 세계의 예술가들은 전의를 고취하기 위한 군국주의적 작품을 쏟아냈다.

세계대전으로 혼란한 세상에서도 그는 내면의 성장과 자아 탐구의 과정을 중요하게 생각했다. 그는 극우 독일 지식인들의 군국주의적 분위기에 반대했는데, 이런 사실 때문에 독일에서 배신자로 낙인찍히고 만다. 결국 스위스 시민권을 취득했으나 그 이후에도 주변으로부터 매국노, 배신자 등의 비난을 받으며 힘들어했다. 그러니 『데미안』은 마흔두 살의 헤르만 헤세가 새로운 삶을 살기 위해 새로운 마음가짐으로 써 내려간 자서전 격의 소설이라고 볼 수 있겠다. 1919년에 출간된 『데미안』의 저자 이름이 왜 헤르만 헤세가 아닌 주인공 에밀 싱클레어였는지도 이제 이해가 된다.

『데미안』에서 헤르만 헤세는 제1차 세계대전이 끝난 직후, 인간성이 파괴되고 혼란한 상황에서 내면으로 향하는 여정을 섬세하게 보여주어 동시대 사람들의 폭넓은 공감을 얻었다. 『데미안』 속 주인공 싱클레어는 밝은 세계와 어두운 세계를 모두 경험하면서 내면의 문제를 직면하고 성장해 간다. 세계대전이라는 어둠 속에서 진정한 자아를 찾아야 한다는 헤르만 헤세의 이런 메시지는 당시 많은 이들에게 큰 울림을 주었을 것이다. 줄거리를 간략히 살펴보자.

주인공 에밀 싱클레어는 부유한 집의 막내아들로 아버지와 가족의 울타리 안, 밝은 세계에 속해 있다. 그러나 그의 주변에는 주정뱅이, 강도, 거짓말, 살인과 같은 어두운 세계도 분명 존재한다. 그리고 싱클레어는 불량한 친구 크로머에게 인정받기 위해 과일을 훔쳤다고 거짓말했다가 덜미를 잡혀 두 세계의 경계가 무너지는 경험을 한다. 싱클레어의 약점을 잡은 크로머가 그를 협박하면서 일상을 지옥으로 만들어버린 것이다.

이때 싱클레어는 데미안을 만난다. 또래들보다 조숙한 데미안은 자기만의 독특한 가치관을 들려주며 싱클레어의 호기심을 자극한다. 데미안은 선생님들이 전해주는 성경 해석에서 벗어나 '카인과 아벨'* 이야기를 해석한다. 카인의 이마에 있는 표적을 살인자의 낙인이 아닌 뛰어난 자의 표지로 해석한 것이다. 그리고 스스로 생각하는 인간, 카인과 같은 부류의 인간이 되기를 원한다. 그런 식으로는 단 한 번도 생각해 본 적 없었던 싱클레어는 그의 해석에 엄청난 충격을 받는다. 크로머의 괴롭힘을 잊을 정도로. 이로써 싱클레어를 둘러싸고 있던 단단한 세계에 균열이 생긴 것이다.

싱클레어는 데미안의 도움으로 크로머에게서 벗어나지만, 정

---

* 최초의 인간 아담과 이브는 카인과 아벨이라는 두 아들을 낳는데, 큰아들 카인은 농부, 작은 아들 아벨은 양치기였다. 신이 아벨의 제물만을 취하자 질투심에 사로잡힌 카인은 아벨을 살해한다. 이후 카인은 죄를 깨닫고 두려워하며 지내며 신은 그의 이마에 표적을 찍어 다른 사람들이 그를 해치지 못하게 한다. 질투와 폭력성이라는 인간의 어두운 본성을 드러내는 이야기로 해석된다.

신의 자립을 가르치는 데미안에게서도 멀어진다. 아직은 크로머의 이질감과는 또 다른 이질감이 데미안에게 존재했던 거다. 소년 기숙사에 들어가면서 방탕한 생활을 시작한 싱클레어는 어두운 세계에서 허우적거린다. 그러다 봄날의 공원에 만난 소녀 베아트리체를 그리며 그림 속에서 자기 자신을 발견하고 피스토리우스라는 친구를 만나 비로소 스스로 성장하는 힘을 얻는다.

새는 알을 깨고 나온다, 새에게 알은 세계다.

_ 헤르만 헤세, 『데미안』

『데미안』을 논할 때 절대 빠트려서는 안 되는 문구다. 새의 탄생은 알을 깨고 나오는 것이다. 그러나 알은 새에게 있어 세계이기에 그 일은 쉽지 않다. 아직 약한 부리로 단단한 껍질과 싸워야 한다. 껍질 안의 새는 모든 것을 걸지 않으면 세상 밖으로 나올 수 없다. 마찬가지로 인간이 정신적인 성장을 위해서는 자신을 둘러싸고 있는 세계를, 알을 깨야 한다. 그렇게 한 세계를 깨뜨리면 또 다른 새로운 세계를 만날 수 있다.

하나의 세계가 무너졌다고 해서 멈추어도 더 이상 성장할 수 없다. 새로운 세계를 무너뜨리면 또 다른 세계가 있다. 싱클레어는 원래의 세계를 벗어나 성장하면서 데미안, 베아트리체, 피스토리우스와 같은 인생의 스승을 만난다. 그러나 결국 싱클레어 자신으로 돌아온다. 성장의 종착점이 자기 자신인 거다. 모든 답은 자기 자신 안에 있다는 메시지. 전쟁으로 폐허가 된 세상에서 헤르만 헤세가 반드시 전하고 싶던 메시지였을 것이다.

헤르만 헤세 문학의 한 획을 그은 새로운 모습의 소설. 본명이 아닌 소설 속 주인공의 이름을 빌려 알을 깨고 등장한 『데미안』은 저자의 의도와 달리 당시 사회에 크나큰 반향을 일으키면서 1919년 신인 문학상까지 덜컥 수상해 버린다. 신인이 아니었던 헤르만 헤세는 수상을 거부하고 결국 1920년 재판본부터 책을 본인의 이름으로 출간하며 위대한 작품의 탄생을 인정해야 했으니 그야말로 아이러니가 아닐 수 없다.

58

문학

부끄럼 많은 생애
– 다자이 오사무의 『인간 실격』

유럽에 헤르만 헤세가 있다면 동양에는 다자이 오사무가 있다. 그는 일본인이 가장 사랑하는 작가 중 한 명으로 제2차 세계대전 후 일본의 허무주의와 실존주의* 문학을 대표한다. 다자이 오사무의 대표작으로는 『인간 실격』, 『사양』, 『달려라 메로스』 등이 있는데, 이 중에서도 『인간 실격』은 전쟁 후 정체성을 상실한 일본 청년들에게 절대적인 영향을 미쳤으며 나쓰메 소세키의 『마음』과 함께 일본 문학의 양대 소설로 평가받는다. 그러나 문학계에서 작가로서의 명성과 달리 인간으로서 그의 삶은 '네 번의 자살 미수 그리고 한 번의 자살 성공'이라는 스스로를 향한 처벌로 요약된다. 대체 그에게 무슨 일이 있었던 걸까.

---

* 서양 실존주의 소설로 카뮈의 『이방인』, 사르트르의 『구토』가 대표적이다. 다자이 오사무는 카뮈나 사르트르가 인간의 선택과 행동을 강조한 것과 달리 실존적 고민의 결론을 무력감과 자기 파괴로 맺는다.

다자이 오사무는 부유한 집안에서 태어났지만, 그의 삶은 절망과 고통으로 가득했다. 그는 내면적인 고통으로 약물과 술에 의존하는 방탕한 생활에 빠졌고 위에서 말했듯 다섯 차례나 자살을 시도했다. 여러 차례 실패 끝에 그의 마지막 자살 시도는 불행히도 성공했는데, 연인이었던 야마자키 도미에와 함께 강에 뛰어드는 것이었다. 그런 의미에서 대표작 『인간 실격』은 자전적인 소설이라도 봐도 무방하다.

『인간 실격』은 화자인 '나'의 수기 형식인 본 내용과 그 앞뒤로 또다시 '나'로 설정된 누군가가 수기를 분석하는 서문과 후기로 구성되어 있다. 수기 속의 '나(오바 요조)'는 약물에 의존하고 이따금 자살을 시도하던 다자이 오사무의 모습과 비슷하다. 서문과 후기를 쓴 객관적인 '나'는 수기 속 '나'의 모습을 담담하게 전달하는데, 다자이 오사무 자신이 수기 속의 '나'인지 서문과 후기를 쓴 '나'인지에 관해서는 그래서 해석이 갈린다. 소설의 줄거리를 살펴보자.

주인공 오바 요조는 부모에게서 사랑받지 못하고 외로움과 고독을 느끼며 자란다. 그는 다른 사람과 자신이 다르다는 것을 느끼기 시작하는데, 구체적인 계기는 없다. 그는 사람이 왜 꼭 하루에 밥을 세 번 먹어야 하는지 의문을 품기도 하고, 자신에게 존재하는 재앙 덩어리가 주변 사람들에게 향하면 그 사람을 죽일 수도 있다는 망상에 사로잡히기도 한다.

남과 다른 감각을 가졌다는 사실, 인간성에 대한 두려움을 이겨내기 위해 요조는 자신을 그대로 드러내지 않는다. 그는 타인의 기대에 맞는 가면을 쓰고 살아간다. 그 가면을 누군가에게 들켰을 때는 극심한 고통을 겪기도 한다. 요조에게는 부모님마저 알 수 없는 존재였다. 그에게 인간은 공포의 대상이었고 서로 속고 속이는 인간들 사이에서 고독을 택한다. 그는 타인과의 온전한 소통이 불가능하다고 느낀다.

아아, 인간은 상대에 대해 아무것도 아는 게 없거나 완전히 잘못 알면서도 세상에 둘도 없는 친구인 척 평생 자신이 착각하고 있다는 사실은 깨닫지 못하고, 상대가 죽으면 눈물 흘리며 조문 따위를 읊어대는 게 아닐까요.

_ 다자이 오사무, 『인간 실격』

요조는 고등학생 때 삶의 무의미함과 자신을 향한 극심한 혐오감을 유부녀와의 동반자살로 해결하려 하지만 실패한다. 이후 아이가 있는 여성과 비정상적인 관계에 빠지기도 하고, 순결한 여성 요시코가 상인에게 능욕당하는 광경을 목격하고도 방관자의 입장을 취하며, 술과 수면제에 빠져 몸이 점점 쇠약해지도록 두기도 한다. 약국에서 처방받은 모르핀에 중독되고 모르핀을 구하기 위해 약국의 부인과도 부적절한 관계를 맺으며 죄책감에 빠지는 일련의 과정은 읽는 것만으로도 엄청난 피로감을 일으킨다. 그러던 중 가족의 부탁을 받은 남성과 요조의 친구 호리키가 그를 찾아와 요양소에 가자고 설득한다. 그러나 그들은 결국 요조를 정신병원에 입원시키고 요조는 미친 사람으로 취급받는 자신을 '인간실격'이라고 평가한다.

요조의 본체로 추정되는 다자이 오사무는 대체 왜 그토록 자살에 집착했을까. 그 기괴한 원죄의식의 정체가 궁금하지만, 지금으로서 확실한 것은 아무것도 없다. 그가 맨손체조만 조금 했어도 지독한 우울증의 늪에서 벗어날 수 있었을 거라는 일본의 소설가 미시마 유키오의 냉소에도 소설을 읽은 이들은 요조 혹은 다자이 오사무의 진정성 있는 고통과 좌절을 느낄 수 있을 것이다.

부끄럼 많은 생애를 보냈습니다.

_ 다자이 오사무, 『인간 실격』

스스로 벌함으로써 부끄럼 많은 생애를 마감하려 했던 다자이 오사무와 요조. 그러나 그들이 진정 '인간 실격'이라 평가받을 만한지는 누가 결정할 수 있을까? 타인이 일방적으로 결정해 버린 삶의 방식을 따르지 않는다고 인간으로서 실격인가 하는 지점을 『인간 실격』은 정확히 짚어낸다. 사회가 강요하는 삶의 방식에 저항하지 않는다면 그 또한 정상이라 말할 수 있을까? 요조는 사회의 요구에 순응하는 것(무저항)이 죄인지 신에게 묻는다.

신께 묻습니다. 무저항은 죄인가요? 친구의 이상할 만큼 다정한 미소에 나는 눈물을 흘리며, 판단도 저항도 하지 못한 채 이곳에 실려 와 광인 신세가 되었습니다. 이제 여기서 나가더라도 광인, 아니 폐인으로 낙인찍히겠죠. 인간, 실격. 이제, 난, 완전히, 인간이, 아니게 되었습니다.

_ 다자이 오사무, 『인간 실격』

59 우리는 패배하지 않는다

문학

— 헤밍웨이의 『노인과 바다』

> 인간은 패배하려고 태어난 게 아니야. 인간은 파괴될 수는 있지만
> 패배하지는 않는 것이야. 아무것도 날 패배시키지 못했어.
>
> _ 어니스트 헤밍웨이, 『노인과 바다』

비슷한 시기, 다자이 오사무가 보여준 뿌리 깊은 허무주의와 완전히 반대되는 문구로 세상에 기억되는 작가가 있다. 바로 헤밍웨이다. 그는 노벨문학상, 퓰리처상을 모두 수상한 20세기 미국을 대표하는 작가다. 대표작으로는 노벨문학상 수상의 결정적인 계기가 된 『노인과 바다』를 비롯해 작가가 실제 제1차 세계대전 중 다리 부상으로 치료를 받던 중 간호사와 사랑에 빠졌던 경험을 바탕으로 쓴 『무기여 잘 있거라』, 에스파냐 내전에 전쟁 취재 특파원으로 참가한 경험을 소설화한 『누구를 위하여 종은 울리나』 등이 있다.

헤밍웨이는 대표적인 '잃어버린 세대(Lost Generation)'* 작가로 평범하지 않은 삶을 살았는데, 무려 네 번의 결혼을 했으며 제1차 세계대전에 참전하였고 에스파냐 내전, 노르망디 상륙작전, 파리 해방 전투에 모두 특파원으로 간접 참전했다. 그는 마초적인 성향을 과시하면서 여행과 사냥, 낚시, 투우 등 과격한 취미를 지나치게 즐기기도 했다. 아프리카 여행 중에는 연달아 비행기 추락과 폭발 사고를 겪기도 한 그는 죽음마저 평탄하지 않았다. 드라마틱했던 생을 자살로 마감했는데, 그의 아버지와 여동생, 남동생 역시 자살로 세상을 떠났다.

헤밍웨이의 작품들은 '하드보일드 스타일(hardboiled style)'이라 불리는 간결한 문체로 유명하다. 이것은 사실을 무덤덤하게 나열하는 방식이다. 그의 소설에는 별다른 수식이 없고 감정 묘사가 극히 절제되어 있다. 그의 작품에서 감정은 등장하는 인물들의 옷이나 행동을 통해 간접적으로만 드러날 뿐이다. '빙산 이론' 혹은 '생략 이론'이라고도 불린다. 우리가 물밖에 드러난 빙산의 일부만을 볼 수 있듯이 작가는 최대한 간결하게 겉으로 표현하고 진정

＊　제1차 세계대전을 겪으며 인간성에 대한 회의를 느끼고 전후 미국의 경제적 번영, 물질주의, 획일화 분위기에 반발한 헤밍웨이, 스콧 피츠제럴드 등의 지식인, 작가들이다. 그들은 파리에 있던 미국 작가 거트루드 스타인의 살롱을 중심으로 모였다. '잃어버린 세대'라는 말은 헤밍웨이가 그의 작품 『태양은 다시 떠오른다』의 서문에 인용한 거트루드 스타인의 말에서 유래하였다.

한 깊은 의미는 암시를 통해 나타내야 한다는 것이 헤밍웨이의 생각이었다.

헤밍웨이의 삶과 작품 전반의 짙은 개성을 가장 잘 드러내고 있는 궁극의 소설이 바로 우리가 잘 알고 있는 『노인과 바다』다. 이 작품에서 헤밍웨이는 그야말로 '극기주의'의 끝을 보여준다. 극기주의란 인간이 자신의 욕구나 욕망을 이겨내고 가치 있다고 여기는 이상적인 그 무엇을 성취하려는 사상이다. 헤밍웨이는 언제나 목표를 달성한 결과보다는 매 순간 최선을 다하는 과정을 더 중요하게 여겼다. 그는 『노인과 바다』에 대해 '자신이 쓸 수 있는 작품 중 최고'라고 자부했다.

소설의 내용을 간략히 소개하자면 이 소설에는 무려 84일간이나 고기잡이에 실패하는 늙은 어부가 등장한다. 그의 이름은 산티아고. 84일 동안 고기 한 마리도 잡지 못한 상황에서 산티아고는 더 위험한 길, 더 대담한 도전을 택한다. 그는 작은 배 하나에 의지해 더 먼 바다로 떠난다. 노인은 위험을 무릅쓰고 청새치를 잡으려 한다. 청새치는 다 자란 성체 기준으로 몸길이 4.5미터에 무게는 900킬로그램까지 나가는 거대한 물고기로, 청새치를 낚는 것은 낚시꾼들의 소망이다.

마침내 거대한 청새치가 산티아고의 낚싯줄에 걸린다. 엄청나게 큰 놈이다. 고깃배보다도 크고 힘이 센 녀석이 깊은 바다에서 모습을 드러내지 않고 산티아고와 배를 끌고 다닌다. 그런 상황에서도 노인은 낚싯줄을 놓지 않는다. 너무 세게 당기면 끊어지니 안 되고, 너무 느슨하게 잡으면 놓칠 수 있으니 적당한 긴장을 유지해야 한다. 노인은 청새치와의 드잡이질에서 기진맥진한다. 낚싯줄을 잡은 손은 저려오고, 배도 고프다. 청새치가 꿈틀거리는 바람에 넘어져 눈 밑이 찢어져 피가 난다. 뺨 위로 흘러내린 피가 말라붙는다.

그는 모든 상황을 오롯이 혼자 버텨낸다. 청새치와 노인은 최후의 사투를 벌인다. 그들은 어찌 보면 닮은꼴이기도 하다. 헤밍웨이는 노인과 청새치의 모습에 치열했던 자신의 삶을 투영한 것이 아닐까?

긴 싸움 끝에 산티아고는 마침내 승리한다. 물 위쪽으로 올라온 청새치의 몸통에 작살을 꽂는다. 그러나 헤밍웨이는 여기서 멈추지 않는다. 이제부터는 다른 싸움이 시작된다. 청새치를 뜯어 먹으려고 덤벼드는 상어들과의 2차전이다. 노인은 갖고 있던 모든 도구를 사용해 상어 몇 마리를 물리치지만, 상어들은 계속해서 달려든다.

청새치는 결국 앙상한 뼈만 남게 된다. 어떻게 잡은 물고기인

데 상어에게 다 뜯기고 뼈만 남다니. 이 지난한 싸움에서 마침내 승리하게 될 노인의 모습을 기대한 사람들은 잔인하리만큼 절망적인 결말에 당황했을 것이다. 명백하게 패배한 노인의 이야기를 왜 지금껏 읽어왔는지 회의감이 들기도 할 것이다. 그러나 놀랍게도 당사자인 산티아고는 태연하다. 그는 자신이 마땅히 해야 할 일을 해냈으며 심지어 잘 해내기까지 했다고 생각한다. 육지의 사람들이 그가 가져갈 앙상한 청새치를 보고 어떤 평가를 하든 그것은 그의 관심 밖이다. 죽기 살기로 싸웠으나 한입 먹을 것조차 남지 않은 이 상황에서 어떻게 이런 생각이 가능할까?

이런 점이 우리가 지금까지 헤밍웨이의 소설 『노인과 바다』를 사랑하는 이유다. 청새치는 없지만, 노인은 패배하지 않았다. 그는 자신의 승패를 다른 사람의 입술에 맡기지 않았다. 스스로 승리했다고 여기니 아무것도 그를 패배시키지 못한 것이다. 노인은 해변으로 돌아와 지친 몸을 누인다. 그렇게 사자 꿈을 꾼 노인은 다음 날 다시 먼바다로 나간다. 비록 청새치는 살점 하나 남지 않았지만, 그는 패배하지 않았다.

헤밍웨이의 삶이 이런저런 설명으로 전해지고, 그 기록으로 우리가 그의 삶을 평가하는 것도 사실이다. 그러나 그의 삶이 승리였는지 패배였는지는 오로지 그만이 알고 있다. 우리의 삶도 마찬가지고 말이다. 노인이 꿈에서 만난 사자의 삶처럼 스스로 패배하지 않는 한 인생에 패배란 없다.

60

문학

악은 정말 피할 수 없을까?

– 윌리엄 골딩의 『파리대왕』

"전쟁은 내 눈을 뜨게 했다. 인간의 본성에 대한 순진한 믿음은 사라졌고, 나는 우리 안에 있는 악을 더 깊이 이해하게 되었다."

_ 윌리엄 골딩

헤밍웨이의 『노인과 바다』가 인간 승리의 전형을 보여준다면 그 반대편에서 인간 본성의 악랄함을 풀어낸 소설도 있다. 『파리대왕』은 영국의 소설가 윌리엄 골딩의 소설로 1983년 노벨 문학상을 받은 작품이다. 윌리엄 골딩은 1940년에 영국 해군에 입대해 1944년 노르망디 상륙작전에 참여하는 등 지옥과도 같은 전투를 경험한 인물이다. 그는 전쟁을 통해 극한 상황에서 발현되는 인간 본성의 어둠을 보았다. 그의 이런 경험은 문명과 질서가 사라진 상황에서 인간이 얼마나 야만스러워질 수 있는지 탐구하는 계기가 되었다.

윌리엄 골딩 이전에 몇몇 작가들은 인간 본성의 선함을 믿었다. 그들은 때 묻지 않은 아이들이 어떤 어른의 영향도 받지 않고 지낸다면 어떤 상황이 펼쳐질지에 관한 사고 실험을 했다. R. M. 발런타인은 『산호섬』에서 세 명의 영국 소년이 외딴섬에서 문명의 질서를 유지하고, 해적과 식인종들의 위협을 극복하는 모습을 그렸다. 쥘 베른은 열다섯 명의 소년이 무인도에서 협력하여 해적을 물리치고 2년 뒤 구조되는 이야기인 『15소년 표류기』를 썼다. 모두 인간의 선한 본성을 전제로 한 작품이었다.

그러나 윌리엄 골딩은 '과연 그럴까?'라는 의문을 품었다. 그는 아무리 어린아이들이라도 극한의 상황에서는 마치 전쟁에서 그러하듯이 '생존'이라는 본능을 위해 악한 본성을 드러낼 것이라 생각했다. 또 인간이 상황에 따라 이성과 질서보다 폭력이나 이기심, 광기에 관심을 둘 수도 있다고 보았다. 윌리엄 골딩은 교사로 일하면서 실제로 학생들이 집단을 만들고 그 안에서 계급을 형성해 서로 대립하는 모습을 직접 관찰했고 그 경험을 작품에 반영했다고 한다. 당시로서는 파격적이었던 작품 『파리대왕』의 대략적인 줄거리는 이렇다.

핵전쟁이 일어나고, 한 무리의 영국 소년들을 싣고 가던 비행기가 무인도에 추락한다. 단 한 명의 어른 없이 다섯 살부터 열두 살까지의 아이들이 무인도에 남겨진다. 그중 랠프라는 아이가 소라를 불어 아이들을 모으고 대장이 된다. 랠프는 구조를 요청하기 위해 불을 피우고 잘 관리해야 한다고 주장하고 '새끼 돼지'라는 별명을 가진 아이가 랠프를 돕는다. 아이들은 이성과 질서 속에서 생활한다. 그러나 랠프의 반대 세력으로 잭이라는 소년과 그의 성가대원들이 등장한다. 그들은 구조되는 것도 좋지만 섬에서 사냥하면서 생존하는 것에 더 관심이 있다. 잭은 멧돼지 사냥에 열중하는데, 물론 식량 때문이기도 했지만 동물을 잔인하게 죽이는 사냥 자체에도 흥미를 느꼈기 때문이다. 마치 병사들이 전쟁터에서 적을 무찌르고 자신을 지키기 위해 시작한 살인에 중독되는 것과 비슷한 모습이다.

잭이 사냥에 빠지면서 랠프와의 사이도 멀어진다. 그들은 순서를 정해 번갈아 가면서 불을 관리하기로 했지만, 잭은 멧돼지를 사냥하느라 불을 꺼뜨리고 만다. 그런데 하필 그때 먼바다를 지나던 커다란 배가 무인도를 지나쳐 가버린다. 잭은 불을 꺼뜨린 대신 멧돼지를 잡았지만, 랠프는 잭을 크게 비난한다. 되돌릴 수 없이 사이가 멀어진 잭과 랠프는 각자의 길을 가기로 하고 갈라선다. 잭과 그를 따르기로 한 무리는 사냥을 거듭하면서 점점 더 야만성에 빠지게 된다.

어느 날 잭은 잡은 멧돼지의 목을 잘라 창에 꿰어 세워두는데,

주변에 파리들이 꼬인다. 윌리엄 골딩은 이것을 '파리대왕'*이라고 했다. 파리대왕은 정신 착란 증세가 있는 사이먼이라는 소년에게 환영을 통해 자신이 소년들의 일부이며, 자신 때문에 섬 안의 혼란이 벌어지고 있다고 전한다. 아이들이 점점 폭력적이고 이기적으로 변해가는 이유가 다름 아니라 원래부터 악한 그들의 본성 때문이라는 것을 알려주는 대목이다.

잭은 멧돼지 고기를 나눠주겠다며 아이들을 하나둘 포섭한다. 잭 무리는 광란의 파티에서 사이먼을 살해하고, 랠프 무리를 습격해 새끼 돼지라 불린 소년의 안경을 빼앗아 간다. 불을 쉽게 피우기 위해서다. 랠프는 새끼 돼지라 불린 소년과 함께 잭 무리에 항의하러 갔는데, 이때 새끼 돼지라 불린 소년이 그만 잭 무리의 로저가 굴린 돌에 맞아 해안으로 떨어져 죽고 만다. 이제 잭 무리는 랠프를 사냥한다. 혼자가 된 랠프는 아이들을 피해 도망가고, 잭 무리는 섬에 불까지 지르며 그를 쫓는다.

랠프는 몸부림치며 울었다. 다른 소년들도 슬픔에 감염되어 몸을 떨며 흐느꼈다. 랠프는 잃어버린 순결과 인간성의 어두움에 울었다. 그리고 새끼 돼지라는 건실하고 지혜로운 친구가 떨어져 죽은

＊　고대 가나안 일대 사람들이 숭배했던 신인 '바알세불'을 상징한다. 바알세불은 '지옥의 권력자', '악마들의 지도자', '파리' 등으로 묘사된다.

일이 슬퍼서 울었다.

_ 윌리엄 골딩,『파리대왕』

불을 발견한 해군 장교가 섬을 찾아오면서 이야기는 일단락된다. 쫓기던 랠프와 그를 쫓던 잭 무리는 어른을 발견하고서는 정신을 차리고 흐느낀다.

『파리대왕』은 인간 본성에 관해 묻는다. 인간은 과연 선하기만 한가? 악이 우리 본성에 내재해 있는가? 그렇다면 어떻게 통제할 것인가? 인류는 긴 시간 수없이 많은 침략과 전쟁, 수탈, 식민 통치 등으로 수천, 수만의 희생을 치러왔다. 인간이 만든 문명의 질서는 언제든 폭력과 본능으로 인해 쉽게 깨질 수 있는 것이다. 인간 본성의 선과 악에 관해 분명한 하나의 답을 낼 수 없는 시대에 우리는 문학을 통해서나마 한 번 더 이를 고민해볼 여지를 얻는다. 바로 20세기 문학을 통해서 말이다.

초압축 교양수업

초판 1쇄 인쇄 2025년 5월 14일
초판 1쇄 발행 2025년 5월 21일

지은이 임성훈
펴낸이 김선식

부사장 김은영
콘텐츠사업본부장 박현미
기획편집 백지윤 **디자인** 황정민 **책임마케터** 박태준
콘텐츠사업4팀장 임소연 **콘텐츠사업4팀** 황정민, 박윤아, 옥다애, 백지윤
마케팅1팀 박태준, 권오권, 오서영, 문서희
미디어홍보본부장 정명찬
브랜드홍보팀 오수미, 서가을, 김은지, 이소영, 박장미, 박주현
채널홍보팀 김민정, 정세림, 고나연, 변승주, 홍수경
영상홍보팀 이수인, 염아라, 김혜원, 이지연
편집관리팀 조세현, 김호주, 백설희 **저작권팀** 성민경, 이슬, 윤제희
재무관리팀 하미선, 임혜정, 이슬기, 김주영, 오지수
인사총무팀 강미숙, 이정환, 김혜진, 황종원
제작관리팀 이소현, 김소영, 김진경, 이지우, 황인우
물류관리팀 김형기, 김선진, 주정훈, 양문현, 채원석, 박재연, 이준희, 이민운

펴낸곳 다산북스 **출판등록** 2005년 12월 23일 제313-2005-00277호
주소 경기도 파주시 회동길 490 다산북스 파주사옥 3층
전화 02-702-1724 **팩스** 02-703-2219 **이메일** dasanbooks@dasanbooks.com
홈페이지 www.dasanbooks.com **블로그** blog.naver.com/dasan_books
용지 스마일몬스터 **인쇄 및 제본** 한영문화사 **코팅 및 후가공** 제이오엘앤피

ISBN ISBN 979-11-306-5162-0 (03100)